Régine Pernoud:
Christine de Pizan
Das Leben einer außergewöhnlichen
Frau und Schriftstellerin im Mittelalter

Vorwort von Margarete Zimmermann
Aus dem Französischen von
Sybille A. Rott-Illfeld

Deutscher
Taschenbuch
Verlag

Für Maure, für Greg und für alle Pernouds in Amerika, die den Pernouds aus Frankreich in ihrer Stadt Saint-Louis einen solch wundervollen Empfang bereitet haben

Von Régine Pernoud
ist im Deutschen Taschenbuch Verlag erschienen:
Königin der Troubadoure. Eleonore von Aquitanien (1461)

Deutsche Erstausgabe
März 1990
3. Auflage Mai 1991
© 1982 Calmann-Lévy
Titel der französischen Originalausgabe:
Christine de Pisan
Calmann-Lévy, Paris 1982
ISBN 2-7021-0460-6
© der deutschsprachigen Ausgabe:
1990 Deutscher Taschenbuch Verlag GmbH & Co. KG,
München
Umschlaggestaltung: Celestino Piatti
Umschlagabbildung: British Library, London (Harley MS 4431, Fol. 126 v. »Christine unterrichtet ihren Sohn«)
Gesamtherstellung: C. H. Beck'sche Buchdruckerei, Nördlingen
Printed in Germany · ISBN 3-423-11192-5

Das Buch

Christine de Pizan wurde 1365 in Venedig geboren. Ihr Vater wurde von Karl V. als Hofastrologe und Leibarzt nach Frankreich berufen. Christine heiratete mit fünfzehn Jahren einen um zehn Jahre älteren Notar, der später in Paris königlicher Sekretär wurde. Nachdem innerhalb kürzester Zeit ihr Vater und ihr Mann gestorben waren, fiel ihr mit fünfundzwanzig Jahren die Aufgabe zu, für ihre drei Kinder, zwei unmündige Brüder und ihre Mutter zu sorgen und den drohenden finanziellen Ruin abzuwenden.
Christine verdient ihren Lebensunterhalt zunächst mit dem Kopieren von Manuskripten, dann beginnt sie selber zu schreiben. In ihrer ›Epistel an den Gott der Liebe‹ (Epistre au Dieu d'Amour) wendet sie sich gegen die frauenfeindlichen Tendenzen des berühmten ›Roman de la Rose‹ von Jean de Meung. Sie preist die Vorzüge der Frauen und sammelt logische Argumente für ihr Geschlecht und damit gegen das Frauenideal der ritterlichen Dichtung. Auf der Höhe ihres Ruhms schreibt Christine de Pizan ihr wohl bekanntestes Werk, ›Das Buch von der Stadt der Frauen‹, und kurz vor ihrem Tod entsteht ein enthusiastisches Gedicht über die Jungfrau von Orléans, die ihr als Verkörperung ihres Frauenideals erscheint.
Régine Pernoud hat Leben und Werk der ersten Schriftstellerin und »Feministin« vor dem Hintergrund des 14. Jahrhunderts spannend geschildert. Sie holt Christine de Pizan in das Scheinwerferlicht der kritischen Forschung und bewirkt damit nicht nur eine Änderung unseres Bildes vom »dunklen Mittelalter«, sondern macht den Leser auch vertraut mit einer Frau, die durch ihre Kritik an den herrschenden Verhältnissen, durch ihre schriftstellerische Leistung und ihren persönlichen Einsatz als herausragende Vertreterin ihres Geschlechts gilt.

Die Autorin

Régine Pernoud, eine der führenden französischen Historikerinnen, ist Konservatorin an den Archives Nationales in Paris. Neben einer zweibändigen ›Histoire de la Bourgeoisie en France‹ (1960–1962) hat sie zahlreiche Werke über das Mittelalter verfaßt.

Inhalt

Ein »zu großen Wegen ergriffenes Herz«:
Christine de Pizan
Von Margarete Zimmermann 7

1. Christines Kindheit 19
2. Das Glück wendet sich 34
3. Der lange Weg des Übens 56
4. Die Wallfahrten 73
5. Die Rose und die Schriftgelehrten 88
6. Heldentaten und Niederlagen der Ritterlichkeit....... 110
7. Die letzte Vision 151

Bibliographie 172
Stammtafeln der Häuser Frankreich und Burgund 174
Register 178

Ein »zu großen Wegen ergriffenes Herz«:
Christine de Pizan

I

In einem klassischen Werk der frühen Moderne, in Rainer Maria Rilkes Tagebuchroman ›Die Aufzeichnungen des Malte Laurids Brigge‹ (1910), findet sich eine Hommage an Christine de Pizan, die große Schriftstellerkollegin aus dem fernen 15. Jahrhundert. Sie ist eingefügt in eine längere Passage, in deren Mittelpunkt die Existenz des leidenden, geisteskranken Königs Karl VI. von Frankreich (1368–1422) steht. In den seltenen Momenten »voll milden Bewußtseins« blättert dieser in einem Werk Christines, dem ihm gewidmeten allegorischen Gedicht ›Le livre du chemin de longue étude‹ (1402/03). Die Dichterin beschreibt eine Traumvision, eine phantastische Reise in das Land des Wissens und des Lernens, die sie in Begleitung der cumäischen Sibylle unternimmt. Doch Rilke zeigt den kranken König weniger ergriffen von solchen Vorstellungen als vielmehr von Christines Lebens- und Welterfahrungen:

Das Buch schlug sich ihm immer an den einfachsten Stellen auf: wo von dem Herzen die Rede war, das dreizehn Jahre lang wie ein Kolben über dem Schmerzfeuer nur dazu gedient hatte, das Wasser der Bitternis für die Augen zu destillieren; er begriff, daß die wahre Konsolation erst begann, wenn das Glück vergangen genug und für immer vorüber war. Nichts war ihm näher als dieser Trost. Und während sein Blick scheinbar die Brücke drüben umfaßte, liebte er es, durch dieses von der starken Cumäa zu großen Wegen ergriffene Herz die Welt zu sehen, die damalige: die gewagten Meere, fremdtürmigen Städte, zugehalten vom Andruck der Weiten; der gesammelten Gebirge ekstatische Einsamkeit und die in fürchtigem Zweifel erforschten Himmel, die sich erst schlossen wie eines Saugkindes Hirnschale.

Viele Jahre vor Rilke hatte sich bereits ein anderer deutschsprachiger Schriftsteller für Christine interessiert: der Aufklärer Christoph Martin Wieland errichtet ihr im späten 18. Jahrhundert ein ungleich nüchterneres literarhistorisches Denkmal. Er veröffentlicht 1781 im ›Teutschen Merkur‹ eine Artikelserie zu bedeutenden französischen Autorinnen vom Mittelalter bis ins 16. Jahrhundert. In jenem ›Verzeichniß und Nachrichten von französischen Schriftstellerinnen‹ nimmt Christine eine herausragende Stellung ein, ja sie wird zur dominierenden Figur dieser frühen Frauen-Literaturgeschichte. Wieland schöpft seine Informationen wahrscheinlich aus den Darstellungen der Abbés Lebeuf (1743) und Sallier (1751), die Leben und Werk dieser auch im 18. Jahrhundert noch berühmten spätmittelalterlichen Autorin skizziert hatten. Wielands eigene Wertschätzung Christines und die Ausführlichkeit, mit der er über sie schreibt, lassen sich zum einen mit dem Umfang, dem Facettenreichtum und der Qualität ihres Gesamtwerkes erklären; zum andern aber sicher auch damit, daß die Existenz keiner anderen Frau aus jener frühneuzeitlichen Periode so gut dokumentiert ist wie die Christines: Die zahlreichen autobiographischen Passagen in ihren Schriften vermitteln ein ebenso bewegendes wie interessantes Bild mittelalterlicher »condition féminine« und weiblicher Subjektivität. Doch kehren wir zu Wieland zurück und dessen Urteil über eine Autorin, die auch in modernen Literaturgeschichten zu den großen Schriftstellern des Spätmittelalters gezählt wird. Wieland schreibt über Christine:

Das Andenken dieser im vierzehnten und funfzehnten Jahrhundert so berühmten Frau verdient es vor vielen andern, die in der Geschichte fortdauern, lebendig erhalten zu werden, da sie durch ihren Charakter, ihre Schicksale und den Einfluß ihres Geistes auf ihre Zeit noch immer so interessant ist, als sie es einst durch ihre persönlichen Eigenschaften und ihre Werke für ihre Zeitgenossen war.

Und:

Christine von Pisan verdient sowol wegen der Menge und Mannichfaltigkeit als des verhältnismäßigen Werthes der Producte ihres Geistes unstreitig eine der ersten Stellen unter den französischen Schriftstellern des vierzehnten und funfzehnten Jahrhunderts ...

Wielands Plädoyer für Christine de Pizan hat, zumindest für den deutschen Sprachraum, auch nach mehr als zweihundert Jahren kaum an Aktualität verloren. Daß dies so ist, daß diese Autorin noch immer eine relativ unbekannte literatur- und kulturgeschichtliche Größe ist, daß außer der ›Cité des Dames‹ nur noch die ›Epistre au Dieu d'Amour‹ in deutscher Übersetzung zugänglich ist, verwundert ... Dies vor allem dann, wenn man bedenkt, welche Berühmtheit der eine Generation später geborene François Villon gerade im deutschen Sprachraum erlangte, und zwar mit einem unendlich viel schmaleren und, hinsichtlich seiner Themen und Ausdrucksformen, sehr viel begrenzteren Werk. Bis ins 20. Jahrhundert, bis hin zu H. C. Artmann oder Wolf Biermann, zeigen sich deutschsprachige Dichter und Kritiker fasziniert von den männlichen Mythen, wie sie das Werk Villons in reichem Maße enthält, von der Welt der gesellschaftlichen Randfiguren, von der Frauenverachtung oder doch zumindest der Stilisierung des Mannes zum Opfer weiblicher Durchtriebenheit, von der Allgegenwart des Todes und des Makabren. Die ungleich zartere, aber auch differenziertere Stimme einer Dichterin, die alle literarischen Formen ihrer Zeit virtuos handhabt, die sich mit Witz und Ideenreichtum zur Fürsprecherin des eigenen, gerade im Spätmittelalter oft diffamierten Geschlechts macht, die sich nicht scheut, zu allen großen gesellschaftlichen und politischen Fragen ihrer Zeit Stellung zu nehmen, hat es dagegen ungleich schwerer. Hinzu kommt, daß Christine sich weder auf Gattungen wie Lyrik, Brief oder Roman beschränkt, die gemeinhin als weibliche Domäne gelten, noch sich auf klischeehafte Vorstellungen von Weiblichkeit, wie etwa die Rollen der entsagenden Mutter oder der Großen Liebenden, reduzieren läßt.

Allerdings sind Rilke und Wieland nicht die einzigen deutschsprachigen Leser, die ihren interessierten Blick auf Christine richten. Nach der frühen, jedoch in mancherlei Hinsicht lückenhaften biographisch-kritischen Studie von Friedrich Koch ›Leben und Werke der Christine de Pizan‹ (1886) werden ihr Leben und Werk im Kontext der frühen Frauenbewegung der Jahrhundertwende und der zwanziger und dreißiger Jahre aktualisiert. Die erste umfassende Darstellung dieser Autorin und ihres geistesgeschichtlichen Umfelds unternimmt 1902 Gustav Gröber, ein Spezialist für das 14./15. Jahrhundert und die mittelfranzösische Literatur.

In seinem Aufsatz ›Die Frauen im Mittelalter und die erste Frauenrechtlerin‹ projiziert er Christines Schaffen auf den Hintergrund einer in ihrer Grundtendenz frauenfeindlichen Epoche, tituliert sie als »älteste Frauenrechtlerin« und nimmt sich vor, »ihr Bild den Mitkämpferinnen unserer Tage vor Augen zu fuhren«. Gröber zeichnet ein anschauliches Bild ihrer Existenz und ihres Leidens, nach dem Tod von Vater und Ehemann, unter »betrügerischen Schuldnern, schurkischen Gläubigern, bestechlichen und chikanösen Beamten, die sie um ihr Vermögen brachten in den Jahren, wo sie heranreifen sollte«. Allerdings unterläßt es der Romanist nicht, jene Leserinnen seines Artikels, die Christine womöglich zum Vorbild eines eigenen Strebens nach Unabhängigkeit nehmen könnten, hinzuweisen auf »den Jammer ihrer verkümmerten Existenz in jener Zeit«. Überhaupt kommt es Gröber darauf an, seiner auf Emanzipation bedachten weiblichen Leserschaft am Beispiel Christine de Pizans zu zeigen, wie notwendig die Einhaltung gewisser Grenzen ist. So bescheinigt er ihr zwar eine langanhaltende Wirkung und hebt ihre intellektuelle Entwicklung hervor, um dann jedoch fortzufahren:

Fern lag es ihr gleichwohl, an den ökonomischen Wettbewerb zu denken, der heute eine wesentliche Seite der Frauenfrage geworden ist. Ebensowenig führt sie in ihrem Damenstaat einen weiblichen Minister oder in ihren militärischen Werken einen General im Weiberrock vor. Sie kannte die Grenzen der weiblichen Veranlagung, die die Natur gezogen hat, gut genug, um die Frau zu etwas anderem heranbilden zu wollen als zur geistigen Aristokratin, als welche sie ihren Wirkungskreis in Haus und Familie, in der Schule, als Künstlerin, als schöngeistige und gelehrte Schriftstellerin, was Christine selbst schon war, finden kann und oft genug nach ihr gefunden hat.

Die Diskussion darüber, ob und bis zu welchem Grade es berechtigt ist, Christines Positionen als feministisch zu bezeichnen, dauert an; als wichtigster Beitrag in jüngster Zeit kann Beatrice Gottliebs Vorschlag gelten, die Kategorie Feminismus zu historisieren und zunächst einmal die Frage nach den Möglichkeiten weiblicher Selbstverwirklichung im 15. Jahrhundert zu stellen. Gustav Gröber dagegen verzichtet auf eine solche historische Relativierung. Sie hätte ihm im übrigen gezeigt, daß Christine jene Beschränkungen, die ihre Zeit einer Frau auferlegte, sehr wohl mißachtete; und hätte er den Frauen seiner eigenen Zeit ähnlich weitreichende Grenzüberschreitungen zuerkannt, so wäre er zu einem anderen Ergebnis gekommen als der oben zitierten Beschreibung weiblicher »Wirkungskreise«. Sein Aufsatz illustriert ein Vorgehen, das sich in späteren Darstellungen, so etwa bei C. Baerwolff (1921), wiederholen wird: Christines Stellungnahmen zu »Frauenfragen« werden aus ihrem Zeitzusammenhang gerissen und in eine konservative Argumentation eingefügt. Auf diese Weise wird Christine de Pizan schließlich zur Kronzeugin gegen Emanzipationsbestrebungen von Frauen des frühen 20. Jahrhunderts ... Ein Gegengewicht zu solchen Tendenzen bilden die Arbeiten Mathilde Kastenbergs über ›Die Stellung der Frau in den Dichtungen der Christine de Pisan‹ (1909), Martha Rohrbachs über ›Christine von Pisan: ihr Weltbild und ihr geistiger Weg‹ (1934) und Anna Blum-Ehrards Darstellung Christines als »Bahnbrecherin geistigen Frauenberufs« (1939). Eine immer noch informative und verläßliche Studie aus dieser frühen Phase der deutschen Christine de Pizan-Rezeption ist der Aufsatz des Romanisten Philipp August Becker von 1930.

Nach 1945 stoßen Christine und ihr Werk zunächst nur auf spärliches Interesse im deutschsprachigen Raum. Dies läßt sich zunächst damit erklären, daß Christine sich des Mittelfranzösischen bediente, einer spätmittelalterlichen Sprachstufe von beträchtlichem Schwierigkeitsgrad für einen modernen Leser, der zudem mit Christines Vorliebe für komplizierte Satzgebilde und archaische Wendungen zu kämpfen hat. Hinzu kommt der Umfang ihres Werks, der rund dreitausend Druckseiten beträgt; einige wichtige Werke liegen außerdem nicht in modernen Ausgaben vor. Ein letzter Grund für die fachwissenschaftliche Vernachlässigung dieser Autorin durch die deutsche Romanistik liegt in dem »langen und gar nicht so unsystematischen Verschweigen« (Renate Baader) des weiblichen Anteils an der französischen Literatur. So hat die Auseinandersetzung mit Christine und ihrem Werk, trotz einiger wichtiger Vorstöße von Dorothee Grokenberger, Ingeborg Meckenstock, Dietmar Rieger und Ursula Liebertz-Grün, kaum Fortschritte gemacht. Sehr vielfältig und intensiv war allerdings das Echo einer breiteren, literarisch, historisch und kulturgeschichtlich interessierten Öffentlichkeit auf die deutsche Übersetzung der ›Cité des Dames‹ (Die Stadt der Frauen, 1986), und es hat generell den Anschein, als ergäben sich aus dieser späten Entdeckung Christines durch ein größeres Publikum neue Impulse. Der Text der ›Cité des Dames‹ wurde übrigens erst 1975 von der Amerikanerin Maureen Ch. Curnow, die eine Edition der spätmittelalterlichen Handschrift besorgte, modernen Lesern zugänglich gemacht. Dieser Edition darf man im nachhinein getrost die Wirkung einer Initialzündung beimessen, denn sie ermöglichte eine Reihe von Übersetzungen in verschiedene europäische Sprachen: 1982 erscheint Earl J. Richards' Übertragung ins Englische, 1984 Tine Ponfoorts niederländische Fassung und kurz nach der deutschen Übersetzung auch eine von Thérèse Moreau und Eric Hicks erstellte neufranzösische Übersetzung. Christine de Pizan wird damit erneut jene Autorin von europäischem Rang, die sie bereits zu ihren Lebzeiten war. Vielleicht – aber das werden die kommenden Jahrzehnte zu beweisen haben – wird sich sogar jene Prophezeiung erfüllen, die sich in Christines wichtigem visionär-autobiographischen Werk ›L'Avision Christine‹ (Vision der Christine, 1405) findet. Am Ende des zweiten Teils, in dessen Mittelpunkt eine kritisch-pessimistische Deutung der eigenen Zeit steht, schildert Christine, wie sie in ihrer Niedergeschlagenheit von einer geheimnisvollen Schattengestalt, von »Frau Meinung« (»Dame Opinion«), mit den folgenden Worten getröstet wird:

Und wahrlich, in künftigen Zeiten wird man mehr von Dir sprechen als zu Deinen Lebzeiten, denn Du kamst zu einem ungünstigen Zeitpunkt auf die Welt! Auch die Wissenschaften werden heute nicht geachtet und kämpfen auf verlorenem Posten [...]. Aber nach deinem Tode wird ein charaktervoller, weiser Fürst kommen, der aufgrund seiner Vertrautheit mit Deinen Werken sich wünschen wird, zu Deiner Zeit gelebt und Dich mit eigenen Augen erblickt zu haben.

Seit den siebziger und vor allem den achtziger Jahren läßt sich eine beträchtliche Zunahme der Studien zu Christine beobachten; hierbei gehen besonders von französischen und amerikanischen Forschern (in der Mehrzahl: Forscherinnen) wichtige Anregungen aus. François Villon vermag als einziger anderer spätmittelalterlicher Autor ein ähnlich intensives Interesse zeitgenössischer Leser zu wecken, und es ist sogar keineswegs ausgeschlossen, daß in einigen Jahren die Beschäftigung mit Christine und ihrem Werk jene mit Villon in den Schatten gestellt haben wird.

II

Régine Pernouds Hinwendung zu Christine de Pizan erfolgte mit einer gewissen Notwendigkeit. Die französische Historikerin, Jahrgang 1909, vereinigt in ihrer Person die dreifache Kompetenz der Paläographin, der Museumskonservatorin und der Literaturwissenschaftlerin und ist seit den fünfziger Jahren mit bedeutenden Studien vorwiegend zur mittelalterlichen Geschichte hervorgetreten. Dabei ist es ihr ein besonderes Anliegen, den zahlreichen vereinfachenden und verfälschenden Mittelalter-Bildern unserer Zeit den Garaus zu bereiten. In ihrer Streitschrift ›Pour en finir avec le Moyen Age‹ (1977) bekämpft sie temperamentvoll und zuweilen nicht ohne Polemik die geläufigen Klischeevorstellungen vom »finsteren Mittelalter«, zu denen auch die Auffassung gehört, mittelalterliche Frauen seien in der Regel unterdrückte, bedauernswerte Geschöpfe gewesen. Mit ihren Büchern über Eleonore von Aquitanien (1966), Blanka von Kastilien (1972), über Héloise und Abélard (1970), über die ›Femme au temps des cathédrales‹ (1980) und in verschiedenen Veröffentlichungen zu Jeanne d'Arc schreibt sie gegen dieses Vorurteil an und zeigt dem oft so überheblichen 20. Jahrhundert, wie wenig Anlaß auch in dieser Hinsicht besteht, verächtlich auf das Mittelalter herabzusehen. Eine ihrer Grundüberzeugungen ist, daß es einen linearen geschichtlichen Fortschritt nicht gibt, daß das Erreichen einer neuen Entwicklungsstufe durchaus mit Verlusten in anderen Bereichen verbunden sein kann – und daß auf dem Weg in die Neuzeit weibliche Freiräume, die das Mittelalter durchaus kannte, verloren gingen.

Régine Pernoud verzichtet bewußt darauf, Christine de Pizan und ihr Werk durch eine Annäherung an moderne feministische Positionen zu aktualisieren. Dies läßt sich zunächst damit erklären, daß die Historikerin den Postulaten eines radikalen Feminismus distanziert gegenübersteht und auf die Überzeugungskraft jener Beispiele »starker« mittelalterlicher Frauen vertraut, die sie ihrer sehr breiten Leserschaft in äußerst anschaulicher Weise nahezubringen weiß. Erklären läßt sich dieser Verzicht aber auch mit ihrer Achtung vor dem Untersuchungsgegenstand, eine Haltung, die sie zur unerläßlichen Tugend des Historikers erklärt. Régine Pernoud ist zuallererst von jener faktengläubigen traditionellen französischen Geschichtswissenschaft geprägt, wie sie an der École des Chartes gepflegt wird; geschichtliche Forschung wird von Pernoud definiert als »heroische Askese«, die zum Verzicht auf Hypothesenbildung verpflichtet. Vielleicht aber hatte sie auch, was die Darstellung Christines angeht, das Beispiel einer Vorgängerin aus dem 18. Jahrhundert vor Augen, die die spätmittelalterliche Autorin an den Maßstäben des eigenen revolutionären Jahrhunderts maß. Zu erinnern ist an Mlle de Kéralio (1758–1821), die in den Jahren 1786–89 in Paris eine frühe Frauen-Literaturgeschichte und Anthologie herausgab, die ›Collection des meilleurs ouvrages françois, composés par des femmes, dédiée aux femmes françoises‹. Christine findet dort zwar ihren wohlverdienten Platz – aber beinahe gegen den Willen der Mlle de Kéralio, die nicht umhin kann, ihr Mißfallen an Christines »douceur de l'âme« und fehlender Radikalität kundzutun...

Wenn Régine Pernoud ein Buch über Christine de Pizan schreibt, so bedeutet dies zunächst eine Begegnung, einen Dialog zweier »femmes de lettres«, zwischen denen die historische Distanz von sechshundert Jahren liegt. Die Historikerin des 20. Jahrhunderts formuliert die Fragen, indem sie eine bestimmte Strukturierung des Stoffes (»Leben und Werk«) vornimmt; sie läßt Christine »antworten« mittels zahlreicher Zitate aus ihren Werken aller Gattungen und Schaffensphasen. Die doppelte Kompetenz Pernouds, die gleichermaßen souverän über historische Quellen wie über literarische Texte verfügt, als Geschichts- *und* als Literaturwissenschaftlerin verleiht ihrer Darstellung eine besondere Dichte.

Christines Leben bis etwa 1418 weist enge Beziehungen zu den politischen und intellektuellen Zentren ihrer Zeit auf: Sie verbringt Kindheit und Jugend am Hofe des französischen Königs Karl V., des »Weisen« (1338–80), der für sie eine ideale Form des Königtums verkörpert. Später, nachdem ihre Lebensumstände die in ihr schlummernde Befähigung zur Schriftstellerin und Intellektuellen geweckt haben, unterhält sie Beziehungen zu den Mächtigen ihrer Zeit, die als Mäzene und Mäzeninnen ihre Arbeit fördern. Régine Pernoud läßt historisches Quellenmaterial und zahlreiche autobiographische Passagen aus Christines Werken zusammenfließen. Das Ergebnis ist eine anschauliche Vergegenwärtigung der Autorin und ihrer Zeit, eine Biographie, die sich nie im Anekdotischen und Partikulären verliert und in der das Individuum Christine de Pizan und die Zeitumstände des krisenhaften Spätmittelalters in einer stets spannungsvollen und für den Leser nachvollziehbaren Wechselbeziehung stehen.

III

Keine andere Frau des Mittelalters hinterläßt uns so viele Spuren ihrer Lebensumstände, ihrer Empfindungen, ihres Denkens, ihrer Teilnahme am Zeitgeschehen wie Christine; auch wenn sie in einigen Werken literarisches Maskenspiel im Stil der

Zeit betreibt, so bleibt ihre weibliche Subjektivität, das »je, Christine«, doch stets präsent und dominierend. Es ist jene Instanz, von der aus traditionelle Themen der mittelalterlichen Literatur wie etwa die Liebe eine neue Darstellung und Bewertung erfahren: Christine wird nicht müde, die Frauen vor den Fallen des männlichen Liebesdiskurses zu warnen, und sie zeigt in ihrem Versroman ›Cent Ballades d'amant et de dame‹ (1409/10), wie eine junge Frau an einem außerehelichen Liebesverhältnis, an dem »fol amour«, zugrundegeht. Weibliche Subjektivität äußert sich auch in der Art und Weise, wie Literatur beurteilt wird. Christine praktiziert (wenn diese Aktualisierung gestattet ist) eine frühe Form feministischer Literaturkritik, als sie in einem Briefwechsel mit den bedeutendsten französischen Humanisten den zweiten ›Rosenroman‹ Jean de Meungs, die »Bibel« der spätmittelalterlichen Intellektuellen, attackiert. Sie kritisiert das Frauenbild dieses Werks, die Darstellung ihrer Geschlechtsgenossinnen als durchtrieben, dumm-sinnlich, habgierig und verlogen; ferner initiiert sie so etwas wie eine spätmittelalterliche Pornographie-Diskussion, wenn sie Jean de Meungs Rekurs auf ein allzu krudes Sexualvokabular kritisiert und einen weiblichen Standpunkt formuliert.

Die dichtesten und aus heutiger Perspektive sicher informativsten autobiographischen Passagen enthält jedoch ihr langes Prosawerk, die ›Avision Christine‹. Von ihren gewandelten Lebensverhältnissen als finanziell kaum versorgte junge Witwe, die sich innerhalb einer Männergesellschaft behaupten muß und der die Sorge für die Mutter, drei kleine Kinder und eine Nichte obliegt, war zwar bereits in einigen autobiographischen Gedichten aus der frühen Gedichtsammlung der ›Cent Ballades‹ (1399) die Rede. In der etwa ein Jahrzehnt später entstandenen ›Avision Christine‹ spricht die nun bereits arrivierte Autorin aber eine deutlichere Sprache. Materielle Not und demütigende Demarchen finden dort eine detaillierte Darstellung, die sehr direkte Einblicke in die spätmittelalterliche »condition féminine« vermittelt:

Mein Äußeres und meine Kleidung verrieten kaum etwas von den Sorgen, die mich bedrückten; unter meinem pelzgefütterten Mantel und dem abgeschabten scharlachfarbenen Überwurf verspürte ich jedoch nur allzu oft Angst und zitterte sehr, und in meinem prächtigen, wohlgeordneten Bett verbrachte ich viele schlaflose Nächte. Schmalhans war Küchenmeister: so gehörte es sich eben für eine schwache Witwe.

Gott allein weiß, was ich auszustehen hatte, wenn bei mir Zwangsvollstreckungen ausgeführt wurden und die Schergen der Justiz mir mein jämmerliches Hab und Gut davontrugen. Dies alles war an sich schon schlimm genug, aber noch mehr schämte ich mich, wenn es darum ging, mir – um noch größerem Ungemach zu entgehen – von jemandem Geld zu leihen. Mit welch schamrotem Gesicht sprach ich solche Bitten aus, selbst wenn es sich um einen guten Freund handelte, und auch heute noch leide ich unter diesem Übel [...]. Ah mein Gott, wenn ich daran denke, wie viele Vormittage ich im Justizpalast vertrödelt habe und wie ich dabei im Winter fast vor Kälte starb – das alles, um meinen Gönnern aufzulauern, sie an meine Anliegen zu erinnern, sie um Unterstützung zu bitten. Wie oft vernahm ich dort Beschlüsse, die mir die Tränen in die Augen trieben, und wie viele höchst merkwürdige Antworten mußte ich mir anhören! [...] Oh Gott, wie viele Belästigungen und widerliche Blicke, wie viel Spott aus dem Munde angetrunkener Männer, die selbst im Überfluß lebten, mußte ich mir da gefallen lassen! Aus Furcht, meinen Belangen zu schaden [...], ließ ich mir nichts anmerken und erwiderte nichts oder wandte mich an eine andere Person, oder aber ich tat so, als hätte ich nicht verstanden.

Vielleicht noch interessanter ist jedoch Christines Beschreibung jener Schritte, die sie zur Überwindung ihrer Lebenskrise unternimmt und die sie zu einer selbständigen und schon bald sehr erfolgreichen Schriftstellerin werden lassen. Diese Passagen weisen gewisse Gemeinsamkeiten mit späterer Frauenliteratur auf, in deren Mittelpunkt ebenfalls häufig die Schilderung einer solchen Wende und der Entwurf eines Modells weiblicher Lebensbewältigung stehen. Wir wissen heute, daß Christines Sorgfalt und Sachverstand, die sie in den folgenden Jahren bei der Anfertigung von Abschriften eigener Werke an den Tag legt, ihren Ursprung in ihrer Arbeit als Kopistin fremder Texte haben, mit der sie zunächst ihren Lebensunterhalt bestritten haben dürfte. Mehrere ihrer Werke sind bis auf den heutigen Tag in eigenhändigen Abschriften Christines, als Autographe, erhalten, wie die sorgfältigen paläographischen Studien von Christine Reno und Gilbert Ouy ergeben haben. Als arrivierte Autorin verfügt sie später wahrscheinlich über eine eigene kleine Schreibwerkstatt und beauftragt namhafte Künstler der Zeit mit der Ausschmückung ihrer Handschriften, in denen sie sich gern und häufig selbst abbilden ließ.

Am Beginn ihrer Entwicklung zur Intellektuellen und Schriftstellerin stehen der Rückzug aus der Gesellschaft, die bewußte Absonderung von der Außenwelt; Christine bezeichnet dies nicht etwa als schmerzlichen Verzicht, sondern als Entscheidung für die ihr gemäße Lebensform (»me tray au chemin ou propre nature et constellacion mencline«). Obwohl sie also rückblickend immer wieder den Verlust des königlichen Gönners Karl V., ferner den Tod von Vater und Ehemann als einschneidende Ereignisse interpretieren wird, die ihrem Leben eine neue Richtung geben, so wird doch auch deutlich, daß sie nicht (nur) notgedrungen, gleichsam »faute de mieux«, zu schreiben beginnt, sondern daß diese Ereignisse ihr, wenngleich auf schmerzhafte Weise, den Weg zur Selbstverwirklichung gewiesen haben. In der ›Avision Christine‹ beschreibt sie sehr präzis die drei Stufen ihrer Entwicklung zur Schriftstellerin: am Anfang hätten geschichtliche Studien gestanden (»me pris aux hystoires anciennes des le commencement du monde«); dann habe sie sich die Grundlagen der Wissenschaften angeeignet, in einem nächsten Schritt die Werke anderer Dichter studiert, um dann schließlich zu ihrem eigenen Stil (»le stile a moy naturel«) zu finden. Bemerkenswert ist des weiteren, daß sie ihr eigenes literarisches Schaffen mit Zeugungs- und Geburtsmetaphern umschreibt: Die von ihr verfaßten literarischen Texte bezeichnet sie als eine Verbindung aus Gelehrsamkeit und Erfahrung (»par lengendrement destude et des choses veues nasquissent de moy nouvelles lettures«); und die Freude, die sie als Schriftstellerin bei der Fertigstellung eines Werkes empfindet, vergleicht sie mit jener einer Mutter, die bei dem ersten Schrei ihres neugeborenen Kindes alle vorausgegangene Mühsal vergißt.

Für interessierte Leserinnen und Leser des späten 20. Jahrhunderts hält Christine de Pizan noch zahlreiche Überraschungen bereit. Sicher ist es legitim und wichtig hervorzuheben, daß sie die Literatur ihrer Zeit um den »anderen«, den weiblichen Blick bereichert und gemeinsam mit Marie de France am Beginn einer langen, kontinuierlichen Reihe großer französischer Autorinnen steht, die bis zu Simone de Beauvoir und Marguerite Yourcenar reicht. Aber Christine de Pizans Bedeutung erschöpft sich weder in ihrer Feminität noch in ihrem Eintreten für die Sache der Frauen. Zu entdecken bleiben die politische Autorin und die Philosophin Christine. Weitgehend unerforscht ist schließlich die Modernität ihres Denkens, innerhalb dessen der Rekurs auf die Kategorien des Fortschritts und der Erfahrung sowie erste Ansätze zu einer historisierenden Betrachtung menschlichen Verhaltens zukunftsweisenden Charakter besitzen.

Berlin-Steglitz, im April 1989
Margarete Zimmermann

1. Christines Kindheit

> Mehr als jedes andere Unheil
> müssen wir jenes beklagen,
> das dem französischen Königreich widerfährt.

»Der König ist tot.« Von Stadt zu Stadt, von Schloß zu Schloß, landauf landab verbreitet sich die Nachricht vom Tod des Königs. Von einem Kirchturm zum anderen pflanzt sie sich fort, skandiert vom Geläut der Totenglocke, die langsam, in regelmäßigen Abständen, die traurige Botschaft an alle Bewohner des Königreichs weitergibt. Viele bekreuzigen sich dabei, knien in den Klöstern, ja sogar an den Wegesrändern vor den Kreuzen nieder, unzählige Menschen aller Stände, Mönche, Geistliche und einfaches Volk. Der König ist tot.

Der König von Frankreich war am 16. September 1380 in seinem Schloß Beauté-sur-Marne verschieden. Niemand hatte mit seinem Tod gerechnet, denn er war erst vierundvierzig Jahre alt. Seit zwei oder drei Wochen wußte man, daß er krank war. Wahrscheinlich um sich von dieser Krankheit zu erholen, hatte er Schloß Vincennes verlassen und sich nach dem herrlich gelegenen Beauté begeben. Dort hatte auch Kaiser Karl IV., der auf seiner Reise nach Frankreich erkrankt war, Aufenthalt genommen und war angeblich »dank der wohltuenden Wirkung der Gegend, ihrer guten Luft und ihrer ausgezeichneten Lage von seinem Weh genesen«. Karl V. war stets von zarter Gesundheit gewesen, doch man hielt seine Erkrankung nur für eine vorübergehende Schwächung. Noch einen Tag vor seinem Tod hatte man sogar geglaubt, daß jede Gefahr gebannt sei. Aber Sonntag abend hauchte der König seine Seele aus, nachdem er, geistig völlig klar, seine letzten Verfügungen getroffen hatte.

Wohl nirgends im ganzen Königreich löste die Nachricht so viel Bestürzung aus wie in der Familie des Thomas de Pizan, Astrologe des Königs und auch dessen Leibarzt. Thomas weilte in Beauté-sur-Marne, ebenso wie der andere »Physikus« des Königs, Gervais Chrétien. Vielleicht war sogar er es gewesen, der aufgrund einiger trügerischer Zeichen – scheinbare Genesung oder astrologische Berechnung, man wird es nie wissen – am Samstag abend bei Sonnenuntergang bestätigen zu können meinte, daß der König außer Gefahr sei. Er scheint später bedauert zu haben, dieser Situation nicht gewachsen gewesen zu sein. Seine ärztliche Kunst hatte versagt. Oder hatte der Astrologe vielleicht seine Wünsche für die Wirklichkeit gehalten? Zu Hause hatte Thomas de Pizan den Seinen schmerzerfüllt von den letzten Augenblicken des Königs erzählt. Denn schon jetzt ahnte er – und er sollte sich nicht täuschen –, daß er durch den Tod des Herrschers bald die Gunst verlieren würde, derer er sich bis dahin am französischen Königshof erfreut hatte und die ihm ein materiell sorgenfreies Leben ermöglichte.

Es war nämlich König Karl V. gewesen, der ihn aus seiner Heimatstadt Bologna – Bologna-die-Fette, wie sie damals in Italien hieß – hatte kommen lassen, damit er ihm als »astronomischer Ratgeber« zur Seite stehe. Wie die meisten seiner Vorfahren hatte der König »in jedem Land würdevolle Geistliche und Philosophen, geschult in der mathematischen und spekulativen Wissenschaft, suchen und zu sich rufen lassen«. Zu diesen an den Hof Frankreichs geladenen »Ratgebern« gehörte Thomas de Pizan. Er hatte an der berühmten Universität von Bologna studiert, war dann in die Dienste der Republik Venedig getreten und hatte die Tochter des Arztes Thomas Mondini, den er bei seiner Tätigkeit für die Serenissima kennengelernt hatte, geheiratet. Aus dieser Verbindung war in Venedig eine Tochter hervorgegangen. Sie hieß Christine, und von ihr stammt, was wir über ihre Familie und den König, unter dessen Schutz sie stand, wissen.

Christine war also eine von denen, die Thomas de Pizans Bericht lauschten, als dieser von Beauté-sur-Marne zurückkehrte, desgleichen ihre Mutter und ihre beiden Brüder Paolo und Aghinolfo. Auch ihr Ehemann war zugegen, denn die bezaubernde und sehr umworbene Christine war seit einem Jahr mit Etienne Castel, Sohn eines königlichen Kammerdieners, verheiratet und ging bereits mit ihrem ersten Kind schwanger.

Um zu begreifen, warum der Tod Karls V. die in Frankreich heimisch gewordene italienische Familie so sehr erschütterte, muß man versuchen, sich das Leben im Umkreis des Königs zu jener Zeit, das heißt in der zweiten Hälfte des 14. Jahrhunderts, vorzustellen.[*]

---

[*] 1981 gab es in Frankreich eine Ausstellung mit dem Titel ›Die Pracht der Gotik‹, die das Leben in dieser Zeit hervorragend illustriert hat.

Die Geschichte hat diesem König den Beinamen »der Weise« verliehen, und zweifellos hat er ihn verdient. Vor allem, wenn man das Wort in derselben Bedeutung nimmt wie zu seinen Lebzeiten. Weise zu sein hieß damals sowohl gelehrt als auch bedachtsam und umsichtig zu sein. Karl gilt allgemein als der »weise« König des französischen Geschlechts der Valois. Er steht damit im Gegensatz zu den anderen Herrschern dieser Dynastie, die miserable Politiker, Taugenichtse und Wirrköpfe waren. Während seiner Regierungszeit war es in diesem Jahrhundert der großen Katastrophen in Frankreich relativ ruhig. Das Räderwerk des Krieges stand vorübergehend still, die Pest wütete nicht mehr so oft – kurzum: während dieser rund zwanzig Jahre konnten die Bauern in Frieden ernten, was sie gesät hatten. In diesem so schwer geprüften 14. Jahrhundert genügte das den Menschen, sich dieser Herrschaft als einer glücklichen Periode zu erinnern, einer kurzen Wiederkehr der guten alten Zeiten Ludwigs des Heiligen, von denen man mit unsagbarer Sehnsucht zu sprechen pflegte.

Natürlich wußte vor allem Karl V. um den Preis, den eine solche Zeit der Ruhe kostete. Seine Jugend war von tragischen Ereignissen geprägt. Mit elf Jahren hatte er eine schwere Pestepidemie erlebt, die auch vor dem Königshof nicht haltmachte; seine Großmutter Johanna von Burgund, Gemahlin Philipps VI. von Valois, war von ihr dahingerafft worden. Als er achtzehn war, wurde sein Vater nach der vernichtenden Schlacht von Poitiers als Gefangener nach England gebracht. Als Zwanzigjähriger mußte er mit dem Aufstand in Paris fertig werden. Etienne Marcel, Profoß der Pariser Kaufmannschaft und Anführer der Rebellion, ließ vor seinen Augen seine beiden treuen Marschälle Robert de Clermont und Jean de Conflans ermorden, während sein Vetter Karl der Böse die Stadt von den englisch-navarresischen Truppen einkreisen ließ. Seine eigene Regierungszeit wirkte wie die Ruhe nach dem Sturm, und für diese Zeit des Friedens war man ihm dankbar, selbst wenn diese Ruhe, Ergebnis einer recht abgefeimten Politik, trügerisch war und durch drückende Steuern für das Volk erkauft wurde.

Auf seine Umgebung macht Karl V. den Eindruck eines extrem wißbegierigen jungen Mannes, der, nicht weniger verschwenderisch als die übrigen Angehörigen seines Geschlechts, die staatlichen Gelder für Dinge ausgibt, die ihm Ehre machen. Man hat seine Bibliothek, besser gesagt seine »Büchereien«, zum Teil wiederherstellen können, denn die kostbaren Handschriften – mehr als tausend, von denen sich nur etwa hundert genau identifizierte erhalten haben – sind auf seine verschiedenen Residenzen aufgeteilt. Sie befinden sich in Melun, in Saint-Germain-en-Laye, vor allem aber im Louvre in dem Turm »vor der Falknerei«. Dort ließ er 1367 die Bücherei unterbringen, die Ludwig der Heilige ein Jahrhundert zuvor in der Sainte-Chapelle des Palais de la Cité zusammengetragen hatte. Dieser Turm, das waren die drei Stockwerke an der Nordwestecke des damaligen Louvre, da wo heute der Pavillon de l'Horloge steht; die Wände waren mit irischem Holz getäfelt, die Decke wurde von Zypressenbalken getragen, und die Fenster waren mit einem Gitter aus Messingdraht versehen, eine damals übliche Vorsichtsmaßnahme, um die Vögel am Eindringen in die Häuser zu hindern.

Die auf den Pulten und »Bücherrädern« liegenden oder in Truhen gestapelten Bücher verraten die Vorlieben dessen, der sie sammelte. Darunter sind natürlich Psalter und Stundenbücher, die er zu einem großen Teil von den Prinzen und Prinzessinnen Frankreichs, die ihm vorausgingen, geerbt hatte: von Isambour, der Gemahlin König Philipp-Augusts, von Ludwig dem Heiligen oder dessen Schwester Isabelle. Es finden sich auch Breviere, wie das Philipps des Schönen oder aber das der Johanna von Belleville oder der Johanna von Evreux. Dazu kommen Bibeln, einige in lateinischer Sprache, die meisten auf französisch; die letztgenannten gibt es seit Beginn des 13. Jahrhunderts, nachdem auf Ersuchen des Papstes höchstpersönlich die Universität von Paris eine Art französischer Vulgata erstellt hatte. Viele dieser Folianten sind herrlich illuminiert, der Hintergrund oft in leichter Grisaille mit einigen Farbtupfern. Aber da sind auch zahlreiche Werke, die von der Wißbegier des »weisen« Königs zeugen. Enzyklopädische Werke, wie die des Vincent von Beauvais, historische wie die ›Weltgeschichte von der Schöpfung bis zum Tod Cäsars‹ oder wie das Werk des Valerius Maximus, das der König von einem seiner Vertrauten, Simon de Hesdin, hatte übersetzen lassen, oder die ›Großen Chroniken Frankreichs‹, von denen in seinem Auftrag eine prachtvoll illuminierte Abschrift angefertigt worden war. Sogar wissenschaftliche Schriften sind dabei wie jene Übersetzung des Ptolemäus, die er von einem seiner gelehrtesten Kleriker, dem berühmten Nikolas Oresme, hatte ausführen lassen, oder der katalanische Atlas, wahrscheinlich eine Arbeit von Crescas dem Juden, dem gelehrten Geographen aus Mallorca. Unter diesen wissenschaftlichen Abhandlungen sind einige, die des Königs Vorliebe für die Astrologie deutlich machen; unter anderen das ›Lehrbuch über die Sphäre‹ des Pèlerin de Prusse, dem man später die Horoskope Karls V. und seiner Kinder anfügte. Sehr wahrscheinlich hat Thomas de Pizan, Christines Vater, in diesen Seiten geblättert; vielleicht war es sogar er, der die Horoskope ausarbeitete.

Dank eben dieser Neigung zur Astrologie fand sich die Familie des Thomas de Pizan in Paris vereint. Noch als Dauphin hatte Karl V. die Übersetzung des Ptolemäus in Auftrag gegeben, und er ist auf dem Werk als ganz junger Mann dargestellt, mit dem für die Königskinder Frankreichs charakteristischen Mantel mit den zwei Hermelinstreifen über den Schultern. Zu jener Zeit, also um 1363, plante er bereits, sich mit Gelehrten zu umgeben, und da er von Thomas gehört hatte, sandte er seine Boten nach Bologna, um ihm ein Angebot zu unterbreiten. Diese trafen dort die Boten Ludwigs I. von Ungarn, der den Astronomen ebenfalls an seinen Hof holen wollte. Das heißt also, daß Thomas de Pizan sich eines guten Rufes erfreute. Christine wird später über ihn schreiben:

> Sein gewaltiges Wissen war sein Vermögen,
> Diese Schätze grenzten ans Wunderbare:
> Viele Menschen hatten Kunde davon...
> Im Kreise der Fürsten sah man ihn gern,
> Man liebte und schätzte ihn.

Beide Fürsten versprachen ihm »hohe Bezüge und Einkünfte«. Thomas entschied sich für den »unübertrefflichen christlichen König, den König von Frankreich, Karl den Weisen, Fünften dieses Namens«. Er erhielt von der Serenissima, in deren Diensten er stand, seinen Abschied, brachte seine Familie nach Bologna und reiste nach Paris. Zunächst wollte er dort nur ein Jahr zubringen, doch der König schätzte das Wissen des »Astronoms« so sehr, daß er ihn drängte, sich doch mit seiner Familie für immer in Frankreich niederzulassen. Thomas zögerte drei Jahre, ehe er sich überreden ließ, und an einem Tag im Dezember 1368 wurde die ganze Familie schließlich vom König Karl V. persönlich im Louvre empfangen. Christine sollte später dieses für sie glanzvolle Ereignis beschreiben. Sie war zu dem Zeitpunkt erst vier Jahre alt, und vielleicht schöpfte sie ihre Erinnerung vor allem aus dem, was man ihr darüber erzählt hatte. Jedenfalls gibt sie an, daß Mutter und Kinder bei dem Empfang ihre »lombardischen Gewänder« trugen. Eine gewisse Vorstellung von dieser sehr prächtigen Kleidung gibt die Figur der heiligen Katharina auf dem Fresko des Sankt-Franziskus-Klosters in Bologna, das sich heute in der dortigen Pinakothek befindet: Goldbestickte, mit Edelsteinen besetzte Streifen betonen den Kragen und schmücken die Ärmel an den Bündchen und an den Armen, während ein anderes breites besticktes Band quer oberhalb der Brust verläuft; über diesem Kleid trägt die Heilige einen mit Streumuster bestickten Mantel. So gewandet mag Christines Mutter auch bei diesem feierlichen Anlaß aufgetreten sein: »Rühmlich wurden Weib und Kinder des geliebten Philosophen Magister Thomas, meines Vaters, bei ihrer Ankunft in Paris empfangen, der milde und sehr weise König hatte sie sehen und freundlich begrüßen wollen, was auch bald nach ihrem Eintreffen geschah, und sie gingen gekleidet in ihren lombardischen Gewändern, die reich waren an Zierat und Putz, wie es Frauen und Kindern von Stand zukam.« Die sicher sehr eingeschüchterte kleine Venezianerin, die an diesem Tag dem französischen Königshof vorgestellt wurde, ahnte natürlich nicht, daß sie eines Tages die Lebensgeschichte des Königs, der sie »mit sehr großer Freude begrüßte«, aufzeichnen würde. Doch sollte ihr diese erste Begegnung mit einem der damals bedeutendsten Herrscher unauslöschlich im Gedächtnis bleiben. Später spricht sie von ihm stets nur mit größter Bewunderung und Hochachtung: »Von Gestalt war (er) groß und wohlgebildet, gerade gewachsen, mit breiten Schultern, schmalem Brustkorb, starken Armen und schönen Gliedmaßen ... das Gesicht ebenmäßig, ein wenig länglich, die Stirn hoch und breit, die Augenbrauen geschwungen, die Augen schön geformt, plaziert, von brauner Farbe und mit festem Blick, ziemlich hoch die Nase und nicht zu klein der Mund, die Lippen fein. Recht bärtig war er, hatte etwas hohe Backenknochen, das Haar war nicht blond, nicht schwarz, die Gesichtsfarbe hellbraun. Seine Haut war ziemlich bleich, und daß er sehr mager war, rührte, glaube ich, von einer Krankheit und war nicht sein natürlicher Zustand. Sein Antlitz war gelassen, seine Gestik ausgeglichen und ruhig zu jeder Zeit, bei jeder Gelegenheit und in jeder Gemütsverfassung ... er hatte eine schöne Haltung, eine wohltönende Männerstimme und dabei eine gewisse schöne, so gemessene Sprache, daß jeglicher Rhetoriker französischer Zunge nichts daran auszusetzen gehabt hätte.« Diese Beschreibung deckt sich übrigens mit dem »ein wenig länglichen Gesicht«, den hohen Wangenknochen und der etwas starken Nase auf den uns bekannten Bildnissen Karls V.

Christine hatte allen Grund, sich mit Ergriffenheit und Dankbarkeit seiner zu erinnern, denn durch ihn war ihrem Vater, dem »Astronom«, eine glänzende Laufbahn beschieden. Sie lebte, schreibt sie, »von seinem Brot« oder: »Durch die Fürsorge des guten Königs mangelte es im Haus seines geliebten (Ratgebers) an keinem notwendigen Ding«. Diese »Fürsorge« war sehr weitgehend und beschränkte sich nicht auf den täglichen Unterhalt, denn der König beschenkte seinen »geliebten und treuen Physikus« aufs reichlichste. Die Familie hatte ihr gutes Auskommen, jedoch lebte sie nicht allein von den hundert Francs, die der König ihr monatlich zahlte, sondern auch von einer jährlichen Rente in Höhe von zwanzig Pariser Livres, die in Orsonville nahe Melun hinterlegt wurde. Nicht weit von dort erwarb die Familie das Schloß Mémorant. Im Jahr seines Todes schenkte der König ihr den Barbeau-Turm, dessen Instandsetzung am 20. Mai 1380 beendet worden war. Dieser Turm, von dem man heute noch einige Überreste im Haus Nr. 32 des Quai des Célestins sieht, gehörte zu der Stadtmauer, die Philipp-August um Paris errichten ließ. Dabei war ein von Mauern umschlossenes Stück Grund.

Christine verlebte ihre Kindheit also an den Ufern der Seine ganz in der Nähe des Saint-Paul-Viertels, wo sich einer der Paläste befand, in denen sich die königliche Familie am häufigsten aufhielt. Die Rue des Lions Saint-Paul erinnert noch heute an das daran angrenzende Tierhaus. Ebenfalls nicht weit entfernt war die Befestigung am Tor Saint Antoine, die Bastille, die Karl V. 1370 erbauen ließ und die unter der Herrschaft seines Nachfolgers Schauplatz so vieler dramatischer Ereignisse werden sollte.

Eine glückliche Kindheit. Christine sollte später voller Rührung an sie zurückdenken. Es scheint sogar, daß sie in den schlimmen Zeiten, die darauf folgten, aus dieser von so viel Zärtlichkeit erfüllten Kindheit die Kraft schöpfte, die sie täglich aufzubringen hatte:

> Ich wurde auf einen weiblichen Namen getauft
> Und von meiner Mutter sorgfältig und
> Liebevoll erzogen ...
> Sie hatte mich so lieb,

> Daß sie mich gleich nach meiner Geburt selbst stillte.
> Mit großer Sanftheit umsorgte sie mich in meiner Kindheit
> Und zog mich groß.

Sie erzählt auch, daß ihr in dieser frühen Jugend, in der man »keine anderen Bedürfnisse hat als zu spielen«, »weder Schade noch Harm widerfuhr«. Eine unbeschwerte Zeit also, in der sie sich frei entfalten konnte. Dies erklärt zweifellos Christines seelische Ausgeglichenheit, die sie ihr ganzes Leben lang nicht verlor.

Ihr Vater hätte lieber einen Sohn gehabt. Nach Christine wurden ihm zwei geboren, doch weder Aghinolfo noch Paolo hatten so viel mit ihm gemein wie seine Tochter. Besonders in ihrem außerordentlichen Wissensdurst glich sie ihm sehr. Genau das meint sie, wenn sie in den für ihre Zeit üblichen allegorischen Figuren »von jenem Gut, das seinen Ursprung in der kostbaren Quelle hat«, spricht. Dieses aus der Quelle des Wissens geschöpfte »Gut« sind die Kenntnisse, die ihr der Vater vermitteln soll und von denen sie sagt: »Nichts auf Erden wünsche ich mir mehr.« Wenn sie etwas gegen ihre Erziehung einzuwenden hat, dann nur gegenüber ihrer Mutter, die, wie sie sagt, »wollte, daß ich mich mit Hanf befasse«. Offenbar spann sie nicht gern. Sie verdammte die Sitte, nach der Mädchen nicht so gebildet sein durften wie Knaben – eine Sitte übrigens, die jüngeren Datums war als sie meinte, denn früher hatten Mädchen einen sehr gründlichen Unterricht genossen. Doch in seinen Gebräuchen war Italien Frankreich ein Stück voraus, und ihre Mutter war wohl der Auffassung, daß das Spinnrad, das in jedem bürgerlichen Haus einen wichtigen Platz einnahm, von ihrer Tochter häufiger hätte benutzt werden müssen. Christine indes bedauert, von den Kenntnissen ihres Vaters

> [nichts] außer Spänchen und Hälmchen,
> Außer lumpigen Hellern und Pfennigen,
> Die ich auffing aus jenem gewaltigen Vermögen,
> Über das er in überreichem Maße verfügte,

abbekommen zu haben.

Aus diesen Worten spricht große Bescheidenheit, denn Christines gesamtes Werk zeugt von einem sehr fundierten Wissen, das sie sich nicht allein in der Schule ihres Vaters, sondern auch durch eigenes Studium erworben hat. Wahrscheinlich war sie genauso gebildet wie jenes andere Mädchen aus »Bologna-die-Fette«, von dem sie in ›Le livre de la cité des dames‹ (Das Buch von der Stadt der Frauen) spricht: Eine gewisse Novella hatte »die Gesetze vorher so gründlich studiert, daß sie die Studenten vom Katheder aus zu unterrichten vermochte«, wenn ihr Vater aus irgendwelchen Gründen verhindert war. Daraus können wir entnehmen, daß an dieser berühmten Universität, zweifellos der bedeutendsten des Abendlands für das Studium der Juristerei, auch eine Frau Vorlesungen halten konnte. An der Universität von Paris war so etwas nicht denkbar.

Mit überschwenglichen und ergriffenen Worten lobt Christine das umfassende Wissen ihres Vaters. In der Zeit, in der Christine lebte, spielte die Astrologie zwar eine Rolle wie nie zuvor, doch war sie nicht das, was wir heute darunter verstehen. Sie selbst erklärt uns, daß »die Wissenschaft der Astrologie die Kunst ist, die Bewegungen der himmlischen Sphären und Planeten zu kennen«. Doch solches zu können setzt die Beherrschung vieler anderer Wissenschaften voraus: »Zur Astrologie kann keiner finden, der nicht vorher Philosoph, Geometer und Arithmetiker ist.« Andererseits erhöht die Wissenschaft des Astrologen denjenigen, der sich ihr widmet, und führt ihn gewissermaßen zu Gott: »Derjenige, der mit Ausdauer (diese Wissenschaft) erwirbt, den macht sie verliebt in die Schönheiten des Überirdischen; und wer das würdige Studium weiter betreibt und darin fortfährt, den geleitet sie auch, wie es den Anschein hat, zur Seele, das heißt zur Schönheit der Form, und macht ihn Dem ähnlich, der ihn schuf.«

Man sieht also, daß sowohl aufgrund des Wissens, das vorausgesetzt wird, als auch der Perspektiven, die sie eröffnet, die Astrologie sich stark von der einfachen Zukunftsdeutung unterscheidet. Dennoch hatte sich Thomas de Pizan einen Namen gemacht durch seine Fähigkeit, den Fürsten

> Entweder einen wichtigen Friedensschluß
> Oder einen langen Krieg,
> Einen Sturm oder eine Sintflut,
> Ein großes Sterben, eine Hungersnot,
> Die ihnen drohten,
> Vorauszusagen.

Er konnte also, ein wenig wie heute unser Wetterdienst, Unwetter und Überschwemmungen vorhersagen, aber auch wichtige Ereignisse. 1377 bittet ihn Amadeus VI., Herzog von Savoyen, eine für die Heirat seines Sohnes mit Bonne, der Tochter des Herzogs Johann von Berry, günstige Stunde zu bestimmen.

Doch das ist nicht seine einzige Aufgabe beim König. Er ist auch sein »Physikus« – sein Leibarzt –, im selben Rang wie jener sehr bekannte Magister Gervais Chrétien, der in Paris eine vom König großzügig dotierte Medizinschule gründete und ihm ebenfalls auf dem Sterbebett beistand. Thomas de Pizan ist ganz allgemein ein Ratgeber für ihn und spielt in der Politik seiner Zeit eine gewisse Rolle. Wahrscheinlich war er es, der Karl V. veranlaßte, sich vor dem Bruch des Waffenstillstands mit dem englischen Gegner im Jahr 1369 von der Universität von Bologna beraten zu lassen. Und gewiß war er es, der die Verstimmung zwischen Frankreich und der Republik Venedig ausräumte, indem er vermittelnd eingriff: Ein Kaufmann aus Narbonne war in den Dardanellen von drei venezianischen Galeeren angegriffen worden, und dieser peinliche Zwischenfall, der Vergeltungsmaßnahmen erwarten ließ, hatte die Beziehungen zwischen den beiden Staaten vergiftet. Thomas de Pizan gelang es, sie wieder zu normalisieren, und er brachte es sogar zuwege, daß die Venezianer von den sechs Denier Steuer, die Fremde in den französischen Häfen auf jedes Livre zahlen mußten, befreit wurden. Daß der »Astronom« beim König in hoher Gunst stand, bestätigen zahlreiche Geschenke, die er von ihm erhielt, unter anderem acht hebräische Handschriften, die darauf hindeuten, daß Christines Vater offenbar auch des Hebräischen mächtig war.

In dieser Atmosphäre wissenschaftlicher Arbeit und königlicher Prachtentfaltung verbrachte Christine also ihre Kindheit.

Eine der überraschendsten Erinnerungen, die ihr aus dieser Zeit im Gedächtnis geblieben sind, hat mit dem König selbst zu tun. Voller Entzücken hatte sie eines Tages die Darbietung eines Seiltänzers – man nannte diese Artisten damals Seilgeher oder Seilgaukler – bewundert, der todesmutig seine Seile »von den Türmen von Notre-Dame in Paris zum Palast« hatte spannen lassen und, so fügt Christine hinzu, »auf diesen Seilen hüpfte und seine Kunststücke vollführte, so daß es aussah, als flöge er, und es hieß, daß es in diesem Beruf einen seinesgleichen nie gegeben habe«. Leider stürzte der Seiltänzer ab und fand dabei den Tod. Später pflegte der König diese Geschichte zu erzählen, als Warnung für jeden, der seine Kräfte überschätzte. Ihr fügte er noch die Geschichte jenes Philosophen an, der geschworen hatte, »keinen Bissen mehr zu essen, wenn jemand ihn im Streitgespräch besiegte. Eines Tages begegnete er einem Mann, dessen Verstand schärfer war als der seine, und starb darob vor Gram«.

Desgleichen wird Christine später daran zurückdenken, wie der König bei feierlichen Anlässen oder Empfängen von ausländischen Fürsten hof hielt. Voll Bewunderung schreibt sie darüber: »Die Anordnung der Tafeln, die Speisenfolge, die auf Hochwebstühlen gefertigten edlen Bespannungen aus Gold und Seide an den Wänden und in den kostbaren Gemächern, Samt, bestickt mit großen Perlen, Gold und Seide... Goldbrokate, Himmel und Baldachine über den hohen Betten und Vorhangsesseln, goldenes und silbernes Geschirr, groß und schwer, auf dem an seiner Tafel aufgetragen wurde, die langen Geschirrborde voll goldener Fläschchen, Schalen, Tiegel und anderem Geschirr aus Gold mit Edelsteinen, die schönen Speisen und Zwischengerichte, Weine, köstliche Fleischspeisen in reichlicher Menge...«

Als Kind hatte sie selbst einigen dieser prunkvollen Empfänge beigewohnt, so zum Beispiel jenem, den der König zu Ehren des Sultans von Babylon – womit vermutlich der Sultan von Ägypten gemeint ist – veranstaltete. Al-Malik-al-Ashraf, der von 1363 bis 1377 in Kairo regierte, hatte Karl V. in einem Sendschreiben Bündnis und Freundschaft angeboten. »Und damit niemand daran zweifle, bestätige ich die Angelegenheit als wahr, denn als Kind erblickte ich den reich und fremdartig gewandeten sarazenischen Ritter, und der Grund für sein Kommen war allgemein bekannt... Der weise, in allem umsichtige König... erkannte den guten Willen des Sultans, der aus so weiter Ferne sein Sendschreiben geschickt hatte, und empfing den Ritter und dessen Geschenke mit großen Ehren. Er speiste festlich und ehrte sein Gefolge und seinen Dolmetscher, durch den er vernahm, was dieser sagte; er dankte dem Sultan, erwiderte seine Geschenke mit schönen Dingen aus unseren Landen, feinem scharlachroten Tuch aus Reims, das bei ihnen unbekannt ist... belohnte die Überbringer des Sendschreibens großzügig und tat alles, was er für den Sultan tun konnte.«

Eine andere Feierlichkeit, an der sie teilnahm, war der berühmte Empfang für Kaiser Karl IV., Sohn des Böhmenkönigs Johann des Blinden, der sich bei der Schlacht von Crécy tollkühn ins Getümmel geworfen hatte und gefallen war. Von diesem Empfang haben wir auch durch die Chronisten der Zeit

Kenntnis, denn er zählte wahrscheinlich zu den Glanzlichtern des damaligen Hoflebens. Christine beschreibt dieses Ereignis sehr ausführlich. Der Kaiser wurde an der Grenze des Reichs in Cambrai am 22. Dezember 1377 vom ersten Kammerherrn Bureau de la Rivière und mehreren anderen hohen Würdenträgern empfangen, während der König selbst Karl IV. nach Saint-Denis entgegenritt. Unterwegs hatte der Kaiser einen Gichtanfall, und da er nicht reiten konnte, reiste er in einer der Sänften der Königin, die der König ihm sogleich gesandt hatte. Sie wurde gezogen von »vier schönen weißen Maultieren und zwei Turnierpferden«. In die Basilika Saint-Denis mußte er getragen werden, doch bestand er darauf, die Reliquien zu verehren und sich die königlichen Grabstätten zeigen zu lassen. Beim Einzug in Paris durch das Chapelle-Tor ritt er jedoch das »Streitroß, das der König ihm gesandt hatte und das schwarz war«. In der Beschreibung seiner Ankunft vermerkt Christine nebenbei, daß die schwarze Farbe ihren Sinn hatte, »denn die Kaiser von Gottes Gnaden sind es gewohnt, wenn sie in die guten Städte ihrer Grundherrschaft oder ihres Reiches einziehen, auf weißen Pferden zu reiten; und der König wollte nicht, daß dies in seinem Reich geschehe, damit es nicht als Herrschaftsanspruch gedeutet werde«. Karl V. hatte damit seine Unabhängigkeit bekundet, und die Geste verrät uns ein wenig von der Mentalität jener Zeit, in der die Sprache der Farben von jedermann verstanden wurde. Der König hingegen, »kostbar gewandet, kam von seinem Palast auf einem großen weißen Zelter mit den Wappen Frankreichs. Der König trug einen scharlachroten weiten Mantel mit Hermelinfutter und auf dem Haupt einen spitzen Königshut, der über und über mit Perlen bedeckt war.« Zu seinen beiden Seiten hatte er die vier Herzöge von Berry, Burgund, Bourbon und Bar, die umgeben waren von weiteren Verwandten und Rittern, »schön angetan und auf reich geschmückten Pferden«. Christine verbreitet sich lang über die Waffenträger in Seidenlivreen, die schweren Streitrosse mit den perlenverzierten Samtsätteln, »die Knechte, alle gleich gekleidet in der gewohnten Weise, welche die Pferde führten; der Reitknecht, der dem König auf einem schweren Turnierpferd voranritt, hatte auf seiner samtenen Schärpe Lilienblüten aus Perlen eingestickt; die Trompeter des Königs mit ihren silbernen Instrumenten, an denen gestickte Wappenschilde hingen, schritten voran und schmetterten manchmal los, um sich einen Weg zu bahnen.«

Der Kaiser wurde im Palais de la Cité in einem Raum, der ganz mit irischem Holz ausgekleidet war und auf die Gärten und die Sainte-Chapelle ging, willkommen geheißen. Dieser glanzvolle Empfang fand am 4. Januar 1378 statt. Der König und der Kaiser hatten eine lange Unterredung. Eine Miniatur zeigt das Festmahl, das am Mittwoch, dem 6. Januar, dem Tag der Heiligen Drei Könige, im großen Saal des Palastes gegeben wurde. Das Essen wurde, wie damals üblich, durch Zwischengänge, das heißt Darbietungen zwischen den einzelnen Gängen, aufgelockert. Es gab ihrer zwei. Im ersten wurde dargestellt, »wie Gottfried von Bouillon Jerusalem einnahm ... die große und schöne Stadt war aus bemaltem Holz gemacht, mit sehr schön gefertigten Wappenschilden und Bannern der Sarazenen ...; und dann das Schiff, auf dem Gottfried von Bouillon war, und dann der Beginn der Erstürmung und die eroberte Stadt, was schön anzusehen war«. Die übrige Zeit seines Aufenthaltes verbrachte der Kaiser im Louvre, in Saint-Maur, wo er Reliquien verehren wollte, dann im Palast Saint-Paul, zu dem die Gesellschaft mit dem Schiff über die Seine setzte, und wo der junge Dauphin und sein Bruder Ludwig von Valois ihn begrüßten. Und überall die gleiche Prachtentfaltung. Zum Schluß besuchte Karl IV. Beauté-sur-Marne. Er war von dem Schloß und seiner Umgebung so entzückt, daß er behauptete, dort von seiner Gicht geheilt worden zu sein. Kostbare Geschenke wurden ausgetauscht: goldene, mit Edelsteinen und Email verzierte Trinkgefäße, Fläschchen, Aiguièren, goldene Humpen und Becher. Am Tag vor seiner Abreise schenkte der Kaiser dem König einen Rubin und einen Diamanten, während der König seinerseits ihm einen Diamanten offerierte, den er trug, und »sie umarmten einander vor aller Augen und küßten sich unter großen Dankesbezeigungen«.

Dieser Abschied fand am 16. Januar 1378 statt. Einige Tage später, am 4. Februar, läutete die Totenglocke für die Königin. Sie hatte einer Tochter namens Katharina das Leben geschenkt und war an der schwierigen Geburt gestorben. Wenige Tage später starb auch Isabella, die andere Tochter des Königspaars, im Alter von fünf Jahren.

Die Todesfälle folgten einander Schlag auf Schlag, und die Stimmung verdüsterte sich, nicht nur am französischen Königshof, sondern in der gesamten Christenheit. Am 27. März starb Papst Gregor XI., derjenige, der auf inständiges Flehen der Katharina von Siena endlich Avignon verlassen hatte, wo die Päpste seit Beginn des Jahrhunderts residierten, und nach Rom zurückgekehrt war.

Zu jener Zeit ging auch das Gerücht, daß Karl V. vergiftet werden sollte. Die beiden des Anschlags beschuldigten Personen wurden dingfest gemacht, und nach der Verurteilung durch das Parlement wurde ihnen der Kopf abgeschlagen. Man munkelte, daß der Anstifter kein anderer gewesen sei als der Vetter des Königs persönlich, Karl der Böse, König von Navarra. Die letzten Jahre seiner Herrschaft verliefen also in einer tristen Stimmung bis zu dem Augenblick, da den König eine Nachricht erreichte, die ihn besonders schmerzte: die Nachricht vom Tod des Konnetabels du Guesclin in Châteauneuf-de-Randon am 13. Juli 1380. Dies war der letzte Schlag, den Karl V. nicht lange überleben sollte.

Zu den Geißeln dieses Jahrhunderts gehörte als Folge der zahlreichen Kriege die Präsenz der kostspieligen Söldnertruppen, für deren Löhnung in Kriegszeiten aufzukommen war und die man, sobald Frieden herrschte, entlassen mußte. In solchen Ruheperioden lebten sie auf dem flachen Land und plünderten und stahlen mehr denn je. Sobald der Frieden mehr schlecht als recht gesichert war, galt es, die lästig gewordenen Hilfstruppen nutzbringend zu beschäftigen. Dieser Aufgabe hatte sich vor allem der dem König teure Konnetabel, der kleine bretonische Ritter Bertrand du Guesclin, gewidmet. Er hatte in der Kunst, die großen Söldnerheere zu lenken, nicht seinesgleichen und führte sie entweder gegen die englischen Truppen oder ließ sie anderswo kämpfen, in Navarra oder in Kastilien. Der König hatte seine Dienste zu würdigen gewußt: Auf einer Urkunde, die heute in den Archives Nationales aufbewahrt wird, steht eine von ihm eigenhändig geschriebene Anweisung an seinen Schatzmeister, das Lösegeld für den Konnetabel zu zahlen: »Sorget dafür, daß dies auf jeden Fall geschehe, wie auch immer; denn es berührt sehr stark unsere Ehre. Geschrieben mit eigener Hand. Karl.«

Doch Christine und ihre Familie vernehmen nur den fernen Widerhall des Krieges, und für sie bedeutet die gesamte Regierungszeit Karls V. eine gesegnete Zeit, eine Periode des ruhigen Lebens und der ungestörten Studien dank der wunderbaren königlichen Bibliothek, die ihr Freund, der »Bibliothekar« Gilles Malet, betreut. Auch gilt es, über erfreuliche Familienereignisse zu berichten. Zu ihnen gehört Christines Eheschließung. Das hübsche, gebildete und bewunderte Mädchen Christine heiratet 1379 mit fünfzehn Jahren einen Edelmann aus der Pikardie, Etienne Castel. Er ist der Sohn eines Kammerdieners des Königs, der zeitweise auch als Waffenmeister oder Sticker fungiert. Nicht viel später, im Jahr 1380, erhält Etienne noch ehrenvollere Ämter: Er wird Notar und Sekretär des Königs.

Man kann also sagen, daß sich die ganze Familie mit Ehren überhäuft sieht, als das Ereignis eintritt, das zur »geöffneten Tür ihrer Mißgeschicke« wurde. Und Christine fügt hinzu: »Ich, noch recht jung, ich schritt durch sie hindurch.«

Was sie jedoch in jenem September 1380 noch nicht ahnen konnte, war, wie düster die Welt hinter dieser Tür für sie und das ganze Königreich sein sollte.

2. Das Glück wendet sich

> Einsam bin ich und einsam will ich auch sein,
> Einsam hat mich mein süßer Freund zurückgelassen,
> Einsam bin ich, ohne Gefährten, ohne Geleit,
> Einsam bin ich, des Geliebten beraubt.

Das Unbehagen, das man im ganzen Königreich verspürte, unbestimmt in der Provinz, deutlicher in Paris, wurde unmittelbar nach Karls V. Tod offenbar.

Bei der Trauerfeier in Notre-Dame zu Paris am 24. September 1380 kommt es zu einem fast lächerlich anmutenden Zwischenfall, der jedoch schwere Folgen hat.

Der königliche Profoß Hugues Aubriot, dem die Aufstellung des Trauerzuges oblag, war einer der Vertrauensmänner Karls V. gewesen. Seine Aufgaben entsprachen ungefähr denen eines Polizeipräfekten. In dieser Eigenschaft hatte er wiederholt Schwierigkeiten mit der Universität von Paris gehabt. Hatte er nicht versucht, ihre Mitglieder zur Wache zu verpflichten wie alle anderen Bürger und Bewohner der Cité auch? Diese Maßnahme stand freilich im Widerspruch zu den traditionellen Privilegien, die Studenten wie Professoren genossen. Es hatte daraufhin Protestaktionen, Streiks und Krawalle gegeben.

Nun hatte Hugues Aubriot bei der feierlichen Aufstellung des königlichen Trauergeleits den ersten Platz dem Bischof von Paris zugewiesen. Das erboste den Rektor der Universität über die Maßen, und er behauptete im Verein mit den Vertretern der vier Fakultäten sowie der Abgeordneten der verschiedenen Studenten-»Nationen« – der pikardischen, französischen, normannischen und der bald durch die englische ersetzten deutschen –, daß ihm der Vortritt vor dem Bischof gebühre. Trotz des ernsten Anlasses kam es zu einem zunächst sauersüßen Wortwechsel, der rasch heftiger wurde und in Handgreiflichkeiten zwischen den Büttel des Profoß und den Mitgliedern der Universität ausartete. Hugues Aubriot griff ein: Er stieß den Rektor grob zurück, packte ihn unsanft am Bart und drohte ihm weitere Mißhandlungen an; dieser erwiderte, daß er ihm wehtue, doch der Profoß faßte ihn noch einmal am Kinn und schüttelte ihn derb, wobei der Rektor schrie: »Schlagt sie tot! Zum Rektor!« Die anderen Mitglieder der Universität kamen ihm eilends zu Hilfe, und der Trauerzug löste sich in einer allgemeinen Schlägerei auf. »Mehrere Personen wurden verprügelt, mit Schwertern, Hacken und Stöcken geschlagen und verletzt, auf die Felder hinausgejagt, von anderen Leuten und von den Pferden niedergetrampelt. Einige stürzten sich sogar in die Seine, um ihr Leben zu retten, ein paar schwammen durch den Fluß ... Mehreren Magistri wurde brutal der Mantel weggerissen, und es wurden Schreie laut: ›Hurenbande! Räubergesindel!‹« Der Herzog von Anjou mußte persönlich einschreiten, um die Büttel des Profoß, die Magistri und die Studenten voneinander zu trennen und die Ordnung wiederherzustellen.

Am nächsten Tag bei der Überführung des königlichen Sarges von Notre-Dame in Paris zur Königsabtei Saint-Denis, wo die Beisetzung erfolgen sollte, flammten die Unruhen abermals auf. Das gesamte Quartier Latin befand sich in Aufruhr, und die Studenten griffen in Gruppen die königlichen Büttel an. Die Auseinandersetzungen dauerten noch eine Weile an.

Natürlich wurde die Angelegenheit vor Gericht gebracht. Da sich die Angehörigen der Universität benachteiligt fühlten, ließen sie Hugues Aubriot vor das königliche Tribunal laden. Der ehemalige Rektor Dominique Petit wurde beauftragt, im Namen der Universität vor dem Parlement von Paris einen Prozeß gegen den Profoß zu führen. Er machte ihn nicht nur für die Wirren verantwortlich, sondern sparte auch vor dem Kirchengericht nicht mit Anschuldigungen: Aubriot habe sich »der Ketzerei und Teufelsanbetung verschrieben, sei Sodomit und falscher Christ«. Während sich also das weltliche Gericht mit seinem Vorgehen und dem der einundzwanzig bei den Trauerfeierlichkeiten festgenommenen Büttel beschäftigte, strengte die Universität auch ein kirchliches Verfahren gegen ihn an, indem sie ihn der Häresie, der Homosexualität und widernatürlicher sexueller Praktiken bezichtigte. Und nachdem man seine Vergangenheit beleuchtet hatte, wurden noch verschiedene andere Anklagepunkte gegen ihn vorgebracht: daß er nicht zur Osterkommunion gehe, die Juden unterstützt habe etc.

Im Büßerhemd, eine Kerze in der Hand, mußte Hugues Aubriot kniend vor den Angehörigen der Universität öffentlich Abbitte leisten. Die Szene ist auf einem noch erhaltenen Flachrelief dargestellt, wohl als eine Art Abschreckung für jeden, der es wagen sollte, an die Privilegien der Angehörigen der Universität zu rühren. Danach enthob man Aubriot natürlich seiner Ämter und kerkerte ihn im Turm des Bistums Paris ein. Diese schwere Demütigung vom 17. Mai 1381 war für ihn freilich das geringere Übel, denn in der Universität hatte man von einer Verurteilung zum Scheiterhaufen gesprochen.

Sein Nachfolger Audouin Chauveron mußte vor den Abgeordneten der Magistri und der Studenten einen Eid ablegen und schwören, ihre traditionellen Freiheiten zu respektieren. Anhand dieser Begebenheit läßt sich ermessen, wieviel Macht die Universität von Paris damals besaß. Es zeigt auch ihre Rachsucht sowie ihr Geschick, Fälle, die sie vor Gericht brachte, in Ketzerprozesse zu verwandeln, bei denen die Angeklagten mit dem Scheiterhaufen zu rechnen hatten.

Thomas de Pizan wohnte gewiß den turbulenten Trauerfeierlichkeiten seines geliebten Herrn bei. Er selbst scheint keine direkten Verbindungen zu den Kreisen der Pariser Universität gehabt zu haben. Der Verlust des Königs, seines Gönners, schmerzte ihn zutiefst, und ihm war auch bang vor der Zukunft. Seines Zeichens »Astrologe«, muß er die Unruhen unmittelbar nach dem Tod des Herrschers als ein böses Omen für das Königreich ebenso wie für sich selbst empfunden haben.

Karl, der älteste Sohn Karls V., dem nun die Krone zufiel, war erst zwölf Jahre alt. Doch auch Ludwig der Heilige war als Zwölfjähriger gekrönt worden – jener König, mit dessen Name sich die Vorstellung von Frieden und Wohlstand verband, die Erinnerung an die Zeit vor der großen Hungersnot, vor der Pest, vor den Kriegen, die seit einem halben Jahrhundert das Land ausbluteten. Damals hatte seine Mutter Blanka die Regentschaft übernommen. Doch die Mutter Karls VI. war bereits vor seinem Vater gestorben. Im Umkreis des Knaben und seines um vier Jahre jüngeren Bruders gibt es kein männliches Wesen, das nicht nach der Macht gestrebt hätte. Es sind die drei Brüder des verstorbenen Königs, der einundvierzigjährige Ludwig von Anjou, der vierzigjährige Johann von Berry und der achtunddreißigjährige Philipp, der sich in Poitiers an der Seite seines Vaters den Beinamen der Kühne erwarb und Burgund als Apanage gewann. Und mütterlicherseits gibt es den Onkel Karls VI., Ludwig von Bourbon, dreiundvierzig Jahre alt. Ludwig von Anjou ergreift die Zügel der Herrschaft, doch wie man weiß, denkt er nur an sein Erbe in Neapel, nachdem Königin Johanna ihn zu ihrem Erben gemacht hat. Und genau das ist das Schlimme: Jeder von ihnen, durch väterliche Großzügigkeit nur allzu gut versorgt, ist ein Landesherr. Die Versuchung ist stark, die Interessen des eigenen Landes vor die des Königreichs zu stellen. Jeder hat Leute, die er in eine bestimmte Stellung bringen möchte, gezielte Wünsche in bezug auf das eigene Land und Schulden, die getilgt werden müssen. Der junge König ist noch nicht gekrönt, als man schon davon spricht, den Reichskanzler Pierre d'Orgemont, der das uneingeschränkte Vertrauen des verstorbenen Königs besessen hatte, auszutauschen. Hatte dieser ihm nicht die Schlüssel zum Turm von Vincennes anvertraut, wo der Schatz verwahrt war? Seine Absetzung kündigte weitere an. Spätestens zu diesem Zeitpunkt muß Thomas de Pizan klargeworden sein, wie ungewiß seine und seiner Familie Zukunft war, denn sie hing ganz und gar von der königlichen Gunst ab.

Karl VI. wurde am 4. November in Reims gekrönt und hielt am 11. desselben Monats mit großem Geleit seinen feierlichen Einzug in Paris. Bei dieser Gelegenheit sah man zum erstenmal »verschiedene Persönlichkeiten und Geschichten« als lebende Bilder entlang des Festzugs. Dennoch kam es zu einigen Störungen.

Es hatte sich nämlich das Gerücht verbreitet, daß Karl V. am Morgen seines Todes die Steuern aufgehoben hatte, die man vom Volk erhob. Das stimmte übrigens: Am 16. September hatte der König in Gegenwart seines Beichtvaters, des Dominikaners Maurice aus Coulanges im Auxerrois, die Abschaffung sowohl der Herdsteuer – einer Abgabe, die jeder Haushalt entrichten mußte – als auch anderer Steuern verfügt. Es war bereits zu Unruhen gekommen, denn man forderte die sofortige Durchführung des königlichen Beschlusses. Ludwig von Anjou war es gelungen, die Erregtesten zu beruhigen, indem er versprach, unmittelbar nach der Krönung seines Neffen die Generalstände einzuberufen, denen die Festsetzung der Abgabenhöhe oblag.

Am 14. November war es so weit. Im Morgengrauen dieses Tages sahen Thomas und die Seinen von ihrer Wohnung im Barbeau-Turm aus, wie Menschenscharen mit drohenden Gebärden über die Seine in Richtung auf jenen Sumpf zogen, den die Templer zweihundert Jahre zuvor trockengelegt hatten. Immer mehr strömten hinzu. Schließlich waren es mehr als zwanzigtausend, die an diesem Tag ihren Unwillen gegen die Obrigkeit, verkörpert in der Person Ludwigs von Anjou und des neuen Reichskanzlers, des Bischofs von Beauvais, Milon de Dormans, kundtaten. Diesmal mußte man den Forderungen des Volks nachgeben. Mittels einer Anordnung verfügten die Generalstände die Streichung aller Steuern, die unter Karl V. erhoben worden waren. Daraufhin schwärmten die Aufrührer in das Judenviertel aus und plünderten planlos die Häuser der Pfandleiher, um sich die hinterlegten Gegenstände zurückzuholen oder die Rechnungsbücher zu vernichten.

Ein böser Auftakt für eine Herrschaft, deren trauriges Ende der Astrologe vielleicht schon voraussah. Die Abschaffung jeglicher Steuer bedeutete eine Rückkehr zum Feudalsystem, in dem der König wie jeder andere Lehnsherr von dem lebte, was seine Grundherrschaft abwarf. Von der Bevölkerung des Reichs konnte er nur die Abgaben erheben, die für die »vier Fälle« vorgesehen waren: Krieg, Lösegeld für den Lehnsherrn, Ritterschlag des ältesten Sohnes oder Hochzeit der ältesten Tochter.

Dies geschah zu einem Zeitpunkt, da das königliche Schatzamt Ausgaben zu bestreiten hatte, die, vor allem was die Verteidigung betraf, die Einnahmen aus der Krondomäne bei weitem überstiegen. Eine erste böse Folge davon bekam auch Christines Familie zu spüren. Keiner im Umkreis des neuen Königs gedachte die Gunst zu verlängern, in der ihr Vater bis dahin gestanden hatte.

Die Zahlung seines Entgelts wurde ausgesetzt, und man forderte von ihm Zins für den Barbeau-Turm und für das dazugehörige Grundstück. Da der recht ausgabefreudige Astrologe keine Ersparnisse hatte, wurden in seinem Hausstand bald die Mittel knapp. Natürlich hatte sich Thomas de Pizan in der Zeit, als er das Wohlwollen des verstorbenen Königs genossen hatte, Feinde gemacht. Es dauerte nicht lange, und gewisse Personen bei Hofe, unter anderem ein Philippe de Mézières, schrieben ganz offen den Astrologen allgemein und Thomas de Pizan im besonderen die Schuld für die mißliche Lage zu. In seinem Werk ›Songe du vieil pèlerin‹ (Traum des alten Pilgers), das großes Aufsehen erregte, greift er diesen namentlich an: »Oh, wie oft hat sich Thomas von Bologna mit seiner geringen Urteilsfähigkeit geirrt und wurde enttäuscht!« Ja, der Tod König Karls war tatsächlich für die gesamte Familie »die geöffnete Tür ihrer Mißgeschicke«. Etienne Castel hatte zum Glück sein Amt als Notar und Sekretär des Königs, das er im selben Jahr, also 1380, angetreten hatte, behalten können. Doch die Dienste der königlichen Beamten wurden recht unregelmäßig honoriert, vor allem wenn nur geringe Steuergelder vorhanden waren.

Um für die Verwaltungskosten aufzukommen, mußte man Geld auftreiben. Der König oder vielmehr seine Onkel, die

Herzöge, benutzten die Landung von sechstausend Engländern in Calais als Vorwand, um wieder eine »aide«, das heißt eine Steuer zu erheben. Zum Ausgleich dafür wurden jedoch im März 1381 durch eine Reihe von Ordonnanzen von Pontoise aus verschiedene Zugeständnisse gemacht: Man beruhigte die kleinen Leute, indem man den Zinssatz begrenzte und Maßnahmen gegen die jüdischen Wucherer ergriff, bei denen oft die gesamte Einwohnerschaft einer Stadt verschuldet war; man rief die in den grundherrschaftlichen Domänen eingesetzten königlichen Notare zurück etc.

Trotzdem herrschte ein allgemein verbreitetes tiefes Unbehagen. Man hätte wiederholen können, was der Lütticher Chronist Jean d'Outre-Meuse einst gesagt hatte: »In dieser Zeit, von der ich spreche, sind alle gemeinen Leute, insgesamt oder zum größten Teil, sowohl in Frankreich wie anderswo in Aufruhr.« Eine Welle sozialer Unruhen ergriff Europa von England bis Deutschland, von Böhmen bis Italien; in Florenz war es vor allem die Rebellion der Ciompi. »Der Teufel war ihnen in den Kopf gefahren, um alles zu verderben«, sagte Froissart. Nachdem sich in Frankreich durch die Zugeständnisse von Pontoise die Gemüter beruhigt hatten, flammten die »Erregungen« wieder auf, als bekannt wurde, daß die »aides« auch 1382 wieder eingezogen werden sollen. Die Erhebung der Steuer wird am 15. Januar 1382 wie üblich an der Marmortafel im großen Saal des Palais de Paris verkündet. Als der königliche Steuereintreiber im März in den Hallen seiner Aufgabe nachzugehen beginnt, fängt die erste Marktfrau, an die er sich wendet – eine »Kleinkrämerin«, die Kresse und Gemüse verkauft –, gellend an zu schreien. Auf dieses Zeichen »erhob sich ein großer Wind von Plünderern und Spitzbuben, der über die Hallen hereinbrach«, sagt ein Zeitzeuge; trotz der Wachen an den Toren von Paris war der Aufstand vorbereitet worden. Ein Trupp junger Männer rennt durch die Rue Saint-Denis in Richtung Rathaus, wo einst Hugues Aubriot, als er noch Profoß war, im Keller etwa zweitausend Streithämmer – die damaligen Knüppel – zusammengetragen hatte. Diese Streithämmer waren Bleizylinder, in der Mitte bestielt mit einem dicken Holzstück, das man mit beiden Händen umfaßte. Die Aufständischen bemächtigen sich ihrer und laufen kreuz und quer durch das Viertel, vergreifen sich an den Juden, rauben die Steuereinnehmer aus, deren Rechnungsbücher sie vernichten und Archive sie zerstören, sie verwüsten auch einige Stadtpalais, unter anderem jenes des Notars am Châtelet, Nicolas Pitouce. Die Straße gehört ihnen, wehe den Vorübergehenden, die sich ihnen nicht anschließen wollen.

Würde man Tage wie zur Zeit Etienne Marcels erleben? Thomas de Pizan weilte damals nicht in Paris, ebensowenig Christine, doch gewiß hörten sie viel über diese Wirren, in deren Verlauf Blut floß.

Nach den Marktleuten rebellierten auch die Bürger gegen die Besteuerung. Eines Tages begaben sich die Aufständischen zum Châtelet-Gefängnis, um die Gefangenen zu befreien. Sie fanden nur vier Strafgefangene vor. Danach zogen sie zum bischöflichen Gefängnis; hier trafen sie Hugues Aubriot an, den sie herausholten. Einige der Anführer im Pariser Bürgertum hätten ihn wohl gern zu einem zweiten Etienne Marcel gemacht, doch war dem ehemaligen Profoß von Paris für alle Zeiten die Macht verleidet; noch in derselben Nacht floh er an den päpstlichen Hof zu Avignon, wo der Gegenpapst Clemens VII. residierte, und dieser gestattete ihm, seine Tage friedlich in der Nachbargemeinde Sommières zu beschließen. Übrigens war es in Rouen, im Süden des Landes sowie in Flandern zu noch viel schwereren Ausschreitungen gekommen. Es ist anzunehmen, daß Christine und ihre Familie diese Schreckenstage in dem Stadtviertel erlebten, in dem sie wohnten. Wahrscheinlich bangte die junge Frau auch um ihren Mann Etienne Castel, der sich aufgrund seines Amtes in der Nähe des Königs aufhielt.

Im Zusammenhang mit Papst Clemens VII. sei hier auf jenes andere tiefe Unbehagen hingewiesen, das den Menschen zu dieser Zeit sehr zu schaffen machte: der Streit der beiden Päpste um die Tiara. Auch hier hatte die Verfügung, die Karl V. am Morgen seines Todestages getroffen hatte, den Gang der Dinge beeinflußt. Er hatte nämlich feierlich erklärt, »Clemens VII. als den Papst, Pontifex Maximus und wahren Hüter der universellen Kirche zu betrachten und an ihn zu glauben«, wobei er hinzufügte, daß er sich gegebenenfalls nach den »Meinungen und Schlußfolgerungen ... unserer sehr heiligen Mutter Kirche« richten werde. Seit zwei Jahren nämlich war sich das christliche Abendland in diesem Punkt uneins. In Avignon waren acht französische Päpste aufeinander gefolgt, von denen die meisten aus dem Limousin stammten und Juristen waren, die an den Universitäten Frankreichs studiert hatten. Nach siebzig Jahren des Exils in Avignon hatte Gregor XI. auf die inständigen Bitten von Birgitta von Schweden und Katharina von Siena den Stuhl Petri nach Rom zurückverlegt. Doch bei seinem Tod

1378 hatten die Kardinäle (elf der sechzehn, die die Kurie bildeten, waren Franzosen) zuerst Urban VI., einen Italiener, gewählt und dann, nachdem dieser sich als autoritär und grausam erwiesen hatte, einen Franzosen, den mit dem König verwandten Robert von Genf, der nach Avignon zurückkehrte und sich Clemens VII. nennen ließ.

In der Folgezeit versuchte jeder der beiden Päpste die zwischen gegensätzlichen Meinungsströmungen hin- und hergerissene Christenheit auf seine Seite zu bringen. Während dieser fast vierzig Jahre geistiger und religiöser Konfusion tritt eine neue Macht auf den Plan: die Universität von Paris. Immer wieder nehmen ihre Mitglieder die Gelegenheit wahr, sich Rededuelle zu liefern und intellektuelle Kämpfe auszutragen. Als einer der Päpste stirbt, spielt die Universität den Nachfolger und seinen Rivalen gegeneinander aus. Ziel ist, eines Tages zu verkünden, daß an der Spitze der Kirche nicht mehr ein Papst, sondern eine Versammlung von Weisen, ein aus Universitätsangehörigen zusammengesetztes Konzil stehen solle.

In den Provinzen und in Paris kam es währenddessen zu weiteren Aufständen. Der folgenschwerste war der in der Cité. Der König – in Wirklichkeit seine Onkel – hatte den Forderungen des Volkes nachgegeben, doch trug die Urkunde, in der die Steuerbefreiung anerkannt worden war, ein rotes Wachssiegel auf Pergamentstreifen. Die Bürger gerieten in Zorn: Hätte die königliche Zusage für alle Zeiten gegolten, wäre das Dokument mit grünem Wachs gesiegelt und mit einer Seidenkordel versehen gewesen. Damals wußte jedermann um die Bedeutung der Farben und die äußere Form einer Urkunde ganz allgemein. Neue Unruhen brachen aus.

Die Lage entspannte sich schließlich auf unerwartete Weise. Karl VI. war dem Herzog von Burgund in Flandern zu Hilfe geeilt. Bei Roosebecke erringt er einen Sieg über die Parteigänger von Philippe Arteveld – Sohn jenes berühmten Tribuns, der ein Zeitgenosse Etienne Marcels gewesen war. Der vierzehnjährige König kehrt im Triumph zurück, und von da an wird sowohl in Paris als auch in der Normandie und den südlichen Provinzen durch die Macht seiner nicht immer feinfühligen Onkel auch die seine deutlich. Einige Vollstreckungen und mitleidlos geforderte Steuern lassen das Finanzwesen wieder einigermaßen gesunden.

Eines Tages, am 23. Mai 1384, entsinnt sich König Karl VI.

»seines geliebten Chirurgen, Magister Thomas von Bologna«, und gewährt ihm »in Anbetracht der guten und angenehmen Dienste, die er seinem dahingegangenen Vater und ihm selbst erwiesen hatte« zweihundert Goldfrancs, »um ihm zu helfen, standesgemäß zu leben«. Nun konnte die Familie zwar die dringendsten Schulden begleichen, doch verbesserte sich ihre Lage nicht sehr, denn im folgenden Jahr wandte sich Thomas de Pizan an seinen Amtsbruder Bernard Pierre, Astrologe in Trier, und bat ihn im Zuge einer Erörterung über den Stein der Weisen, sich für ihn zu verwenden. Danach hört man nichts mehr von ihm, außer durch Christine, die von der Zeit spricht, da ihren Vater »lange Gebrechlichkeit und Krankheit« heimsuchen. Sein Todestag ist uns nicht genau bekannt, aber er selbst »prognostizierte« ihn exakt; es liegt wohl ein klein wenig Genugtuung darin, wenn Christine diese makabre Prophezeiung des Astrologen notiert, der seinerzeit den Tod des Königs nicht vorausgesehen hatte.

In derselben Zeit, als Thomas de Pizan starb, fand die Hochzeit Karls VI. in Amiens statt. Diese Verbindung war ein geschickter Schachzug des Burgunderherzogs Philipp des Kühnen, der Verwandtschaftsbande im Osten benötigte, um die noch immer gefährlichen Engländer in Schach zu halten. Isabeau war die Tochter des Herzogs Stefan von Bayern und mütterlicherseits die Enkelin des Bernabo Visconti. Die erst Fünfzehnjährige ist mit ihrer ein wenig zu großen Nase und den etwas zu kleinen Augen keine Schönheit, jedoch von so liebreizender, anmutiger Erscheinung, daß sich der junge König sofort in sie verliebt. Er sei krank gewesen vor Ungeduld, sie zu sehen, berichtet Froissart: »Des Nachts konnte der König nicht schlafen, so sehr dachte er an jene, die seine Frau werden sollte. Und er fragte den Herrn de la Rivière: ›Wann werde ich sie erblicken?‹ Über diese Worte lachten die Damen herzlich ... Als sie dann vor dem König stand, nahm er sie bei der Hand und sah sie lange an. Und was er sah, bereitete ihm Freude und entfachte die Liebe in seinem Herzen, denn sie war jung und schön.« Philipp der Kühne war, wie man sich denken kann, sehr zufrieden, als er ihn in diesem Zustand erblickte: »Montag werden wir die beiden Kranken heilen«, erklärte er nach Aussage des Chronisten, der hinzufügt, daß die beiden, die am 17. Juli 1385 in der Kathedrale von Amiens die Ehe schlossen, »in dieser Nacht großes Vergnügen hatten, was ihr wohl glauben mögt«. Karl hatte seiner Braut einen Ring mit einem prachtvollen Rubin geschenkt und sollte nicht aufhören, sie mit Präsenten zu überschütten: Schmuck, Silbergeschirr, »goldene Schatullen«, Seidenstoffe.

Isabeau von Bayern wird jedoch erst vier Jahre später ihren feierlichen Einzug in Paris halten, wo sie auch ihre Weihe und Krone empfängt. Dies geschieht am 20. August 1389. Etwa gleichzeitig findet die Hochzeit des jungen Bruders des Königs, Ludwig von Orléans, mit Valentina Visconti statt. Es gibt also zwei Anlässe, die mit einer Reihe prunkvoller Feste, wie man sie bis dahin am französischen Königshof nicht gekannt hat, gefeiert werden. Ludwig, vier Jahre jünger als der König und erst Graf von Valois und Herzog der Touraine – 1392 erhält er das Herzogtum Orléans, dessen Titel er trägt –, ist ein bezaubernder junger Mann, der großen Gefallen an Zerstreuungen, an Luxus und aufwendigen Kleidern findet und bei seinem älteren Bruder einen wichtigen Platz einzunehmen beginnt, nachdem dieser im Vorjahr seine fürstlichen Onkel aus der Regierung entfernt und erklärt hatte, von nun an allein herrschen zu wollen. Johann von Berry und Philipp von Burgund waren darüber ziemlich ergrimmt; zähneknirschend mußten sie mit ansehen, wie die Ratgeber Karls V. wieder in Gunst kamen, jene Männer, die man Marmousets nannte, weil man sie mit den Fratzengesichtern verglich, die an den Toren der großen Palais als Türklopfer dienten. Zwei von ihnen zogen bei dieser Gelegenheit die Aufmerksamkeit auf sich, nämlich der Bischof von Laon, Pierre Ayclin de Montaigu, und vor allem der Konnetabel Olivier de Clisson, der neue Vertrauensmann Karls VI. Der Bischof starb kurz nach der wichtigen Ratssitzung vom 3. November 1388 zu Reims, die der Herrschaft der Onkel ein Ende setzte. Es hieß natürlich, er sei vergiftet worden. Und auch der zweite sollte bald die Rachsucht gewisser Leute zu spüren bekommen. Die Marmousets trugen also nun die Verantwortung für die Angelegenheiten des Königs: Bureau de la Rivière, der das uneingeschränkte Vertrauen Karls V. besessen hatte und bei seinem Tod zugegen gewesen war, Jean le Mercier, Jean de Montaigu, von dem man munkelte, er sei ein natürlicher Sohn Karls V. – der König war dessen Mutter Biette Cassinel sehr zugetan gewesen, einer sehr schonen Dame aus Lucca, von der übrigens ein Abbild auf uns gekommen ist – und schließlich der große Günstling Olivier de Clisson. Dieser war Herr des Schlosses von Josselin, das er in der Bretagne erworben hatte, wo er nicht nur Freunde besaß, denn Johann IV. von Montfort, Herzog der Bretagne, haßte ihn. Die Marmousets waren eigentlich Männer aus dem Großbürgertum, oder, wenn man so will, von niederem Adel, denen daran lag, die umsichtige Verwaltung Karls V. wieder einzuführen und Ordnung in das Finanzwesen zu bringen, nachdem man zur Zeit der Herzöge recht verschwenderisch mit den Staatsgeldern umgegangen war. Zunächst stabilisierten sie die Währung und beschlossen, eine Goldreserve anzulegen, sicherheitshalber jedoch nicht in Barren, sondern in Form einer Plastik, und zwar eines goldenen Hirsches (das Lieblingsemblem des Königs), dessen Kopf und Hals ausgeführt wurden, aber nicht mehr...

Trotz ihrer besonnenen Finanzpolitik – die sie wohlgemerkt nicht daran hinderte, sich auch um ihr eigenes Vermögen zu kümmern – mußten die Marmousets wohl oder übel für die gewiß nicht geringen Kosten der Feste vom August 1389 aufkommen. Valentina Visconti erschien auf ihnen im ganzen Glanz ihrer Schönheit und der Schmuckstücke, die sie aus der Lombardei mitgebracht hatte; manche dieser Schmuckstücke waren aus »beglastem« Silber – damit ist ein dünner Emailüberzug gemeint –, eine Spezialität ihrer Heimat. Der Dichter Eustache Deschamps widmete ihr aus diesem Anlaß eine Ballade mit dem Refrain: »Zu Recht ist sie vor allen zu preisen.«

Die junge Königin an ihrer Seite, deren deutsche Kleidung man bei ihrer Ankunft in Frankreich vor fünf Jahren als zu bieder erachtet hatte, hatte in der Kunst, sich elegant zu kleiden, bemerkenswerte Fortschritte gemacht. Das schöne »doublet« aus Reimser Tuch, das sie bei der Krönungsmesse anhatte, und das mit goldenen Lilienblüten übersäte Seidenkleid, das sie bei ihrem feierlichen Einzug trug, wurden mit Wohlgefallen aufgenommen. Isabeau hatte jedoch einen Fehler: Obwohl sie selbst sehr freigebig war und zu schenken wußte, verstand sie es nicht, Geschenke entgegenzunehmen. Als die Pariser Honoratioren vor sie traten und ihr eine Decke aus Goldbrokat schenkten, auf der goldenes Geschirr ausgebreitet war, sagte sie kein Wort zu ihnen.

Trotz der Augusthitze wurden die Feste unter großem Jubel gefeiert. Auf den Straßen wurde ebenso geschmaust und getanzt wie im Palast, wo es so heiß war, daß man ein Fenster einschlagen mußte, weil sich die Damen beschwerten, daß sie fast erstickten. Auf den Champs de Sainte-Catherine maßen sich die »Ritter des goldenen Sonnenstrahls« im Lanzenstechen, die ganze Stadt war beflaggt und mit Girlanden geschmückt, und aus den Brunnen an den Kreuzwegen floß Wein.

Wenn Christine bei diesen Festen dabei war, so war dies wohl das letzte Mal, daß sie an einer solchen Volksbelustigung teilnahm. Im darauffolgenden Jahr verabschiedete sich ihr Gemahl Etienne Castel am 29. Oktober von ihr, um dem König nach Beauvais zu folgen. Christine sollte ihn nicht wiedersehen. In den pikardischen Landen wütete eine Seuche. Vielleicht war es sogar die Pest, die von Zeit zu Zeit wieder aufflammte. Der König selbst wurde von einem so »beängstigenden« Fieber befallen, daß er kahl wurde. Am 7. November war Etienne tot.

> Verwitwet bin ich, einsam, schwarz gekleidet,
> Mein Gesicht ist traurig, sehr einfach der Kopfschmuck.
> Kummervoll und schmerzerfüllt
> Trage ich bittre, todbringende Trauer.

»Und so hatte Fortuna mich bereits auf dem absteigenden Teil ihres Rades plaziert und führte Böses im Schilde, um mich [schließlich] gänzlich zu zermalmen...« Christine spricht sehr häufig von Fortuna, der Begriff kehrt auf jeder Seite ihrer Schriften wieder; im übrigen ist er zu jener Zeit, in der man sowohl Geschehnisse wie Gefühle gern personifiziert, recht geläufig. Für Christine bedeutet er alles, was zufällig geschieht, jeder glückliche oder unglückliche Umstand, das, was man zu einer anderen Zeit Vorsehung oder Schicksal genannt hätte. Übrigens verleiht die Personifikation des abstrakten Begriffs dieser Allegorie Fortunas sehr viel Macht: Sie wird meist als Frau mit verbundenen Augen dargestellt, die ein Rad bewegt, das die Menschen bis ganz nach oben emporhebt, sie dann jedoch unerbittlich abstürzen läßt und unter seinem Gewicht zermalmt. Vor der fünfundzwanzigjährigen Christine liegen Jahre, in denen sich »das Rad immer stärker [nach unten] neigt«, ein Unglück folgt dem anderen, jedes Hoffnungsgefühl erscheint sinnlos. Doch nicht nur sie wird von Schicksalsschlägen getroffen, sondern auch ihr Land, dessen Heimsuchungen ihr sehr nahegehen, ihr, die seit ihrer Kindheit am Leben der Großen Anteil genommen und es als selbstverständlich betrachtet hatte, alles, was die königliche Familie erleiden mußte, aus nächster Nähe mitzuerleben; ein Trauerfall nach dem anderen, immer wieder schwarze Gewänder – seit dieser Zeit ist schwarz die Farbe der Trauer –, die junge Witwe scheint verurteilt, vor diesem mehr als düsteren Hintergrund die düsteren Kleider nicht mehr abzulegen.

Ihr Gatte war von einer »jähen Seuche überrascht« worden, und sein plötzlicher Tod war für Christine ein grausamer Schlag. Von Etienne Castel, dem geliebten Ehemann, hing das Los der Familie ab: »Haushaltsvorstand war mein junger Gatte und Ehemann, der Weise und Umsichtige, geliebt von den Fürsten und allen Leuten, die ihm in seinem Amt begegnet sind, durch das, aufgrund seiner weisen Besonnenheit, der Glanz der Familie erhalten blieb.« Zwischen ihm und Christine herrschte vollkommene Eintracht. Innerhalb weniger Tage hatte ihn ihr die Seuche geraubt, fern der Seinen, weit weg von zu Hause. »Genommen ward er mir in der Jugendblüte, nur vierunddreißig Jahre alt, und fünfundzwanzig ich; seit zehn Jahren übte er das Amt eines königlichen Notars aus, trotz seiner Jugend war er gewandt und findig und stand im Begriff, sowohl von seinem Wissen her, wie in der weisen und umsichtigen Führung seiner Geschäfte, einen hohen Rang zu erreichen.« Etienne Castel war ein junger Mann mit einer vielversprechenden Zukunft, für den sich ein gutes Fortkommen abzeichnete, das sich jedes Mitglied jedweder Verwaltung erhofft, seit diese existiert. »Mit gutem Recht war ich voller Bitternis, sehnte ich mich nach seiner liebwerten Gesellschaft und der Freude, die mir mehr als zehn Jahre gewährt gewesen war.« Sie hatte ein »großes Haus« zu unterhalten, obwohl die Familie seit dem Tod des Königs, als sie in Ungnade gefallen war, und dann seit dem Tod des Thomas de Pizan ihre Ausgaben eingeschränkt hatte. Christine hatte drei Kinder zu versorgen: das älteste, ein Mädchen, war beim Tod des Vaters neun Jahre alt, der Sohn Jean erst sieben, der jüngste fünf Jahre. Sie waren das Abbild der Familie, in der sie selbst aufgewachsen war, denn auch sie war die Älteste gewesen und hatte zwei Brüder, die übrigens in Paris noch immer mit ihr zusammenlebten.

Christine war zunächst außer sich vor Schmerz und »wünschte sich mehr zu sterben als weiterzuleben«. Mit weiblicher Intuition sah sie »den Strom von Widerwärtigkeiten voraus, der auf sie zukam«. Unnötig, dafür die Astrologie zu bemühen, doch noch konnte sie nicht in allen Einzelheiten voraussehen, was »das Tal der Widerwärtigkeiten« für sie bringen würde – eine Folge von Katastrophen, auf die sie jeweils erneut würde reagieren müssen.

Unter dem ersten Schock trifft die fünfundzwanzigjährige Witwe Christine jedoch eine Entscheidung, die sie nie rückgängig machen wird: Sie will nicht wieder heiraten. Die Liebe, die sie für ihren Mann empfand, ihre erste Liebe, die einer Fünfzehnjährigen, wird ihre einzige Liebe bleiben. Das Leben mag ihr Unannehmlichkeiten und auch Begegnungen mit anderen bringen – sie wird dem Mann treu bleiben, der in diesen zehn glücklichen Ehejahren ihr Partner gewesen war. »Meines Glaubens und der guten Liebe, die ich ihm versprach, eingedenk, faßte ich den klaren Vorsatz, keine andere mehr zu haben.« Der Satz erinnert an die Devise Philipps des Guten: »Keinen anderen werde ich haben.« Überhaupt findet man im Sprachgebrauch jener Zeit einige markante Leitsätze, die sich die Großen zulegen und die kleinen Leute wiederholen: »Kann nicht anders«, ist das Motto Ludwigs von Anjou, »Ich warte nicht« das Philipps des Kühnen. Ludwig von Brügge, Herr de la Gruthuyse, wählt für sich die dynamische Formel »Mehr ist in Euch«, während – vielleicht eine Vorahnung? – die Karls VII. bedauernd lautet: »Niemals«. Auf den mit Wappen versehenen Standarten, den Wappenschilden der Ritter, den Wandteppichen in den Fürstenwohnungen, wo sie sich manchmal bis in unsere Zeit erhalten haben, sind sie zur Schau gestellt, doch gehen sie auch, ein wenig wie die Worte der Liturgie, in die Volkssprache ein.

Christine erwähnt gelegentlich ihr Hochzeitskleid:

> Ein Umhang aus makelloser weißer Seide umfing mich,
> Die Schleppe war mit einer erlesenen, kostbaren Spange
> An meinem Hals befestigt,
> Und ich trug wertvollen Schmuck.

Dieser Umhang aus weißer Seide, den sie mit fünfzehn Jahren trug, ist das Symbol für ihre einzige Liebe. Der Ehemann, den der Vater für sie unter den »edlen Rittern und reichen Schreibern«, die ihr den Hof machten, ausgewählt hatte, war damals ein »junger Schüler, doch wohlgeboren und von adeligen Eltern in der Pikardie, deren Tugenden ihren Reichtum übertrafen«. Christine wird ihm treu bleiben. Sie überträgt ihre ganze Zuneigung auf die Kinder, die »schön, anmutig und verständig« sind. Bald wird Christine, die einen sehr starken Familiensinn besitzt, neuer Schmerz zuteil, denn sie merkt, daß ihre zwei Brüder, beide in Frankreich geboren und aufgewachsen, eine Belastung für sie sind, der sie sich nicht gewachsen sieht. Sie hat schon Mühe genug, ihre eigenen drei Kinder, die Mutter und eine mittellose Nichte, die bei ihnen untergekommen ist, durchzubringen. Ihr Vater besaß einige Vermögenswerte in Bologna, und so reisen Christines Brüder also nach Italien, um dort ihr Glück zu versuchen. Tatsächlich gibt es Hinweise, daß sie 1394 einen Verkauf tätigten, wahrscheinlich um Geld zum Leben zu haben. Zu jener Zeit bedeutet eine solche Trennung, daß man sich nie wiedersieht, und der Abschied geht daher Christine sehr nahe: »Meinen zwei leiblichen Brüdern, die ich habe, kluge Ehrenmänner und voller Lebenskraft, hat es gefallen, da sie hier über keine Mittel verfügten, hinzugehen in jenes Land, um dort vom Erbe meines Vaters zu leben. Und ich, die ich weichherzig bin und meinen natürlichen Freunden zugetan, ich beklage mich bei Gott, wenn ich meine Mutter ohne ihre Söhne, die ihr teuer sind, und mich selbst ohne meine Brüder sehe.«

Zu diesem großen Kummer gesellen sich noch eine Menge anderer Sorgen. Für die Ihren ist Christine inzwischen »der Herr des Schiffes auf stürmischer See«. Sie stand nun dem Hauswesen vor, für dessen »standesgemäßen Unterhalt« früher ihr Ehemann gesorgt hatte. Zunächst gilt es, das täglich Brot sicherzustellen. Die Gehälter der königlichen Notare werden zu jener Zeit nicht immer pünktlich gezahlt, und es vergehen nicht weniger als einundzwanzig Jahre, bevor Christine die Rückstände eingetrieben hat, die der Rechnungshof ihrem Mann schuldet. Dazu muß sie sogar einen Prozeß führen, der bis 1403, also dreizehn Jahre, dauert. Nachdem sie diesen Prozeß gewonnen hat, muß sie jedoch noch bis 1411 warten, ehe sie endlich die ihr geschuldeten Beträge erhält. Vermutlich wäre dies nie geschehen, hätte nicht der Mann eingegriffen, der seit 1408 Präsident der Rechnungskammer war, Guillaume de Tignonville, früher königlicher Profoß in Paris. Dabei wurde die Geste des Königs, als er sich dieser Schuld entledigte, als eine Wohltat ausgelegt, nicht als die Zahlung eines Betrags, der Etienne Castel zustand – was Christine als Ungerechtigkeit empfand, nachdem sie so lange das ihr Gebührende gefordert hatte:

So geht es nur allzu oft,
Ist man ihnen auch lange nachgejagt,
So erreicht man doch nichts,

Und das Spiel beginnt von neuem ...
Ich weiß das nur allzu gut,
Denn ich habe es am eigenen Leibe zu spüren bekommen;
Ich spreche also aus Erfahrung.
Wie lange bin ich ihnen
In meiner Hilflosigkeit und Not nachgelaufen,
Mit einem einwandfreien königlichen Schuldbrief in der
 Hand
Kein Geschenk, sondern echte Schuld,
Ich war in Verlegenheit und in großer Not.

Dieser lange Prozeß, der sie während eines ganzen Lebensabschnittes begleitete, war für sie nicht der einzige Grund, sich zu grämen.

Keine der Unredlichkeiten, denen eine alleinstehende Frau, eine Witwe, ausgesetzt ist, bleibt ihr erspart. Zunächst deshalb, weil sie über die Vermögensverhältnisse ihres Mannes nicht genau Bescheid wußte. »Weil ich beim Ableben meines Gemahls, den nur seine Bediensteten und fremde Leute begleiteten, nicht zugegen war, konnte ich nicht genau erfahren, was er sein Eigen nannte.« Da Etienne nicht mit seinem plötzlichen Tod rechnete, hatte er es vermutlich für überflüssig gehalten, seine junge Frau über seine Amtsgeschäfte und seine Vermögensangelegenheiten aufzuklären, die in seinen Augen zufriedenstellend liefen. Eine schlimme Erfahrung, die zeigt, wie schlecht der »allgemeine Brauch ist, daß Ehemänner mit ihren Frauen nicht über alle ihre Geschäfte sprechen und sie ihnen erklären«. Aus diesen Worten spricht die Frau des königlichen Notars. Auf dem Land kümmern sich sowohl die armen als auch die reichen Bäuerinnen um die Verwaltung der Domäne ebenso wie um die richtige Bewirtschaftung des Gutshofs. Der Bürger in der Stadt neigt schon immer dazu, die Geschäfte allein zu führen.

Nach Etienne Castels plötzlichem Tod steht Christine völlig mittellos da und muß sich zudem tagtäglich mit skrupellosen Gläubigern herumschlagen. Über Nacht wird die »in Wonnen großgezogene und verhätschelte« Tochter aus begütertem Hause ein weiblicher Familienvorstand, dem es sowohl an Geld wie an Erfahrung fehlt. »Da überfielen mich Ängste von allen Seiten, und wie für Witwen üblich, sah ich mich in die Enge getrieben durch Klagen und Prozesse.« Einerseits hatte sie es mit wenig gewissenhaften Schuldnern zu tun, die alles taten, damit sie das ihrem Ehemann zustehende Geld nicht erhielt, andererseits mußte sie sich um die Verpflichtungen kümmern, die er oder ihr Vater eingegangen waren: »Diejenigen, die mir etwas schuldeten, bestürmten mich, damit ich nichts von ihnen verlange... Einer forderte von mir die Quittung über die Beträge, die mein Vater ihm geliehen hatte... Einer sagte in betrügerischer Absicht, er habe seine Schuld bezahlt – ein Lügner, dem das peinlich war und der von seiner Lüge nicht mehr zu sprechen noch sie aufrecht zu erhalten wagte –, jedes Hindernis wurde mir auf das Erbe gelegt, das mein Gemahl erworben hatte; und da es sich in der Hand des Königs befand, mußte ich dafür den Zins zahlen, ohne Nutzen davon zu haben.« Zweifellos handelt es sich um den Zins für das Stück Land, das zum Barbeau-Turm gehörte und das der König ihrem Vater gegen einen Zins überlassen hatte. Lauter Ungerechtigkeiten, auswegslose Situationen, gegen die sie sich zu behaupten hatte. Voll Verbitterung spricht sie von der »langen Klage«, die sie gegen einen gewissen Präsidenten der Rechnungskammer führen mußte, einen Mann »ohne Erbarmen..., von dem ich kein Recht erwarten konnte«. Viele wissen das, doch er, »in seinen Sünden alt geworden«, gibt vor, keine Kenntnis davon zu haben. Als Christine in späteren, für sie besseren Zeiten diese Zeilen niederschreibt, kann sie ihren Groll gegen den »altgewordenen« Mann, der sie geschädigt hat und dies nicht zugibt, nicht verbergen.

Und das ist nicht alles. Christine verfügt über eine kleine Summe Geldes, die Etienne ihr hinterlassen hat und die das ganze Vermögen ihrer minderjährigen Kinder darstellt. Deren Vormund rät ihr, dieses Geld arbeiten zu lassen. Sie willigt ein und vertraut es, wie das damals häufig geschah, einem Kaufmann an. Es war üblich, sein Geld auf diese Weise anzulegen, wenn man wollte, daß es sich vermehre. Man gab es »in Auftrag«, zum Beispiel bei Händlern, die zu den großen Jahrmärkten in Nordfrankreich oder, zu Christines Zeit noch öfter, zu denen von Lyon oder in der Lombardei reisten oder aber über den Ozean fuhren, was jedoch sehr viel seltener geschah als in vorangegangenen Jahrhunderten. Mit diesem Geld kauften sie Stoffe, Gewürze und andere Lebensmittel für die Pariser Kolonialwarenläden ein, wo sie mit schönen Gewinnen weiterverkauft wurden; von diesen Gewinnen erhielt der Anleger entweder die Hälfte oder ein Drittel oder ein Viertel. Im ersten Jahr geht alles gut. Doch beim zweiten Mal gibt der nämliche Händler, zu dem Christine Vertrauen gefaßt hat, vor, »vom Widersacher in Versuchung geführt, bestohlen worden zu sein«. Sie versuchte, ihn zu belangen, strengte einen Prozeß gegen ihn an, »und der wurde verloren«: In solchen Fällen war es schwierig, einen Beweis zu erbringen.

Weitere Prozesse kommen auf sie zu. Man verlangt von ihr Zinsen für Hinterlassenschaften ihres Vaters. Keine der Kaufurkunden trägt jedoch einen entsprechenden Vermerk. Christine läßt sich beraten. Die besten Anwälte, die sie aufsucht, raten ihr, »sie möge sich nach besten Kräften verteidigen«. Es steht gut um ihren Fall, doch leider sind die Zeugen des Kaufs, die sich dafür verbürgten, im Ausland verstorben, so daß diejenigen, die sie verfolgen, trotz ihrer schwachen Position – wahrscheinlich weil sie in Verfahrensdingen versierter sind und mehr Tricks kennen – obsiegen.

»Zeitweise sah ich mich an vier Pariser Gerichten klagend oder mit einem Verteidigungsprozeß befaßt.« Vier Prozesse, vier verschiedene Gerichte, Ermittlungsrichter, Staatsanwälte und Advokaten, Juristen, die sich hervorragend darauf verstanden, das Recht zu umgehen und richterliche Beschlüsse, Durchführungsbestimmungen, Ablehnungen, Anträge und so weiter vorzubringen. Und all das stets mit »sehr großen Aufwendungen und Kosten« verbunden.

»Ah mein Gott, wenn ich daran denke, wie viele Vormittage ich im Justizpalast vertrödelt habe und wie ich dabei im Winter fast vor Kälte starb – das alles, um meinen Gönnern aufzulauern, sie an meine Anliegen zu erinnern, sie um Unterstützung zu bitten.«

So pendelte sie zwischen den vier Gerichten hin und her, die Witwe Castel, Zielscheibe der »Späße« aller jener, an denen sie vorüberging in ihrem fehgefütterten Mantel, der allmählich ausfranste, der Pelz abgewetzt bis aufs Leder, darunter das verblichene scharlachrote Überkleid, an dem da und dort das Futter durchschien und das sie nicht ersetzen konnte. Und dies, um sich dilatorische Antworten anzuhören, barsche Worte sagen zu lassen, Ergebnisse, die ihr »die Augen schwitzen ließen«, wie sie es in ihrer bildhaften Sprache ausdruckt. Was mußte sie nicht alles ertragen an herablassenden Reden, spöttischen Blicken von all diesen »mit Wein und Fett angefüllten« Männern, die die Unglückliche verhöhnten, deren Zukunft von der Prüfung einer Akte, dem gewissenhaften Studium ihres Falles abhing, um den sich niemand scherte. Und das oft zwischen zwei Fieberanfällen, wenn jeder Schritt ihr schwerfiel.

> Ich liege krank im Bett,
> Von heftigem Fieber geschüttelt...
> Mein Blick ist getrübt, die Stimme heiser,
> Und schwächer schlägt schon mein Herz.

Das war zuviel für Christines zarte Konstitution, sie wurde krank. Bis dahin hatte sie aus ihren Sorgen die Energie geschöpft durchzuhalten. Doch diese wiederholten unerwarteten Schläge, die sie in Situationen trafen, da sie ohnehin hilflos war und mit denen sie nicht im geringsten gerechnet hatte, schwächten sie immer mehr.

Um diese Zeit verbreitet sich im Königreich eine schreckliche Nachricht: König Karl VI. hat einen Anfall von geistiger Umnachtung erlitten. Als er bei drückender Hitze den Wald von Le Mans durchquerte, begann er plötzlich aufs Geratewohl auf seine Begleiter einzuschlagen. Vier Männer seiner Eskorte wurden getötet, ehe es gelang, ihn zu überwältigen.

»Man sagt viele Dinge über den König von Frankreich und auf mannigfache Weise, aber nach Aussage einiger Personen scheint der König außer sich geraten und verrückt geworden zu sein. Nach dem was er anrichtete, ist dies glaubhaft. Es scheint, daß sich ihm bei der Jagd der Geist verwirrte, er nach seinem Degen griff und mit den Worten: ›Ich bin verraten‹ seinen Bruder auf den Kopf schlug und schwer verletzte, ebenso fünfundzwanzig der anderen guten Edelleute, die mit ihm waren. Er tötete zwei Großmeister, und niemand konnte ihn bändigen, bis er erschöpft war. Dann packte man ihn und trug ihn zu einer Kirche, und dorthin kamen mehrere Ärzte. Sie sagten, er werde nicht mehr gesunden«, schreibt ein italienischer Zeitzeuge, der in Avignon lebte.

Lähmende Bestürzung breitet sich im Königreich aus. Man erinnert sich, daß die Mutter des Königs, Johanna von Bourbon, Anfälle von Geistesverwirrung gehabt hatte. Ihr Gemahl, Karl V., war sehr verzweifelt gewesen, als die Königin 1373 mit erst fünfunddreißig Jahren eine Zeitlang umnachtet war, die Ihren nicht erkannte und »außer Sinnen« schien. Geistesgestörtheit ist in der Tat eine Krankheit der Zeit; die Katastrophen, die über Europa, insbesondere Westeuropa, hereinbrachen – eine Hungersnot Anfang des Jahrhunderts, Krieg und vor allem die große Pestepidemie 1348 (die Königin war damals zehn Jahre alt) – hatten ein Klima der Unsicherheit und Verwirrung geschaffen, das Geisteskrankheiten begünstigte. Zwei Jahre später, 1375, wird in Hamburg das erste Irrenhaus gegründet. Bis dahin waren die Fälle von Geistesverwirrung zu selten, als daß man daran gedacht hätte, eigene Hospitäler dafür einzurichten, wie man es ein- oder zweihundert Jahre zuvor für die Aussätzigen getan hatte.

Die Krankheit der Johanna von Bourbon jedoch war vorübergangen, bereits an Weihnachten war sie wieder gesund. Der König konnte wieder ein normales Leben mit ihr führen. Fünf Jahre später wurde ihre letzte Tochter Katharina geboren, doch ihre Geburt kostete der Mutter das Leben.

Wie würde es mit König Karl VI. weitergehen? Gewiß war das mütterliche Erbgut bei diesem Erstgeborenen der Keim seiner Krankheit: Man erinnerte sich daran, daß er schon als Kind eigenartige Phobien hatte und daß die Stimmungsumschwünge des Jungen seine Umgebung beunruhigten.

Was wird nun aus dem Königreich werden? Christine vergleicht es mit ihrer eigenen Familie, einem steuerlosen Schiff, hin- und hergeworfen von den Wellen, die sich jeder Kontrolle entziehen; ist nicht auch sie selbst Opfer einer Art Wahnsinn des Schicksals? Wie kann Fortuna ihr so hart zusetzen? Sie kann noch so sehr »ihre Handlungen nach guten Ratschlägen und Anweisungen richten«, stets geschieht das Gegenteil dessen, mit dem man gerechnet hatte. Trotz aller Ratschläge, die sie einholt, wendet sich alles immer mehr zum Schlechteren.

Am Ende dieses schrecklichen Jahres 1392 mußte Christine sich entschließen, das Erbe ihres Vaters zu verkaufen, die Besitzungen in Mémorant, Perthes und Etrelles, alle drei nicht weit entfernt von Melun an der Marne. Der Käufer war Philippe de Mézières. Mit dem Erlös beglich sie wohl die dringendsten Schulden und einen großen Teil der Prozeßkosten. »So ließ der Blutegel Fortuna nicht ab, an meinem armseligen Vermögen zu saugen.«

Am meisten bemitleidet sie deswegen die Ihren, ihre Mutter, ihre Kinder, die Nichte, die in der Familie lebt: »Ich bedauerte mehr meine Angehörigen denn meine eigene Person«, schreibt sie. Daß sie selbst die entmutigenden Reden und die Verachtung der Juristen über sich ergehen lassen muß, kann sie noch hinnehmen; viel wichtiger ist ihr, daß ihr Haushalt genauso weitergeführt wird wie der ihrer Eltern in der Vergangenheit. Diese Sorge ist vielleicht die grausamste von allen: »Die Angst, daß man meiner Schwierigkeiten gewahr werde und daß Außenstehenden und Nachbarn der Niedergang dieses unglücklichen

Hausstandes auffalle.« Als sie später im Geist diese schwere Zeit – die Prozesse schleppten sich über vierzehn Jahre – an sich vorüberziehen ließ, rief sie aus: »Nichts kommt meinem Schmerz gleich, und keiner kann sich ihn vorstellen, der ihn nicht selbst erfuhr.« Trotz ihrer abgetragenen Kleider bewahrt Christine die Würde der Frau eines königlichen Notars, selbst wenn sie fröstelt unter ihrem abgeschabten Feh, selbst wenn sie »in einem schönen und wohlgeordneten Bett schlimme Nächte« verbringt. Man braucht nicht eigens zu erwähnen, daß sie ganz spartanisch lebt. Dennoch geschieht es immer wieder, daß die Büttel in ihre Wohnung eindringen und »Sächelchen« mitnehmen, die ihr teuer sind, »doch mehr noch fürchtete ich die Schande«. Nach und nach verschwinden auf diese Weise die Möbel, die Bilder, die kostbaren Truhen, ja sogar die schönen »hebräischen Handschriften«, Geschenke König Karls V., an denen ihr Vater so sehr gehangen hatte. Der Schmuck, die Wandbehänge, alles, womit die Familie ihr Heim liebevoll nach ihrem Geschmack ausgestattet hatte, sollte so dahingehen, »als die Vollstreckung erfolgte«, oder sagen wir lieber: auf Betreiben der Justiz.

Das Schlimmste an diesen schrecklichen Erfahrungen, die Christine machen muß, ist für sie die Erkenntnis, daß man »grundlos verleumdet« werden kann. Wird nicht schon überall herumerzählt, daß sie anrüchige Liebschaften hat? Hinter dem Kommen und Gehen der jungen Witwe, die noch keine dreißig ist, wittert man irgendwelche »Beziehungen« und unaussprechliche Bekanntschaften. Wie oft hatte sie sich »verwundert«, sagt sie, wenn ihr solche Verdächtigungen zu Ohren kamen, die jeder Grundlage entbehrten. Im allgemeinen lächelt sie darüber. Wenn sie hört, welche Namen von Mund zu Mund gehen, antwortet sie sich selbst: »Gott und ich, wir wissen genau, daß daran nichts ist.« Doch es gibt auch Augenblicke, in denen sie ungehalten und verstört ist.

Jahre und Jahre vergehen, in denen sie den größten Teil ihrer Zeit damit zubringt, um ihr Recht zu kämpfen, wie eine Fliege im Spinnennetz zappelt, sich mit den Juristen beider Seiten herumschlägt. »Und daß es eine lange und leidige Mühe ist, können diejenigen bezeugen, die es mitgemacht haben. Und zu jener Zeit war das widerwärtiger denn je ... Ich als Frau, schwach von Leib und von Natur aus furchtsam, mußte aus der Notwendigkeit eine Tugend machen ... Mußte ich dem Brauch gemäß hinter ihnen hertraben, dann in ihren Gerichten und

Sälen die meiste Zeit untätig mit meinem Kästchen und meinen Bittschriften warten, um schließlich Antworten zu erhalten, die Hoffnung in mir weckten, doch lange währte das Warten.«
Schreckliche Erfahrung einer feindseligen Welt, durch die sie nach und nach lernte, sich zu wehren.

3. Der lange Weg des Übens

> Mit bedrücktem Herzen freudig zu singen
> Und zu lachen trotz aller Trauer:
> Wahrhaftig, dazu gehört schon einiges!

Wie gelingt es Christine, diese schwere Zeit durchzustehen, ohne auf der Strecke zu bleiben oder verbittert zu werden? Sie besitzt eine geheime Waffe, die ihr inneren Halt gibt: die Dichtkunst. Seit eh und je liebt sie Rhythmus und Reim. In jenem für sie so fatalen Jahr 1390, als ihr Mann starb, nahm sie an einem Dichterwettbewerb teil, bei dem ihre Ballade gut aufgenommen wurde. Seither ist ihre einzige Kraftreserve inmitten all der Rechtsstreitigkeiten, gegenüber Advokaten und unlauteren Juristen dieser Schatz an Poesie, den sie in sich weiß und dem sie Form und Ausdruck verleiht. Es ist für sie lebensnotwendig, auf diese Weise einen eigenen Bereich, eine Zuflucht, ein Gegenmittel zu haben. Was sie in ihrem Alltag nirgendwo findet, vermag sie zumindest aus sich selbst zu schöpfen. Entmutigt, daß sie »nirgends weder große noch kleine Barmherzigkeit findet, obgleich ich von mehreren Edelleuten und Großen Fürsprache erbeten habe«, legt sie eines Tages ihre Verzweiflung in einer Ballade nieder.

> Aber ach – wo finden jene Witwen Trost,
> Die man um ihr Hab und Gut gebracht?
> Denn in Frankreich, der einstigen Zuflucht
> Der Vertriebenen und der Ratsuchenden,
> Gewährt man ihnen heute keinen Beistand mehr.
> Die Edelleute zeigen nicht das geringste Mitleid,
> Und gleiches gilt für die Gelehrten jeglichen Ranges...
> Helft den Witwen, schenkt diesem Gedicht Glauben:
> Ich sehe niemanden, der Mitgefühl mit ihnen hätte,
> Und die Ohren der Fürsten sind taub für ihre Klagen.

Diesen verschlossenen Garten der Poesie, den sie lange Zeit im geheimen gepflegt hatte, würde sie nun öffnen, vergrößern. Dies zumindest war ein Bereich, wo das Lachen, die spöttischen Anspielungen und die Überheblichkeit der Juristen keine Bedeutung hatten. Die Ballade über die Witwen, keineswegs das einzige Werk aus Christines Feder, war nur eines von vielen Dutzenden Gedichten derselben Art; Balladen, Rondeaus, Virelais – Formen, die zu ihrer Zeit in Mode waren und die sie bei einem Guillaume de Machaut oder Eustache Dechamps bewunderte – sollten mit den Jahren ein poetisches Oeuvre bilden: sie selbst äußert 1399, daß sie hundert Balladen geschrieben habe.

Die meisten sind »tränenreiche Klagen, voll Sehnsucht nach meinem Freunde und der vergangenen guten Zeit«; doch da Christine sich ohne Unterlaß zur Wehr setzt und ihres Kummers Herr zu werden versucht, fügt sie »verliebte und fröhliche Worte hinzu ... um etwas Fröhlichkeit in mein wehes Herz zu bringen«. Wesen und Werk stehen also bei ihr in tiefem Einklang, obgleich darin eine Zerrissenheit spürbar ist, die zu Herzen geht: In all ihrem Leid und ihrer Trauer zwingt sie die spontane Art ihrer Gedichte, über sich selbst hinauszuwachsen. Sie bezahlt diesen Preis und hat damit Erfolg: Ihr dichterisches Talent erregt Bewunderung, in ihrer Umgebung wird man aufmerksam auf ihre Balladen, Rondeaus und ›Jeux à vendre‹ (Verkaufsspiele). Denn sie greift alle damals üblichen Gattungen der höfischen Dichtkunst, alle beliebten Formen auf. Eine ist die zu Beginn des Jahrhunderts in Mode gekommene Ballade mit ihren Kehrreimen und ihrer Zueignungsstrophe an einen Fürsten, die in Christines ersten Werken übrigens recht selten auftaucht, aber dann um so bewegender ist:

> Mein Fürst, bittet Gott,
> Mir bald den Tod zu schicken,
> Wenn Er mich anders nicht befreien will
> Von jenem mich verzehrenden Leid
> Und ich aus eigener Kraft
> Weder genesen noch sterben kann.

Oder sie bedient sich des leichteren Rondeaus, einer Form mit drei Strophen von unterschiedlicher Länge und je einem Refrain, der der erste Vers ist:

> Mich dünkt, hundert Jahre ist's schon her,
> Seit mein Liebster von mir ging
> Und doch sind erst vierzehn Tage vergangen.
> Mich dünkt, hundert Jahre ist's schon her:
> So lang wird mir die Zeit,

> Denn seit seiner Abreise sind, so dünkt es mich,
> Schon hundert Jahre vergangen.

Sie schreibt auch Lais oder Virelais, die in der Poesie des Mittelalters immer schon sehr beliebt waren – anmutige Formen, die alle Ausdrucksweisen gestatten:

> Und wenn Euch Euer Edelmut
> Und die Vollkommenheit Eures Herzens
> In ein fernes Land führen,
> So wird mich dies in tiefe Traurigkeit versetzen.
> Aber trösten wird mich die Gewißheit,
> Daß Ihr mich unverbrüchlich
> Und von ganzem Herzen liebt als Eure Herrin.

Aus der Vielzahl der höfischen Stoffe schöpfend, ist Christine abwechselnd der Liebende und die Dame. Sie beschäftigt sich mit allem, was mit der Liebe zusammenhängt, wie zum Beispiel dem Trennungsschmerz:

> Ach, mein Liebster, müßt Ihr denn wirklich aufbrechen
> Und Euch von mir, die Euch so liebt, entfernen?

Oder mit der Hoffnung:

> Die Hoffnung, meine Herrin schon bald wieder zu sehen,
> Läßt mich mit lauter Stimme heiter singen,
> Im Wald, unter grünem Laubwerk,
> Wo ich Zerstreuung suche.

Sie beschreibt die Unruhe, die Liebende empfinden, wenn sie voneinander getrennt sind – wenn der Geliebte »mit dem Schiff, dem Boot oder dem Nachen« aufgebrochen ist und die Zurückbleibende sich Sorgen macht:

> Oder vielleicht liebt er eine andere,
> Die schöner ist als ich ...

Und je länger sie wartet, desto mehr schwindet die Liebe:

> Nie wieder soll jener auf mich warten,
> Auf den auch ich nicht länger warten will,
> Denn weder kommt er, noch schickt er einen Boten.

> Zwei lange Jahre habe ich seiner geharrt;
> Nun will ich der Qual ein Ende bereiten ...

Es kommt zum Bruch:

> Sprecht nicht mehr davon, ich will nicht lieben,
> In Gottes Namen, edler Herr, gebt auf!

Es folgen die Vorwürfe der oder des Betrogenen:

> Zu sehr täuschte mich Amor durch Euer Verhalten,
> Das bewies – mein Herz erinnert sich sehr wohl –,
> Wie aufrichtig Ihr mich liebtet.

Und dann die Wut über die treulosen Liebhaber:

> Verflucht seien alle treulosen Liebhaber!

Einer der schlimmsten Feinde des Gottes Amor ist der Verleumder! Selbst den Haß auf die Verleumder, in der höfischen Poesie fast ein Klischee, versteht Christine in anmutige Worte zu kleiden. »Diesen Lästerern, die alles wissen wollen«, stellt sie die »wahren, jungen, hübschen und fröhlichen Liebenden« entgegen.

Sie gibt ihnen Ratschläge:

> Achtet auf euer Äußeres und dient allerorts
> Voller Ehrerbietung eurer Herzensdame.

Sie tritt auch für die Ehe ein:

> Der Ehestand ist etwas sehr Schönes;
> Das kann ich selbst bezeugen.
> Allerdings trifft dies nur zu
> Im Falle eines so gutherzigen und klugen Ehemanns,
> wie Gott ihn mich finden ließ.

Christine behandelt also alle beliebten Themen und bedient sich der verschiedensten dichterischen Formen, wobei ihr manchmal kleine Meisterwerke gelingen. Ihre Gedichte in leoninischen Versen zeigen, wie mühelos sie mit den Zeilen und Reimen jongliert:

> Und wenn manche dir dein Leben
> Zwar nicht neiden,
> Es jedoch trotzdem verachten,
> So sind sie ohne edle Gesinnung.

Eine Stilübung, aber ist nicht ihre gesamte Poesie mehr oder weniger eine Stilübung?

Als sie ihre hundert Balladen zu einer Sammlung zusammenfaßt, stellt sie dieser den Hinweis voran, daß sie jenen zur Freude schreibe, die sie darum gebeten haben:

> Da gewisse Personen mich in ihrer Güte darum gebeten haben,
> Werde ich, obwohl ich eine unwissende Person bin,
> alles versuchen, um ihrem Wunsch nachzukommen.

Mitten in der Sammlung kommt sie darauf zurück, läßt den Leser wissen, daß das, was sie sagt und schreibt, nur »Blendwerk«, also nicht wörtlich zu nehmen sei:

> Manche Leute könnten, was meine Person betrifft, auf
> falsche Gedanken kommen, weil ich Liebesgedichte schreibe.
> Wer solche Vermutungen gehegt hat, möge diese schnellstens
> vergessen, denn meine Interessen liegen in Wirklichkeit
> auf ganz anderen Gebieten.

Immer wieder legt sie Nachdruck auf diese Art Doppelspiel, das ihr Leben ist: »Ihr schmerzerfülltes düsteres Leben...«

Zweifellos sind das ihre schönsten Gedichte, sie wirken auf uns heute besonders erschütternd. Sie besingt darin ihre Trauer und beschreibt auch, daß sie sich genötigt sieht, in ihren Gedichten ständig etwas vorzutäuschen. Wie gut versteht sie es, die Liebenden zu preisen, über ihre Ängste zu scherzen (»derjenige, der am lautesten klagt, ist sicherlich nicht der kränkste«), sich lustig zu machen über den Burschen, den man so oft in der Kirche antrifft, weil er hofft, dort seiner Liebsten zu begegnen, oder den, den sie freundlich abweist:

> Ihr habt keine Aussichten, der Platz ist besetzt!
> Edler Herr, Ihr bemüht Euch vergeblich...

> Ich sage Euch doch,
> Ihr habt überhaupt keine Aussichten
> Der Platz ist besetzt!

Oder wenn ein Neujahrsgeschenk übersandt wird:

> An diesem Neujahrstag, den es zu feiern gilt,
> Schenke ich Euch, meiner geliebten Herzensdame,
> Mein Herz, ganz ungeteilt,
> Mich selbst bis an mein Lebensende...
> Deshalb schicke ich Euch diesen kleinen Diamanten:
> Seid so huldvoll, die Gabe Eures Verehrers anzunehmen.

Für sie gibt es lediglich »die Unlust an ihrem betrüblichen Leben«.

Tatsächlich ist Christines Hauptthema ihr eigenes Leid. Sie sieht sich als das Kind, das »seine Mutter und seine Amme« verloren hat:

> Niemals mehr wird sich jemand meiner annehmen,
> Denn ich verlor den, der mir liebevoll beistand.

Dieser brennende Schmerz weckt in ihr Todessehnsucht:

> Denn nach nichts anderem als dem Tod steht mir der Sinn.
> Was kümmert es mich, weiter zu leben,
> Seit jener starb, der mein Leben war.

Der »Harm«, der an ihr zehrt, bringt sie dazu, an Selbstmord zu denken:

> Oft erliege ich den Einflüsterungen der schwarzen Verzweiflung,
> Die mir rät, meinem Leben bald ein Ende zu bereiten.

Doch sie wird alles ertragen: »Es ist das Höchste, sich in Geduld zu üben.«

Sie verschließt sich gegen jeden wohlfeilen Trost, hat beschlossen, nicht wieder zu heiraten: »Sprecht nicht mehr davon, ich will nicht lieben.« Wenn sie die Liebe preist, dann nur »zur Tarnung«. Für sie zählt allein jene andere Liebe, auf die sie bereits in ihren ersten Balladen anspielt:

> Ein jedes wahrhaft empfindende Herz
> Soll liebend verlangen nach dem wahren Himmelslicht
> Und nach dem einzigen Gott, den wir anbeten sollen:
> Dies ist unser Ziel, unsere höchste Freude...

Immer wieder spricht sie voll Schmerz von ihrem eigenen Leben, auch noch nach Jahren beschwört sie die Zeit ihrer Trauer herauf.

> Fünf Jahre ist es her, seit ich deinen Verlust beklagte...

Und noch später:

> Vor sieben Jahren verlor ich ihn...

Oder:

> Wie soll ich Gedichte schreiben,
> Schöner, angenehmer, gefälliger Art,
> Wenn seit fast zehn Jahren
> Mein Herz keine Freude mehr kennt...

Aus allen Werken Christines spricht diese tiefe Trauer, die Trauer um eine gelebte große Liebe:

> Mein süßer Freund, der mein Herz
> In den ungetrübten Zustand
> Der heiteren Freude versetzte.

Eine einzigartige vollkommene Liebe, die »bereits in ihrer Kindheit und frühen Jugend« in ihr erwachte und an die der Heloïse zu Abaelard erinnert, eine Liebe, die Christine mit vielen Romanheldinnen in eine Reihe stellt.

Darum trifft sie auch, wenn sie vom Glück oder Leid des Liebens spricht, stets den richtigen Ton. In dem Gedicht mit dem Titel ›Livre du duc des vrais amants‹ (Das Buch des Herzogs der wahren Liebenden) evoziert sie, obwohl es sich um eine Auftragsarbeit handelt, in der reinsten höfischen Tradition, nämlich der des Guillaume de Lorris im ersten Teil des ›Rosenromans‹, alle Nuancen der Liebe. Sie beschreibt das Keimen der Liebe im Herzen des jungen Herzogs, die Leidenschaft, die ihn so aufwühlt, daß der Schlaf ihn flieht und er nichts mehr zu sich nehmen kann, die geliebte hohe Frau, eine Traumgestalt »mit langen Zöpfen«, die »sanft lächelnden Auges« den jungen Mann empfängt, die heimlichen Wonnen einer sowohl durch einen eifersüchtigen Gatten wie des ewigen Feindes der Liebe – Lästerzungen, Trennungsschmerz, wenn der junge Herzog für ein Jahr nach Spanien zieht – bedrohten Liebe. Die Ängste und die Augenblicke des Glücks im Laufe eines dreizehn Jahre dauernden Liebesverhältnisses werden lebendig – ohne die strengen Ratschläge der Sibylle de Monthaut, Dame de la Tour, zu vergessen, die die adeligen Damen ermahnt, sich ihren guten Ruf zu bewahren. Christine begleitet die beiden bis zu dem Moment, da der Liebende und die Dame ihrer Wege gehen und die allmählich abgekühlte Leidenschaft »den zärtlichen Erinnerungen« weicht.

Mit der gleichen Ungezwungenheit behandelt Christine in der in Verse gefaßten ›Dit de la Pastoure‹ (Erzählung von der Hirtin) eines der beliebtesten Themen der mittelalterlichen Dichtkunst. Es gibt wohl kaum einen Trouvère, der nicht zumindest ein paar Verse über eine Hirtin geschrieben hätte, die einen Ritter liebt, oder einen Ritter, der einer Hirtin nachstellt. Christines Gedicht ist, obwohl es ebenfalls dieser Gattung angehört, bemerkenswert, denn zu der Zeit, in der sie es schrieb (sie selbst sagt, sie habe es im Mai 1403 verfaßt), war es hochaktuell. Hatte nicht Königin Isabeau kürzlich eine Schäferei erworben? Dieser Kauf, der sie viertausend Goldtaler kostete, ist unter dem 4. März 1398 in den königlichen Rechnungsbüchern festgehalten. Die Schäferei befand sich in Saint-Ouen, und Isabeau pflegte sie mit ihren Hofdamen aufzusuchen. Die Begeisterung für das einfache Leben, wie es das des Schäfers und der Schäferin auf ideale Weise verkörpert, wirkt in der Geschichte unseres Abendlandes wie ein Kontrapunkt zu dem gekünstelten Leben in den Städten und Palästen. Man begegnet ihr in fast gleicher Form Ende des 18. Jahrhunderts mit Marie-Antoinette im Trianon wieder und ein drittes Mal Ende unseres 20. Jahrhunderts in einer Handvoll liebenswerter Spinner in der Haute-Provence. Indem Christine dieses Thema gestaltete, war sie also einer ganzen hochgestellten Gesellschaft gefällig; sie selbst sagt übrigens, daß sie es auch wählte, um von ihrer Trauer loszukommen:

[Um] ein wenig die Schwermut [zu verdrängen],
Von der ich niemals frei sein werde,

> Denn unmöglich ist es mir zu vergessen
> Den sanften und friedfertigen Gefährten,
> Den der Tod mir entriß.

Dieses Gedicht ›Dit de la Pastoure‹ schreibt sie also ebenfalls, um sich Mut zu machen für das tägliche Leben. Obwohl ein Kind der Stadt, zeichnet sie ein zugleich sehr natürliches und farbiges Bild vom Leben einer »Schäferin«:

> Die Schafe im Stall versorgen,
> Die Krippe mit Heu füllen,
> Das Stroh auf dem Dach erneuern,
> Die Hammel auswählen,
> Ihr Fell einfetten und sie von der Herde trennen,
> Die Muttertiere melken
> Und zur rechten Zeit die Lämmer säugen lassen.

Dem fügt sie einige hübsche Einzelheiten hinzu, zum Beispiel, womit sich die Schäferin die Zeit vertreibt:

> Sie verarbeitet Wollfäden,
> Singt mit heller Stimme,
> Webt kleine Gürtel und Häubchen.

Bei ihr haben die Schäfer, die Regnaut, Perrot oder Gilon heißen, neben ihrem Arbeitsgerät, den Scheren, mit denen die Tiere von ihrer Wolle befreit wurden, Trommel und Musette, eine Art Dudelsack, bei sich, mit denen sie für die Mädchen zum Tanz aufspielen.

Sie beschreibt die den Ritterturnieren nachempfundenen Spiele, bei denen sich die jungen Männer mit Schilden aus Rinde und Holzschwertern Lanzenstechen liefern, während die Schäferinnen Blumenkränze flechten. Schon damals ist jedes Mädchen vom Land mehr oder weniger eine »Schäferin«. Das Mädchen, das Christine zur Heldin wählt, liebt einen Ritter. Für die Schäferin ist es das Abenteuer ihres Lebens und der Vorwand für ein Gedicht (»warum wohl widerfährt mir ein solches Abenteuer«), und auch der Ritter seinerseits kann sich dieser Liebe nicht mehr entziehen, die bei beiden bitteres Leid verursachen wird.

Doch man liebt nicht nur Hirtinnen, sondern auch galante Feste und, unnötig zu sagen, Christine hat ihre Freude an beiden. Nichts fehlt an ihren Beschreibungen, wie »zum Fest gerüstet wird«, die Lanzenstechen angesagt werden, die Ritter sich anbieten, »sich mit jedem Beliebigen zu messen«. Mit Vergnügen schildert sie die Wiese am Fuß des Schlosses, die sich an einen Teich anschließt: die unter den dicken Türmen aufgestellten Zelte, die fahrenden Sänger, die unter reichlicher Zuhilfenahme von Hörnern und Kesselpauken den Lanzenbrechern voranschreiten, die kostbaren grünsamtenen Gewänder in der Leibfarbe des gastgebenden hohen Herrn, die an die Ritter verteilt werden, die in silberbestickten Satin gekleideten Knappen, die Damen bei der Abendmahlzeit vor dem Wein und den Spezereien, die man der Gesellschaft serviert, und natürlich auch »die Gewinde aus Immergrün«, die jede von ihnen dem Kämpfer ihrer Wahl übergibt. Man glaubt, eine Miniatur aus dem ›Livre des tournois du Roi René‹ (Turnierbuch des Königs René) vor sich zu sehen, wenn man die Beschreibung dieser Feste liest, die sich mit ihren Tänzen, Turnieren und Festgelagen über mehrere Tage erstrecken.

Ganz zu schweigen von den »Gesellschaftsspielen«, die gleichzeitig auch ein poetischer Wettstreit sind. Christine, die darin glänzt, verfaßt dafür die entzückenden kleinen Gedichte der Serie ›Jeux à vendre‹ (Verkaufsspiele). In der Frage: »Ich verkaufe Euch mein Körbchen, was tut Ihr hinein?« haben sie sich in Frankreich bis in unsere Zeit erhalten. Dabei geht es darum, an den vorgegebenen Vers einen Vier- oder Sechszeiler anzuschließen:

»Ich verkaufe Euch die Stockrose.«
– »Schönes Kind, ich wage nicht zu gestehn,
Wie sehr Amor mich in Euren Bann zieht,
Aber Ihr werdet's schon merken, auch wenn ich
　schweige.«

Oder:

»Ich verkaufe Euch den verliebten Traum,
Der den Träumenden heiter oder traurig stimmt.«
– »Edle Frau, Ihr macht den Traum wahr,
Den ich heute nacht träumte,
Wenn Ihr mir Eure Liebe schenkt.«

Oder, in etwas bitterem Ton:

»Ich verkaufe Euch eine Akelei.«
– »Ich bin sehr traurig, teurer Freund,
Und fürchte, Ihr habt eine andere;
Ich bin mir selbst fremd geworden.
Sagt mir ohne Ausflüchte die Wahrheit
Und bereitet meinem sinnlosen Grübeln ein Ende.«

Das Fest setzt sich als literarisches Turnier fort, sobald nach dem Tanz zwischen der Dame und dem Kavalier der traditionelle Kuß getauscht worden ist.

Im Palast Ludwigs von Orléans und der Valentina Visconti wurden viele Spiele dieser Art veranstaltet, bei denen sich die Freunde des Königs und seines Bruders trafen, die beiden Bracquemonts, Guillaume und Robert, der Finanzverwalter Denis Mariette, der Kämmerer Jean Prunelé und so manche andere, die sich später auf dem Schlachtfeld einen Namen machten, wie Jean de Châteaumorant, Archambaut de Villars, Clignet de Bréban oder der sehr sympathische Arnaud-Guilhem de Barbazan.

Ein Thema jedoch ist Christine besonders wichtig: Es hat nichts mit der Gesellschaft zu tun, in der sie lebt, sondern mit ihrer eigenen Erfahrung. Sie selbst erzählt, wie sie auf den Gedanken kam, eine Ballade über die Witwen zu schreiben, denen niemand hilft, was beweist, daß die Ritterlichkeit alter Zeiten kaum noch existiert. Fürsten und Adelige von einst hätten »mittellosen Witwen«, die sich mit unredlichen Geschäftsleuten und Beamten auseinanderzusetzen hatten, beigestanden. Bald wird sie alles beleuchten, was mit ihrer Stellung als Frau verbunden ist, sie trauert einer in immer weitere Ferne rückenden Vergangenheit nach, wünscht sich für sich selbst und ihresgleichen das, was die Gesellschaft den Frauen immer mehr verwehrt. In ›Le livre de la cité des dames‹ (Das Buch von der Stadt der Frauen) gibt sie diesem Wunsch in der Semiramis-Sage Ausdruck. Es handelt sich um eine Geschichte, die sie Briefen aus der Antike entnahm und die vor ihr schon Boccaccio literarisch verarbeitet hatte.

Die Gestalt der Semiramis gewinnt bei Christine große Bedeutung. Sie ist die alleinstehende, unabhängige Frau, die Witwe. Boccaccios Geschichte war, wie man sich vorstellen kann, mit den entsprechenden Anspielungen gewürzt. Christine de Pizan hingegen zeichnet von ihr das Bild der alleinstehenden

Frau, die in allen Dingen mutig handeln und entscheiden muß; und dieser Mut ist – alle Kommentatoren weisen darauf hin – die wesentliche Tugend dieser Frau. Man fragt sich, ob Christine darin nicht eine wesentliche Frauentugend überhaupt sieht, denn nur ihre Beherztheit gibt der Königin die Kraft zum Handeln, sie macht ihre Größe aus und ermöglicht ihr, »die Königreiche und Länder zu regieren und zu beherrschen, die sie gemeinsam mit ihrem Mann eigenhändig mit dem Schwert erobert hatte«. Als ein männliches Ideal hat man das bezeichnet. Eben das sagt Christine von sich selbst, zum Beispiel in ›Le livre de mutation de fortune‹ (Das Buch vom Wandel des Glücks):

> Ich besaß plötzlich ein starkes und tapferes Herz
> Und wunderte mich darüber; dies zeigte mir jedoch,
> Daß ich wahrhaftig ein Mann geworden war.

Aus eigener Erfahrung weiß sie, daß sowohl eine Frau wie auch ein Mann von einem solchen Mut beseelt sein kann, daß Mut nicht allein das Vorrecht des Mannes ist, daß es »männliche Tugenden« überhaupt nicht gibt.

So dient ein und dieselbe Geschichte einer furchtlosen Witwe einerseits dem Italiener Boccaccio als Vorwand für seine anzügliche Erzählung, während andererseits Christine die Herrscherin als bewunderungswürdige Frau darstellt, die die Rolle übernimmt, die zu anderen Zeiten der Königin zufiel, jene Rolle, die zum Beispiel Blanka von Kastilien verkörperte.

Auf ganz ähnliche Weise erteilt sie nach einem anderen italienischen Vorbild, dem Werk des Francesco da Barberino mit dem Titel ›Del reggimento e Costumi di Donna‹ (Über die Lebensführung und die Kleidung der Frauen) Witwen Ratschläge. Christines Werk ›Le livre des trois vertus‹ (Das Buch von den drei Tugenden) ist eine Art Leitfaden für die Erziehung der Frau. In dieser Abhandlung ist eigenartigerweise die herausragendste Tugend die Vorsicht. Christine warnt die Witwen, adelige, bürgerliche und solche von »gemeinem Stand«, vor dem, was auf sie zukommen wird; unter anderem die Unwissenheit und die Angst: »Und damit Ihr gewappnet seid mit gesundem Menschenverstand gegen diese Pestilenzen und alle anderen, die Euch widerfahren können, möchten wir Euch verschiedene Dinge sagen, die Euch wertvoll sein können.« Anschließend zählt sie als erstes die verschiedenen Personen auf, mit denen eine Fürstin, die eine Besitzung leiten muß, zu tun haben kann: die Hofbeamten und Verwalter, Vögte ihrer Burgen, die Damen und »Fräuleins und Bürgerinnen der Gegend«, schließlich die Wöchnerinnen, die Armen und die Reichen. Es ist ein Bild der damaligen Gesellschaft. Die Fürstin »empfängt sie mit Freuden«, jeden so, wie ihm gebührt, und versteht es, die »Sächelchen«, kleine Geschenke der edlen Frau oder der einfachen Frau aus dem Volk, die ihr ihre Aufwartung macht, freundlich entgegenzunehmen. »Um weniges wird sie großes Aufheben machen.« Vielleicht dachte Christine dabei an Königin Isabeau von Bayern, deren kühle und oft ungeschickte Art sie so viele Sympathien gekostet hatte.

Nach den Ratschlägen der Dame Vorsicht soll sich die verwitwete Frau, wenn sie von hohem Rang ist, reserviert geben; ist sie von geringerem Stand, gibt es für sie nichts Besseres als die Stille ihres Heims: »Stehlt Euch fort, um nicht von den anderen zermalmt zu werden.«

Aber Christine, die selbst so Schweres durchgemacht hat, geht in ihren Ratschlägen weiter als die Dame Vorsicht. Die Verwitwete soll sich zu wehren wissen, gesetzeskundige Männer konsultieren, »und um allen anderen Schwierigkeiten zu begegnen .., lege sie sich ein Männerherz zu, das heißt, sie sei beständig, stark und klug, um auf das, was gut für sie ist, bedacht zu sein und es zu erreichen suchen«. Praktisch veranlagt, wie sie offenbar ist, tadelt sie in ihrem Werk ›Le livre des trois vertus‹ (Das Buch der drei Tugenden) die fehlende Vorsorge, etwas, worunter sie selbst so gelitten hatte: »Niemand belasse die Frauen im Stand der Unschuld, was Geldangelegenheiten betrifft... diese Haltung mancher Ehemänner mißbillige ich. Ihnen obliegt die Sorge um ihr Hauswesen, in dem nach ihrem Tod oft Not herrscht, eine Not, deren Ursache womöglich in ihrer eigenen Verschwendungssucht zu suchen ist.«

Die Frau muß in der Lage sein, den Ehemann zu ersetzen; sie muß also die Sitten und Gebräuche kennen und das Geld, das ihr zur Verfügung steht, selbst in fünf Teile teilen können: einen Teil für Almosen, einen für die Haushaltsausgaben, einen dritten für die Zahlung der Bediensteten oder Lohnangestellten, den vierten für Geschenke und den fünften, den sie keinesfalls außer acht lassen darf, für Geschmeide und Kleidung. Der Ehefrau des Landmanns ebenso wie der des Grundherrn soll auf diese Weise die Aufteilung und Verwendung der gemeinsamen Mittel gelingen.

Nebenbei erklärt die Dame Vorsicht der hochgestellten Frau,

was ihre Rolle sein kann, allein oder an der Seite ihres Ehemannes. Eine behutsame Wortwahl sei ihr immer sehr nützlich; die Leute aus dem Volk begehren auf, wenn sie »grob« behandelt werden, während man im Gegenteil »mit sanften Worten« große Erregung dämpfen könne.

Kindern gegenüber ist »große Bedachtsamkeit mehr von Nöten als sehr großes Wissen«. Vor allem hüte man sich davor, dem jungen Menschen »eine Tracht Prügel haßerfüllt und im Verdruß zu verabreichen«. Und man gebe auch kein Urteil ab, ohne daß vorher die Gegenseite zu Wort gekommen wäre: Man übe stets große Nachsicht und »verurteile den jungen Menschen niemals, wenn er auf die schiefe Bahn geraten ist oder irgendwelchen verbotenen Wegen folgt; keinesfalls jage man ihn fort, sondern sage, wie Jesus Christus sprach: ›Vater vergib ihnen, denn sie wissen nicht, was sie tun.‹«

Sehr entschieden und sehr realistisch unterweist Christine schließlich die Frauen, wie sie sich jener erwehren können, die ihnen Schaden zufügen wollen, indem sie ihre Schwäche oder ihre Gutgläubigkeit ausnützen. Es komme vor, daß eine alleinstehende Frau an »sehr schlimmes Lumpenpack, Halsabschneider und übelste Spitzbuben« gerate. Offenbar denkt sie dabei an die hämisch grinsenden Advokaten, Staatsanwälte und andere Gerichtsbeamte, die ihr selbst so übel mitgespielt haben. Was ist dann zu tun? Auf keinen Fall »sich wie sonst eine Frau weinend und tränenüberströmt ducken und sich nicht wehren wie ein armer Hund, der sich in eine Ecke verkriecht, denn dann werden alle über sie herfallen!« Sie müsse sich verteidigen und den Gegnern die Stirn bieten, von niemand anderem Schutz erwarten als von sich selbst.

Kurzum, Christine versucht, den Frauen Ratschläge zu geben, sie zu ermutigen, ihnen den Rücken zu stärken. Gleichzeitig empfiehlt sie ihnen, sich zu bilden, denn Unwissenheit könne, wenn sie sich als Alleinstehende verteidigen müssen, ein Grund für ihr Scheitern sein.

»Hundert Balladen habe ich geschrieben«, konstatiert Christine eines Tages. Diese hundert Balladen, die ihr zu einem ersten literarischen Ansehen verholfen haben, hat sie in einer Sammlung zusammengefaßt. Ihre Prozesse laufen noch, und sie steckt nach wie vor in großen Schwierigkeiten, doch ihr Gesundheitszustand hat sich gebessert, und der Erfolg, den sie mit ihren anmutigen Gedichten hat, weckt ihren Ehrgeiz. Was sie bisher lediglich zur Zerstreuung getan hat, wird nun zu einem echten Beruf, der ihr auch Geld einbringt. Instinktiv spürt sie, daß der Augenblick für sie gekommen ist. Dennoch sind ihr »das Wiederkäuen der lateinischen Sprache und der Gespräche über die schönen Wissenschaften, verschiedenen Lehrmeinungen und geschliffenen Reden, die sie zu Lebzeiten ihrer verstorbenen Freunde, Vater und Ehemann, vernommen hatte«, stets gegenwärtig.

Ihrer Ansicht nach hat sie nur sehr wenig davon mitbekommen. Sie besaß eine rasche Auffassungsgabe, doch ihr »Übermut«, ihre große Jugend, ihre Pflichten als Ehefrau und »auch die Bürde der häufigen Schwangerschaften« hatten ihr keine Zeit gelassen, sich intensiv »dem Studium zu widmen«. Das kann sie erst jetzt tun, da sie ziemlich zurückgezogen lebt. Studieren war das beste Mittel, gegen die Sorgen anzugehen, die zuträglichste Art auch, sich aus ihrer leiderfüllten Vergangenheit zu lösen: »Ganz wie ein Mann, der gefährliche Wege gegangen ist und sich umwendet, seine Fußspur betrachtet... so schlug ich, die Welt betrachtend, die voller gefährlicher Fallstricke ist und in der es nur einen Weg gibt, nämlich den der Wahrheit, den Pfad ein, zu dem mein Wesen neigt, nämlich den des Studiums...«, sagt sie in ihrer bildhaften Sprache. Begeistert stürzt sie sich in dieses Studium, das ihr eine neue Jugend beschert: »Dann schloß ich meine Türen und schnappte mir die schönen Bücher und Bände.«

Diese »schönen Bücher«, die sie sich mit jugendlichem Schwung schnappt – schnappen ist vielleicht nicht ganz der richtige Ausdruck, wenn man das Gewicht der damaligen Folianten bedenkt –, können wir uns heute ohne weiteres vorstellen, denn über die Bibliothek Karls V. liegen inzwischen mehrere sehr fundierte Untersuchungen vor. Man weiß, daß diese Bibliothek beim Tod des Königs etwa tausend Bände umfaßte, von denen etwa hundert identifiziert werden konnten. Seinen Bibliothekar oder vielmehr »Büchereiwächter« kennt Christine gut. Er heißt Gilles Malet. Bis zu seinem Tod im Jahr 1411 bleibt er auf diesem Posten. In der Kirche von Soisy-sur-Seine ist noch heute sein Grabmal und das seiner Ehefrau Nicole de Chambly zu sehen. Man kann sich vorstellen, wie Christine in diesen »schönen Büchern« blätterte, hell begeistert von den Meisterwerken – Grisaillen von wunderbarer Zartheit –, die unter anderem auf das Mäzenatentum der Johanna von Evreux, Witwe Karls IV. des Schönen, zurückgehen. Man sieht sie vor sich, wie sie die Seiten des ›Miroir historial‹ (Geschichtsspiegel) von Vincent de Beauvais umwandte, voll Interesse in einer bestimmten lateinischen Bibel las, die aus Bologna stammte, der Heimatstadt ihres Vaters, oder im ›Ptolemäus‹ oder in der ›Abhandlung über die Sphäre‹, in der die Horoskope der Königsfamilie enthalten waren – vielleicht erstellt von Thomas de Pizan persönlich.

Als kluge Frau erkannte sie ihre Grenzen und Fähigkeiten: »Ich maßte mir nicht an, in die Tiefen der dunklen Wissenschaften mit ihren Ausdrücken, die ich nicht verstand, vorzudringen.« Vielmehr wendet sie sich der Geschichte zu – der Geschichte als gelebtem Leben, als Wissenschaft der Vergangenheit und der Gegenwart. Sie findet auch Gefallen »an den Büchern der Dichter«, »erfreut sich an ihrer feinsinnigen Bedeckung und dem schönen Stoff, der sich hinter der köstlichen Dichtung verbirgt«.

Zugleich wächst ihr Ehrgeiz. Sie spürt, daß sie auch schreiben kann, und zwar besser und mehr als bisher: »Ich will, daß aus dir neue Bände entstehen, die für kommende Zeiten und für ewiglich der Welt deine Erinnerung an die Fürsten dartun... mit Freuden wirst du aus deinem Gedächtnis gebären, ungeachtet der Mühe und Arbeit, und so wie die Frau, die niedergekommen ist, ihre Schmerzen vergißt, wenn sie den Schrei des Kindes vernimmt, wirst auch du die Mühe und Arbeit vergessen, sobald du die Stimme deiner Bücher hörst.« Und sie fährt fort: »Also begann ich, hübsche Dinge zu schmieden, anfangs leichtere; und ebenso wie der Handwerker, der mit der Zeit immer geschickter wird, so nahm mein Geist durch meine Beschäftigung mit den verschiedensten Themen eigenartige Dinge auf, wobei sich mein Stil verfeinerte und anspruchsvolleren Bereichen zuwandte«. Wohl kaum jemand, der sich seiner schriftstellerischen Berufung bewußt wurde, hat dies in treffendere Worte gekleidet.

Christine macht eine erstaunliche Karriere. Innerhalb von sechs Jahren, von 1399, »da ich begann«, bis 1405, »da ich noch nicht aufhöre«, schreibt sie nach eigener Aussage fünfzehn Bände, nicht gezählt die »kleinen Schriften«, die zusammen ungefähr »siebzig Hefte großen Umfangs« ergeben. Bald stellt sich der erste Erfolg ein, ihr Ruf überschreitet schnell die Schwellen der Schloßtore und Fürstenpaläste.

Da sich das von Form und Inhalt her schöne Buch in ihrer Zeit großer Beliebtheit erfreut, findet sie auch mit ihren Büchern rasch Anerkennung, um so mehr, als sie sie mit schönen Miniaturen verzieren läßt. Der Name einer der Handschriftenmalerinnen, die für sie arbeiten, ist bekannt: Sie heißt Anastasia. Der Herzog von Berry, ein großer Ästhet, ist einer von Christines besten Kunden. Sie scheint ihm nacheinander fast alle ihre Werke angeboten zu haben, und man kennt auch die Gegenleistung: der Fürst zahlte ihr für ihre erste Sammlung zweihundert Taler, und von Herzog Johann oder dessen Tochter, der Gemahlin Johanns I., Herzog von Bourbon, erhielt sie zahlreiche Zuwendungen. Königin Isabeau persönlich erhält von Christine eine Handschrift und findet sich auf einer Miniatur dargestellt, die an diese Schenkung erinnert. Christine gefällt es, in ihren Werken bestimmte Persönlichkeiten mit Namen zu nennen, darunter den Herzog Ludwig von Orléans, den Seneschall von Hennegau, Jean de Werchin, dem sie mehrere Gedichte widmet, oder Charles d'Albret, Konnetabel von Frankreich, dem sie, wie wir wissen, ihr Werk ›Débat de deux amants‹ (Streitgespräch zweier Liebenden) schenkte.

Es ist darum nicht verwunderlich, daß sie mit den besten Dichtern ihrer Zeit im Briefwechsel steht, unter anderen mit Eustache Morel, den wir Eustache Deschamps nennen:

Der sehr angesehene Vogt von Senlis.

Diese in sehr kunstvollen, eleganten Reimen geschriebene Ballade hat Christine sogar signiert. Bei dieser Gelegenheit sei erwähnt, daß sie trotz ihrer Liebe zu ihrem Mann Etienne Castel nicht seinen Namen trug, sondern den ihres Vaters, der ihr das vermittelt hatte, was ihr am wertvollsten erschien: ihre umfassende Bildung. Es ist fast unbekannt, daß erst im 17. Jahrhundert eine Frau verpflichtet war, den Namen ihres Ehemannes anzunehmen. Bis dahin konnte sie zwischen dem Familiennamen ihres Vaters, dem ihrer Mutter oder ihres Ehemannes wählen. Christine traf die Wahl, die ihr durch ihre tiefe Bewunderung für ihren Vater diktiert wurde:

Christine de Pizan, die Dienerin der Wissenschaft,
Deine Schülerin und Freundin,
Die sich in diesem Jahr
Redliche Mühe gab bei ihrem Tun.

4. Die Wallfahrten

> So beten wir demütigen Herzens zu Gott,
> Auf daß Er unseren guten König vor allem Übel
> Beschütze und bewahre,
> Ihn von seiner schweren Krankheit genesen lasse.
> Denn könnte sein Leiden gelindert werden –
> Dieser Überzeugung bin ich immer noch –
> So wäre unser guter kranker König,
> Was immer man jetzt auch über ihn sagen mag,
> Ein verdienstvoller und vorbildlicher Fürst.

16. September 1393

»Es hat sich hier eine Bewegung gebildet, von der Ihr Kenntnis haben sollt. Vor zwei Monaten begannen sich in mehreren Gegenden des Königreichs Frankreich hundert oder zweihundert Knaben, alle oder die meisten unschuldig, zusammenzuscharen. Sie haben sich ein Banner zugelegt, das auf der einen Seite den Erzengel Michael, auf der anderen Seite das Wappen Frankreichs, das der Bretagne oder ihrer Heimat zeigt, haben sich weder von Vater noch Mutter verabschiedet und sich davongemacht ohne Geld, ohne Brot und Wein. Einer von ihnen trägt dieses Banner, und alle anderen folgen ihm, sie machen sich auf den Weg und ziehen zum Mont Saint-Michel, der am Rand der Bretagne am Meer liegt. Dort befindet sich eine Kirche, die dem heiligen Michael geweiht ist. In dieser Kirche bringen sie ihre Opfergabe dar, der eine wenig, der andere viel, dann ziehen sie wieder von dannen.

Diese Bewegung hat sich in der hiesigen Gegend ausgeweitet, und hier in Avignon sollen zwischen vorgestern, gestern und heute zweihundert größere und kleinere Kinder aufgebrochen sein, um mit solchen Bannern, wie ich sie Euch beschrieben habe, dorthin zu ziehen. Wenn Ihr diese Kinder laufen sähet! Glücklich der, der flüchten und weiterreisen kann! Ich sage Euch, für den, der es nicht gesehen hat, ist es wahrhaft ein unglaublich Ding. Es heißt, große Wunder hätten sich vollzogen, und Kinder, denen Väter und Mütter mitzuziehen verboten, seien gestorben; noch von vielen anderen Wundern ist die Rede. Es heißt, sie bekämen unterwegs genügend zu essen und zu trinken, und die Leute in den Gegenden, die sie durchquerten, gäben ihnen Almosen. In der Bretagne, den Landen des

Herzogs von Berry, haben sie überall verlautbaren lassen, daß ihnen Nahrungsmittel gegeben werden sollten. Bei Gott, wie große Herren! Möge Gott, daß sie gut seien! Vielleicht werdet Ihr in Prato es nicht glauben; Baldello und sein Begleiter werden es Euch bestätigen, denn sie haben sie gesehen. Man schätzt, daß bis jetzt aus verschiedenen Gegenden Tausende von Kindern dorthin gezogen sind.

4. Oktober 1393
Ich habe Euch von einer weiteren Wallfahrt geschrieben, die freiwillig und aus eigenem Antrieb zum Mont Saint-Michel in der Normandie unternommen wurde und die auf die unschuldigen Kinder zurückgeht. Es war und ist (noch) eine unglaubliche Sache. Aus dieser Stadt sollen mehr als tausend Personen dorthin gepilgert sein, Leute geringen und hohen Standes, auch Frauen, und dementsprechend im ganzen Land. Ich glaube wirklich, daß dies Gottes Wille war.

Wer nicht selbst erlebt hat, wie schnell diese Bewegung entstand, wird es nicht glauben; kleine Kinder von acht bis fünfzehn Jahren, die Vater und Mutter davonlaufen, um auf diese Wallfahrt zu gehen! Das ist wirklich so geschehen! Es heißt, so viele Menschen hätten diese Wallfahrt angetreten, daß es ganz und gar unmöglich scheint...«

Diese zwei Briefe stammen von einem Geschäftspartner eines bedeutenden Handelshauses in Prato, dessen Archiv für die heutigen Forscher eine Fundgrube von unschätzbarem Wert ist. Es wurde auf den ausdrücklichen Wunsch des Kaufherrn Francesco Datini nach dessen Tod eingerichtet und enthält alle Briefe, die ihm von den Leitern seiner Zweigstellen in den verschiedenen Städten des Abendlandes zugegangen waren. Hier ist es Nicolaio di Bonnacorso, sein Kommissionär in Avignon, der von den ungewöhnlichen Wallfahrten berichtet, die Menschen in ganz Frankreich 1393 spontan unternahmen, um am Mont Saint-Michel für die Genesung König Karls VI. zu beten.

Die Niederlassungen in Avignon waren für die italienischen Kaufherren schon deshalb wichtig, weil einer der Päpste noch immer dort residierte. Das bedeutete nämlich, daß die Kaufleute, die mit Samten, Tuchen und anderen Stoffen, mit Wein und Fleisch, vielleicht auch mit Waffen handelten, am päpstlichen Hof gute Geschäfte machten. Diejenigen, die den Zweigstellen vorstanden, versäumten natürlich nicht, ihren »Chef« über die

Geschehnisse auf dem laufenden zu halten, denn entsprechend mußte man ja die Bestände planen. Das Ereignis, von dem hier die Rede ist, weicht ganz und gar von den üblichen Informationen ab und scheint bei diesen Händlern große Verwunderung erregt zu haben. Sogar in den Rechnungsverzeichnissen der päpstlichen Kanzlei finden die Kinderwallfahrten Erwähnung: »Am 18. September wurden dem ehrwürdigen Simon Triadet, Armenkaplan, der von Seiner Heiligkeit, dem Papst, den Gefahren des Meeres ausgesetzt, zum Mont Saint-Michel gesandt wurde, um für die Bedürfnisse der armen Kinder und Pilger aus der hiesigen Stadt Avignon und den umliegenden Orten aufzukommen, die sich zu dem Berg begeben hatten, durch den Kollekteur von Tours hundert Goldtaler ausbezahlt.«

Diese Bewegung erinnerte von ihrer Reichweite her an die Bewegung der »Pastouraux« (Bauernbanden) im vorangegangenen Jahrhundert, die auf die Nachricht hin entstanden war, daß die Sarazenen den König von Frankreich gefangengenommen hatten. Im ganzen Königreich waren die Menschen jedesmal zutiefst betroffen, wenn der König wieder einmal einen seiner Anfälle von geistiger Umnachtung hatte. Anfangs hatte man gehofft, daß es sich nur um eine vorübergehende Verwirrung handele. Doch die erste Erholung nach dem schrecklichen Anfall vom 4. August 1392 war nicht von langer Dauer gewesen. Der entsetzliche Zwischenfall beim Ball der Brennenden am 28. Januar 1393, als der König und fünf seiner Freunde als »Wilde« verkleidet und mit Pech und Werg überzogen an einer Fackel Feuer gefangen hatten, war nicht dazu angetan gewesen, ihn sein seelisches Gleichgewicht wiederfinden zu lassen. Dank der Geistesgegenwart seiner Tante, der Herzogin von Berry, die ihren Mantel um ihn wickelte und so die Flammen erstickte, war Karl gerettet worden. Nur er und ein anderer kamen mit dem Leben davon. Den zweiten Anfall hatte er jedoch erst einige Monate später, im Juni desselben Jahres. Die Ärzte lösten einander bei dem königlichen Patienten ab, ganz zu schweigen von den Astrologen und bald auch von Heilern aller Art...

Königin Isabeau hatte den rührenden Einfall, ihre erste nach dem Anfall geborene Tochter der Mutter Gottes zu weihen. Das Kind wurde am 23. August 1392 geboren und auf den Namen Marie getauft. An wen sich wenden, wenn nicht an Gott? Und aus den Fürbitten des Volks waren die Wallfahrten zum Mont Saint-Michel hervorgegangen. Zutiefst bewegt begab sich Karl VI. selbst zu der berühmten Kirche. Die Schöffen der Stadt

Caen begrüßten ihn auf seinem Weg und brachten ihm zahlreiche Geschenke dar: »Ein kleines goldenes Wassergefäß mit eingestanzten Ornamenten, ... in Form einer mit sechs Perlen sowie einem großen gefaßten Saphir verzierten goldenen Rosenknospe.« Desgleichen »ein Schiff aus vergoldetem Silber ... mit einem fliegenden Hirsch als Sockel (der Hirsch war des Königs Lieblingsemblem, und sein Geschlecht sollte ihn sich zu eigen machen) zwischen zwei Sträuchern«. Auch Lisieux stürzte sich in Unkosten mit »einem goldenen Humpen mit gestanztem Deckel ... und das emaillierte Innere zeigt einen wilden Mann auf einem Löwen sitzend, der eine Lanze in der Hand hält«. Alle diese liebevoll beschriebenen Meisterwerke der Goldschmiedekunst zeugen jedenfalls von der echten Zuneigung, die man dem Herrscher in seiner erbarmenswürdigen Lage nach wie vor entgegenbrachte. Dafür gewährte der König den »Verkäufern von Abzeichen mit dem Bildnis des heiligen Michael, von Muscheln und anderem in Formen gegossenem Bleiwerk« – das heißt den Händlern, die auch damals schon die zahllosen Pilger mit Souvenirs versorgten – Steuerfreiheit. Sie hatten ihn darum gebeten mit der Begründung, daß sie ihr Trinkwasser und ihren Proviant zu dem schönen Kloster, das sich auf der kleinen Insel erhob, selbst mitbringen müßten. Karl und Isabeau nannten die Tochter, die ihnen kurz danach geboren wurde, Michelle – ein Name, der im Hause Frankreich ganz und gar unüblich war.

Im Laufe der Zeit kehrten die Anfälle von Geistesgestörtheit immer wieder. Nach seinem Anfall im Juli 1394 unternahm Karl zu Beginn des darauffolgenden Jahres eine Wallfahrt zu Unserer Lieben Frau von Le Puy. Auch diesmal wurde er von den Schöffen der Städte unterwegs begeistert empfangen und reich beschenkt: in Aigueperse erhielt er »zwei Waschbecken aus weißem Silber«, in Riom einen goldenen Becher, in Montferrand ein paar Flakons aus vergoldetem Silber und eine »hohe Konfektbüchse aus vergoldetem Silber in Form einer Muschel«.

Ebenso trügerisch wie die Gesundheit des Königs waren die periodisch aufkeimenden Hoffnungen in bezug auf das Ende der Kirchenspaltung. Christine spricht in einem ihrer Gedichte, daß es in Fortunas Schloß ganz oben, da wo der heilige Petrus throne, einen Sessel gäbe für einen einzigen Mann, auf dem aber dicht gedrängt zwei säßen, von denen sich keiner erheben wolle:

> »... und dieses Schisma,
> Das mehr als ein Zehntel der Menschheit vom rechten Glauben abbringt.«

Tatsächlich sagt sich sogar mehr als ein Zehntel aller Christen aus Verdruß über solch einen Skandal vom Glauben los. Auch hier hielten sich die italienischen Kaufleute, für die der Konflikt doppelt – in Avignon wie in Rom selbst – interessant war, über das Geschehen sorgfältig auf dem laufenden. Karl VI., sein Bruder und seine Onkel versuchten, zugunsten eines Verzichts zu vermitteln. Das führte 1395 in Avignon zu einem mehrfachen Kommen und Gehen. Am 3. Juni schrieb Datinis Geschäftspartner:

»In meinem vorangegangenen Schreiben habe ich Euch ausreichend über das Kommen dieser Herren von Frankreich unterrichtet. Seither haben sie mehrfach mit dem Papst Rat gehalten und auch gesondert mit den Kardinälen, und zuletzt gestern, das heißt am 2., baten sie die Kardinäle nach Villeneuve. Diese kamen dorthin, und sie hielten sie bis zwei Uhr nachts dort fest. Was sie erreicht haben, weiß man nicht so recht, doch heißt es, daß Uneinigkeit zwischen ihnen besteht, denn diese Herren scheinen um jeden Preis zu wollen, daß der Papst ihnen verspricht abzudanken, wann immer der König oder sie ihn darum bitten. Dabei sicherten sie ihm zu, dies nie zu tun, außer sie wüßten, daß der andere Papst ebenfalls abdanke. Bis jetzt hat sich der Papst nicht entschließen können, dieses Versprechen zu geben, angeblich weil er einen Affront fürchtet, und damit müßte er rechnen, wenn der andere nicht einwilligen würde, dann ebenfalls zu verzichten.

Einige Kardinäle wollen, was die Herren wollen, und andere wiederum sind ganz dagegen.«

Und eine Weile später, im September oder Oktober desselben Jahres, als widersprüchliche Meldungen eintreffen, ist folgendes zu lesen: »Unser Heiliger Vater möchte sich nicht narren lassen von den Franzosen, und da er gute Ratgeber hat, denken wir, daß die Dinge langsam vor sich gehen werden. Weil es die anderen Kardinäle mit den Herzögen halten, die hierher gekommen sind, soll der Papst sechs neue Kardinäle einsetzen, die er unter seinen Freunden und denen seines Landes auswählt, um Leute zu haben, die ihn beraten und in seinem Standpunkt bestärken. Möge Gott ihm ins Herz legen, was das beste ist.«

19. September
»Es herrscht hier eine Knappheit an Geld zum Wechseln in jede Währung, und dieses Land ist dem Krieg näher als dem Frieden, denn die Franzosen sind nicht gut auf den Papst zu sprechen wegen der Reise der drei Herzöge, die sehr unzufrieden aufgebrochen sind.«

30. September
»Man glaubt, daß die Kirche Gottes eher zu einer Einigkeit gelangen würde, als dies der Fall ist. Gott gewährt sie uns, denn es kann der Menschheit nicht gutgehen ohne sie. Um diese Einigkeit herzustellen, ist ein großer Abt, Abgesandter des Königs von England, mit fünfundzwanzig Pferden eingetroffen. Es wird hier wenig gearbeitet, das Land ist nicht sehr sicher und das Meer noch weniger. Den Unsrigen und uns selbst geht es gut.«

9. Oktober
»Was die Kirchenspaltung angeht, so erzählt man viel Neues, das jedoch zu einem großen Teil unwahr klingt. Dieser Tage sind gewisse Personen von hier abgereist, die der Papst auf einer Galeere des Jean Consalve nach Fondi geschickt hat. Der Papst, so heißt es, soll in Barcelona zwei Schiffe bauen lassen und drei Galeeren, die ihn nach Fondi befördern werden, denn er will sich allem Anschein nach mit dem Papst von Rom bereden und derart handeln, daß die Menschheit mit ihm zufrieden ist und die Kirchenspaltung aufgehoben wird.

Es heißt auch, daß der König von Frankreich sich mit dem Kaiser in Flandern oder an der Grenze zwischen Frankreich und Deutschland treffen will; nach der Begegnung werde er nach Lyon reisen und die Kardinäle von Avignon zu sich bitten, doch stehe noch nicht fest, wann dies sein wird.«

Und noch ein Brief. Er ist an den Geschäftsführer des Unternehmens in Barcelona gerichtet und enthält Näheres über das Geschehen in Avignon: »Man erzählt, daß die Galeere des Jean Consalve von dort nach Neapel ausgelaufen sei und die Abgesandten des Papstes von Avignon mitgenommen habe, um sie in Fondi oder Neapel abzusetzen, damit sie sich zum Papst von Rom begeben. Der Grund dafür sei angeblich, daß der Papst von Avignon mit dem von Rom sich einigen möchte, weil, wie es scheint, der König in Paris sehr darauf bestanden hat, daß dies geschehe.«

Ähnliche Versuche, das Problem zu lösen, sollte es noch zwanzig Jahre lang geben. Die Christenheit blieb ohne Oberhaupt, bis man sich schließlich auf dem Konzil von Konstanz darauf einigte, Martin V. als Papst zu benennen. Dabei hatte die Universität von Paris wiederholt versucht, eine Einigung Frankreichs mit dem Heiligen Stuhl in Rom zu verhindern, und die Einberufung periodischer Konzile vorgeschlagen. Damit wollte sie der Person, die bis dahin für das christliche Leben unabdingbar war, ihre Bedeutung nehmen, und die Kirche einer gemeinschaftlichen Verwaltung von Geistlichen und Doktoren unterstellen.

Eines indes verbessert sich in diesem Jahr 1395, nämlich die Beziehung zwischen Frankreich und England: Es kommt zu einer unerwarteten und willkommenen Entspannung. Auch hierüber berichten uns die italienischen Kaufleute. Ihr Zeugnis ist besonders wertvoll, denn sie sitzen an der Quelle, sind neutrale Beobachter und wollen nicht wie Annalisten und Chronisten für die Geschichte schreiben. Dadurch sind ihre Informationen sehr zuverlässig. Unter dem Datum 30. April 1396 liest man beispielsweise folgendes:
»Nichts Neues, von nirgendwo, außer daß sich die Kirchenspaltung in die Länge zu ziehen scheint. Die Hochzeit (der Königskinder) von Frankreich und England hat stattgefunden, und der Waffenstillstand wurde für lange Zeit geschlossen. Der König von Frankreich hat seinem Volk zahlreiche Abgaben erlassen, und wenn er sein Versprechen hält, wird es seinem Land besser gehen. Er hat die Weinsteuer von einem Viertel auf ein Achtel Denier gesenkt; er hat die Salzsteuer von neun auf sechs Groschen pro Zentner vermindert; die Jahrmarktabgabe auf Waren, die sechs Denier auf ein Livre betrug, hat er abgeschafft, so daß auf sie nichts mehr zu bezahlen ist, desgleichen andere kleine Dinge, die für die armen Leute eine Bürde waren.«
Über beiden Neuigkeiten – Verringerung der Steuern und die »Hochzeit von Frankreich und England«, die die beiden Königreiche eng miteinander verband –, freute sich das Volk, denn sie bedeuteten ein leichteres Leben und äußeren Frieden.
König Richard II. von England ist auf dem herrlichen Diptychon von Wilton House dargestellt. Das Kunstwerk zeigt ihn etwa zur Zeit seiner Krönung, das heißt im Alter von noch nicht ganz zehn Jahren, vor der Heiligen Jungfrau und den Engeln kniend, umgeben und beschützt von Johannes dem

Täufer und den zwei heiligen Königen Englands, dem heiligen Edmund und Eduard dem Bekenner. Das fein gemalte Altarbild, das in der National Gallery in London verwahrt wird, ist ein typisches Werk seiner Zeit, auf halbem Weg zwischen Buchmalerei und Gemälde. Das Hieratische der Figuren wird kompensiert durch die Pracht der königlichen Gewänder und die der goldenen Hintergründe; auf dem Mantel Richards II. sieht man die weiße Hirschkuh, die sich auch auf der Rückseite der Tafel befindet. Sie umschließt ein weißes Banner mit einem roten Kreuz, vielleicht eine Anspielung auf den Kreuzesorden, den zu gründen man den König drängte, damit er das Heilige Land befreie anstatt die bereits alten Querelen mit den anderen abendländischen Fürsten fortzusetzen. Manchmal wird die Idee von einer englisch-französischen Waffenruhe dem Mann zugeschrieben, der auch den neuen Ritterorden initiierte: der ehemalige Kanzler Philippe de Mezières, vordem Erzieher Karls VI.

Jedenfalls mehrten sich gegen Ende des Jahrhunderts die freundschaftlichen Gesten zwischen den einstigen Gegnern, dem König von Frankreich und dem König von England. König Richard II. hatte vor kurzem seine Gemahlin Anna von Böhmen verloren, und natürlich lag nun der Gedanke nahe, eine Heirat zu arrangieren, die die beiden Herrscher einander näherbringen würde. Man schlug Isabella von Frankreich vor. Sie war am 9. November 1389, also drei Jahre vor des Königs erstem Anfall von geistiger Umnachtung, geboren und erst fünf Jahre alt. Am 8. Juli 1395 wurde die Verlobung feierlich bekanntgegeben.

In den folgenden Jahren reisten zahlreiche Kuriere zwischen Frankreich und England hin und her. Wie damals üblich, waren die Geschenke, die man austauschte, sehr kostbar. Allein die kleine zukünftige Königin von England würde zwei Kronen und drei Diademe mit in ihre neue Heimat nehmen. Ganz zu schweigen von den mit Diamanten, Perlen, Smaragden und Rubinen geschmückten Hauben und Stirnbändern. Dazu kamen noch die zahlreichen Ringe, Humpen, Halsketten und Wasserkannen, die zwischen den Königen und den Fürsten, den englischen wie den französischen, die jene begleiteten, ausgetauscht wurden.

In diesem französisch-englischen Dialog, der zu den schönsten Hoffnungen auf Frieden Anlaß gab, sollte Christine einen unerwarteten Platz einnehmen. Vielleicht gehörte sie zu den

Hofdamen und -fräulein, die mit der kleinen zukünftigen Königin nach Ardres reisten, wo Isabella jenem Mann vorgestellt wurde, der am 30. Oktober 1396 ihr Gemahl werden würde. Möglicherweise war sie sogar auf der Hochzeit anwesend, die einige Tage später in der Sankt-Nikolaus-Kirche zu Calais stattfand. Oder sie wurde ganz einfach bei den Feierlichkeiten, die der Eheschließung vorausgingen, mit einigen englischen Damen und Herren bekanntgemacht. Jedenfalls machte John Montague, Graf von Salisbury, ihr ein verheißungsvolles Angebot: Warum schickte sie nicht ihren ältesten Sohn Jean Castel nach England? Der Graf von Salisbury hatte ebenfalls einen zwölf- oder dreizehnjährigen Sohn, Thomas, mit dem zusammen er zum Ritter erzogen werden würde.

Ein verlockendes Angebot, das Christine natürlich nicht ausschlagen konnte, ebensowenig wie ihr Sohn. Es eröffnete dem Knaben, der so früh seinen Vater verloren hatte, großartige Perspektiven. Als Christine Salisburys Worten lauschte, muß sie das Gefühl gehabt haben, tatsächlich die Rolle ihres Gemahls zu spielen, denn es war ihr Werk, die Qualität ihrer Gedichte, durch die der englische Adelige auf sie aufmerksam geworden war. Übrigens wurden ihre Gedichte schon kurze Zeit später ins Englische übersetzt: ›Epître au dieu d'Amour‹ (Epistel an den Gott der Liebe) aus dem Jahr 1399 lag bereits drei Jahre später, 1402, in der englischen Übertragung des bekannten Schriftstellers Thomas Occleve vor. Ihr literarisches Talent gereichte also nicht nur ihr selbst zum Nutzen, sondern auch ihrem ältesten Sohn! Dieser schiffte sich voller Hoffnungen ein. Er war, wie seine Mutter sagte, »recht geschickt und von schöner Gestalt«. Man malte ihm die Zukunft in den schönsten Farben aus; diese Aussichten machten den Trennungsschmerz wett, auf den Christine mit folgenden Worten anspielt:

Mein Herz ist schmerzerfüllt, ich kann es kaum ertragen:
Mein Liebster zieht gen England.

Niemand konnte zu diesem Zeitpunkt ahnen, was binnen kurzem geschehen sollte. Der Geschäftspartner des Kaufherrn Datini von Prato schrieb aus Avignon am 28. November 1399, diesmal recht lapidar:

»Der König von England, der, wie Ihr wißt, die Tochter des Königs von Frankreich zur Frau hat, ist abgesetzt und ins Gefängnis geworfen worden. Zum neuen König wurde der Herzog von Lancaster erwählt; daher glaubt man, daß es zwischen ihnen und den Franzosen Krieg geben wird.«

Die Nachricht schlägt wie eine Bombe ein. Was war geschehen? Am 30. September des vorangegangenen Jahres hatte König Richard II. von England aufgehört zu regieren. Ein von Heinrich von Lancaster angezettelter Aufstand war ausgebrochen. Salisbury, der in Conway eine Niederlage erlitten hatte, war nach einer Zeit der Unentschlossenheit, in der der König in seinen Schlössern Beaumaris und Flint Schutz gesucht hatte, gefangengesetzt worden. Herr der Stunde war sein Vetter, der Herzog von Lancaster. Zunächst zum »Hüter des Königreichs« ernannt, nahm er bald den Platz Richards ein. England war Schauplatz religiöser und politischer Unruhen und Wirren, die er, während der König in Irland kämpfte, geschickt zu schüren gewußt hatte. In wenigen Tagen ergriff Lancaster von Westminster Besitz. Richard II., im Londoner Tower gefangen, hatte seine Abdankungsurkunde selbst verlesen müssen und anschließend »sein Recht ... Gott« anvertraut. Londons Kaufleute und Geldhändler hatten sich auf die Seite Heinrichs von Lancaster gestellt. Am 30. September wurde das Parlament, auf das dieser hatte Druck ausüben müssen, von König Richards II. Rücktritt unterrichtet.

Dieser Schritt zeitigt jedoch Folgen. Salisbury und einige andere tun sich in Windsor zusammen und versuchen einen Handstreich, der wahrscheinlich infolge Verrats mißlingt. Der Herzog von Lancaster, der am 13. Oktober 1399 als Heinrich IV. gekrönt wird, erlangt davon Kenntnis. In der Nacht begibt er sich eilends nach London, stellt eine Miliz auf und jagt den Verschwörern nach. Die in Cirencester Verschanzten werden von der Bevölkerung niedergemacht, während der rechtmäßige König in die Festung Pontefract überführt wird, wo er einige Zeit später an Hunger und Kälte stirbt.

Die Nachrichten, die nacheinander in Frankreich eintreffen, lösen große Besorgnis aus. Christine beklagt den Tod des Mannes, der, wie sie sagt, »ein untadeliger Ritter war, der als untadeliger Dichter auch gern dichtete«. Widersprüchliche Gerüchte gehen um über das Los des letzten Plantagenet; als dann am 17. Februar 1400 sein Leichnam in der St.-Pauls-Kathedrale zu London aufgebahrt wird, muß man sich den Tatsachen beugen: Richard II. ist tatsächlich tot. Übrigens tritt einige Zeit in der Umgebung des Königs von Schottland ein Mann auf, der sich

Richard Plantagenet nennt, aber obwohl er behauptet, der aus dem Gefängnis entflohene König Richard II. zu sein, kann es sich nur um eine Legende handeln, wie man sie häufig Persönlichkeiten zuschreibt, die Opfer eines tragischen Schicksals geworden sind.

Ein neues Herrschergeschlecht, das der Lancaster, verdrängte also Richard II. vom Thron. Das bedeutete unter anderem, daß der Friede mit Frankreich, auf den man achtundzwanzig Jahre lang gehofft hatte, nun gefährdet war. Der Vater Heinrichs IV. war Johann von Gaunt, der jüngere Bruder des Schwarzen Prinzen. Dieser hatte mit seinen Machtgelüsten schon in der Vergangenheit der englischen Krone Sorgen bereitet. Seine Abkömmlinge verwirklichten seine Herrschaftsträume und hielten England fest in der Hand, sowohl durch die Familie der Lancaster als auch durch seine natürlichen Kinder, die Beauforts.

Schon im Oktober 1399 wurden französische Gesandte nach England geschickt. Karl VI. protestierte gegen die Schmach, die seinem Schwiegersohn angetan worden war, und verlangte die Herausgabe seiner Tochter und der stattlichen Mitgift, die diese erhalten hatte. Die arme zehnjährige Königin bat inständig, man möge sie »von da, wo sie war, wegholen«. Doch die Verhandlungen zogen sich in die Länge, denn Heinrich IV. lag wenig daran, seine Geisel zu früh zurückzugeben. Er schlug Isabella sogar vor, seinen Sohn, den künftigen Heinrich V., zu heiraten. Aus Angst, ihn zu brüskieren, nahm der französische Hof eine abwartende Haltung ein. Karl VI. ließ ihn lediglich wissen, daß er mit einer neuen Verbindung seiner Tochter in England nicht einverstanden sei. Sie solle zunächst an den französischen Hof zurückkehren dürfen.

Man kann sich vorstellen, welche Angst Christine in dieser Zeit ausstand: Was war im Verlauf dieser verhängnisvollen Ereignisse aus den beiden Knaben, Thomas und vor allem ihrem Sohn Jean, geworden? Sie war seit langem ohne Nachricht und verzehrte sich vor Sorge, als sie eines Tages zu ihrer Überraschung von der Ankunft zweier Herolde des Königs von England erfuhr. Der eine, Faucon, Wappenherold und offizieller Abgesandter Lancasters, bestellte sie zu sich und teilte ihr mit, daß König Heinrich (»der sich die Krone angeeignet hatte«, sagt sie) ihre, Christines, Gedichte sehr schätze. Er habe darum »voller Freuden« ihren Sohn Jean zu sich genommen und sorge »aufs Beste für ihn«.

Noch mehr: der König wünsche, daß Christine »gleichfalls

käme«. Mit anderen Worten, er lud sie ein, fürderhin in England zu leben, wo ihre dichterische Begabung Anerkennung finden würde. Er versprach ihr »ein großzügiges Einkommen«, wenn sie einwillige, die Zierde seines Hofes zu werden.

Christines Mutterherz war zwar nun beruhigt, doch das Verhalten des Thronräubers Lancaster, der seine Grausamkeit mit feinen Manieren kaschierte und ihr schmeichelhafte Angebote machte, empörte sie; aber sie verbarg ihre Entrüstung und reagierte so wie Karl VI.: Ihr Sohn solle umgehend nach Frankreich zurückkehren. »Da mich dies in keiner Weise verlockte, und ich die Dinge sah, wie sie waren, verbarg ich, so gut ich konnte, daß ich meinen Sohn haben wollte, und [ließ ihn wissen], daß ich seinem Befehl Folge leisten würde.« Sie bat lediglich darum, der König möge doch ihr Kind »beurlauben«, damit es sie besuchen könne. Sie sandte dem König ihre schönsten Handschriften, um ihn dieser angeblich vorübergehenden Rückkehr geneigter zu machen, der dann zweifellos ihrer beider Reise nach England folgen würde, da Heinrich IV. sie ja einlud...

Wie konnte man diesem Mann trauen, der seinem Lehnsherrn gegenüber so treulos gehandelt hatte und der die arme kleine Prinzessin von Frankreich trotz deren Bitten noch immer nicht ziehen lassen wollte.

Isabella wurde am 1. Juli 1401 ihrem Vater zurückgegeben, nachdem sie eine Urkunde hatte unterzeichnen müssen, in der sie Heinrich IV. als rechtmäßigen Nachfolger ihres verstorbenen Gemahls anerkannte.

Jean Castel kehrte zu einem nicht genau feststehenden Zeitpunkt zu seiner Mutter zurück. »Froh war ich, den zu sehen, den ich liebte, nachdem der Tod ihn mir als einzigen Sohn gelassen hatte, und ich drei Jahre ohne ihn gewesen war.« Sie hatte inzwischen also ihren zweiten Sohn verloren und allein gelebt. Ihre Tochter, »in der Blüte der Jugend und von sehr großer Schönheit«, fühlte sich »in ihrer großen Frömmigkeit so sehr zu einem kontemplativen Leben hingezogen«, daß sie den Wunsch geäußert hatte, Nonne zu werden. Sie war nun Novizin im Kloster der Dominikanerinnen von Saint-Louis in Poissy.

Weder Jean Castel noch Isabella von Frankreich wollten jemals nach England zurückkehren. Dabei stellte Christine jedoch fest, daß ihre Gedichte großen Anklang fanden. Gewiß hätte sie am englischen Hof den Platz eingenommen, den Heinrich IV. ihr versprochen hatte, denn es lag ihm sehr daran, sich in Frankreich, nach dessen Krone ihn gelüstete, Sympathisanten zu schaffen. Doch das bedeutete ihr wenig: Ihre gegenwärtig größte Sorge war, ihrem Sohn das Leben – »den Stand« sagte man damals – bieten zu können, den er beim Grafen von Salisbury gehabt hatte. Der Knabe brauchte einen Beschützer, der ihm einen geziemenden Platz in der Gesellschaft geben könnte.

> Edler, Hochgeborener, Mächtiger, Weiser
> Ludwig, Herzog von Orléans, der Schreck Eurer Feinde,
> Mein gefürchteter Herr, Euch, dem ruhmreichen Fürsten,
> Empfehle ich mich in großer Demut...

In Wirklichkeit empfahl nicht sie sich ihm, sondern »meinen Sohn«, der »wenn Ihr zustimmt, Euch zu dienen wünscht«. In dieser Ballade (Nummer 22 der ›Autres Ballades‹ [Andere Balladen]) berichtet sie ihm von ihren Mißgeschicken:

> Bereits vor drei Jahren entführte ihn mir
> Der höchst ehrenwerte Herzog von Salisbury,
> Der dann vor Kummer im schlimmen England starb,
> In diesem Land mit seinen wankelmütigen Bewohnern.
> Und deshalb, edler Herzog, bitte ich Euch:
> Nehmt Euch meines Sohnes an.

Es war also der Herzog von Orléans, den Christine um Schutz für ihren Sohn bat. Vor allem galt es zu verhindern, daß sich der Knabe von erneuten Angeboten König Heinrichs IV. verleiten ließ, denn das ärmliche Leben, das er bei seiner Mutter führte, gefiel ihm in keiner Weise. Jean Castel war »schön und anmutig und wohlerzogen«. Seine Mutter konnte bestätigen, daß, »als er sich sein erstes Wissen in Grammatik aneignete«, kaum ein anderer »fähiger und gewitzter« war als er. Kurzum, ein hochbegabter Schüler, dafür verbürgte sie sich.

Aber Christine sollte enttäuscht werden. Es waren ihrer so viele, die des Herzogs von Orléans Gunst erbaten! Eine Unzahl junger Menschen, adelig oder nicht, Knappen oder Verseschmiede, suchten bei ihm um Unterstützung nach. Der Fürst schien viel weniger als der König von England daran interessiert zu sein, Christines Talent Ehre zu erweisen, obwohl ihr Ansehen immer mehr stieg.

Eine Hoffnung indes zeichnet sich für sie, vor allem aber für ihren Sohn ab: »Der erste Herzog von Mailand in der Lombardei ..., der mich sehr gern in sein Land holen möchte«, wollte »ihren Stand durch lebenslange Rente sichern«, wenn sie bereit wäre, an seinen Hof zu kommen. Der Herzog war Giangaleazzo Visconti, und er sandte ihr einen mailändischen Edelmann mit diesem unerwarteten Angebot. Giangaleazzo, der Vater Valentinas, der Herzogin von Orléans, steht auf dem Höhepunkt seiner Macht, und es wird gemunkelt, daß er mit Unterstützung des deutschen Kaisers vielleicht König von Italien werden wird. Der feinsinnige, gebildete Mann hat die Universität von Piacenza umgestaltet und ihr die von Pavia angeschlossen sowie eine prachtvolle Bibliothek eingerichtet. Zu den zahlreichen Bauwerken, die er begann, gehört der berühmte Mailänder Dom, die Kartause von Pavia und in derselben Stadt die Brücke über den Tessin.

Eine herausragende Persönlichkeit also. Wird Christine sich entschließen, in ihrem Geburtsland zu leben, das sie als Vierjährige verlassen hat und wo ihr Sohn Karriere machen könnte? Gewiß, sie wird Frankreich, wo sie inzwischen hochangesehen ist, nicht leichten Herzens den Rücken kehren, aber sind es nicht ebendieses Ansehen und die Qualität ihrer Gedichte, die ihr auch die Gunst eines gebildeten Herzogs eintragen? Christine bereitet gerade ihre Reise nach Italien vor, als sie das Schreckliche erfährt: Giangaleazzo Visconti ist ermordet worden.

Christine und ihr Sohn bleiben in Frankreich, in Paris. Jean Castel wird schließlich, wie einst sein Vater, die Stelle eines Notars und Sekretärs des Königs erhalten. Man findet seine Unterschrift auf einigen Urkunden Karls VI., zum Beispiel in dessen Briefwechsel mit Ferdinand I., König von Aragonien, aus den Jahren 1412 bis 1416. Thomas Montague, Graf von Salisbury, erhält die väterlichen Besitzungen zurück, und es wird später noch von ihm die Rede sein.

Die Dichterin berichtet in diesem Jahr 1402 von den Kämpfen, die in verdeckter Form zwischen Frankreich und England immer wieder aufflammen. Ist der berühmte Kampf, den sieben französische und sieben englische Ritter in Montendre bei Bordeaux austragen, ein Turnier oder eine kriegerische Auseinandersetzung? Die sieben Franzosen gehören alle dem Haus Orléans an; ihr Anführer ist Arnaud-Guilhem, Herr von Barbazan. In ihrer Begeisterung verfaßt Christine drei Balladen über diesen Kampf:

> Voller Ehrerbietung wird man im Königreich Frankreich ...
> Von ihrer Tapferkeit sprechen.

Barbazan, genannt »der Ritter ohne Tadel, mit dem Herz aus feinem Silber, die Blüte des Rittertums«, macht durch seine Heldentaten immer wieder von sich reden, bis er ungefähr dreißig Jahre nach Montendre, jenem berühmten Turnier, bei dem die sieben Franzosen »die sieben Engländer vernichtend schlugen«, im Kampfe fällt.

Christine besingt auch die Heldentaten des Charles d'Albret, der in jenem Jahr 1402 zum Konnetabel von Frankreich ernannt wird und der Neffe Karls V. ist, Sohn der Margarethe von Bourbon, der Königin Schwester.

Die glänzenden Aussichten, die sich Christine und ihrem Sohn eröffnet hatten, finden sich also abermals zerschlagen. Beide müssen in ärmlichen Verhältnissen weiterleben, Tag um Tag auf die Gunst der Fürsten Frankreichs hoffen. Zumindest hat Christine die Genugtuung, daß sie der in ihren Augen gerechten Sache treu geblieben und nicht der Versuchung erlegen ist, auf der anderen Seite des Meeres als Hofdichterin eines Thronräubers, Königsmörders und Feindes ihres Landes mühelos zu Erfolg zu gelangen.

5. Die Rose und die Schriftgelehrten

> »Weh euch Schriftgelehrten! Ihr habt den Schlüssel zur Erkenntnis weggenommen. Ihr selbst seid nicht hineingegangen, und habt auch die gehindert, die hinein wollten.«
>
> Lk 11,52

In der Zeit, da der König von England und der Graf von Salisbury ermordet wurden, Ungewißheit über das Schicksal der kleinen Königin Isabella herrschte und Christine keine Nachrichten von ihrem Sohn Jean Castel hatte, mußte sich die Dichterin mit etwas auseinandersetzen, das sie von ihren privaten Sorgen ablenkte. Es handelte sich um eine zunächst literarische Polemik, die jedoch rasch weite Kreise zog und im Lauf der Geschichte eine Bedeutung erlangte, die weder Christine noch ihre Zeitgenossen ahnen konnten. Es war, aus heutiger Perspektive gesehen, wohl die zeitlich erste frauenfeindliche Kontroverse.

Unter den Büchern, die Christine sich in fürstlichen, ja sogar königlichen Bibliotheken oder auch jenen Klöstern, zu denen Forscher ohne weiteres Zutritt hatten, »schnappte«, gibt es eines, das Christine nicht mag, dessen Stil und Aussage ganz allgemein – das, was man damals »Sentenz« nennt – sie höchst unangenehm berühren. Es handelt sich um ein sehr bekanntes und verbreitetes Werk, nämlich den berühmten ›Rosenroman‹, am Ende des 14. Jahrhunderts geradezu ein »Kultbuch« und eine »Bibel« der Intellektuellen. Heute existieren noch mehr als zweihundertfünfzig Handschriften, ein Beweis dafür, daß es ein Erfolgsbuch, der Bestseller seiner Zeit war.

Der ›Rosenroman‹ umfaßt bekanntlich zwei Teile: der erste – etwa viertausend Verse – entstand um 1245 und bildet den Höhepunkt der höfischen Literatur. Er vereint die Grundideen der mittelalterlichen Liebeslyrik, die während dreier Jahrhunderte und noch länger die Literatur und die Dichtung ganz allgemein beherrschten. Diese Liebesgedichte wurden erst in lateinischer Sprache, dann auf provenzalisch – mit Wilhelm von Aquitanien, Jaufre Rudel und Peire Vidal als den herausragendsten Dichtern – und schließlich in der alten Sprache Nordfrankreichs, der Langue d'Oil, aufgezeichnet. Guillaume de Lorris, der diesen ersten Teil des Romans verfaßte, schrieb eine allegorische und leicht preziöse Poesie. Er nimmt das Thema der Suche wieder auf und schildert einen Traum, in dem er in einen Garten eindringt, wo eine Rose blüht, die zum Gegenstand seines Verlangens wird. Um sich der Rose zu nähern, muß er, geführt von Schönem Empfang, eine Reihe von Feinden wie Gefahr, Eifersucht, Üble Nachrede – alles personifizierte Empfindungen – bezwingen. Als er, noch immer unterstützt von Schönem Empfang, das Schloß Eifersucht belagert, verstummt der Liebende plötzlich. Das Gedicht bleibt unvollendet.

Etwa fünfzig Jahre später, gegen Ende des 13. Jahrhunderts, kam ein Professor der Pariser Universität namens Jean de Meung auf die kuriose Idee, dem delikaten Gedicht von der Rose einen Schluß anzufügen: kurios deshalb, weil er offensichtlich nicht das geringste Gefühl für die Eleganz und Formschönheit der höfischen Dichtung besaß. In der langen, wortreichen Fortsetzung, die er komponiert – mehr als achtzehntausend Verse –, treten nur abstrakte Begriffe auf wie Vernunft, Natur oder jene Männerfigur, die er Genius nennt, der Intellekt des Intellektuellen, eine Gestalt, die schulmeisterlich-geschwätzig unter Zuhilfenahme von Analysen und Schlußfolgerungen die an der Universität von Paris entwickelten Lehren über den Menschen und sein Verhalten darlegt. Die Suche nach der Geliebten verschwindet vollständig aus dem Blickfeld. Ohne Hehl und mit äußerstem Zynismus wird die Verachtung für die Frau kundgetan, mit dem Argument, die Liebe diene lediglich der Befriedigung der männlichen Instinkte. Dieser Übergang vom Geist zum Instinkt, über den die Vernunft in höchst professoraler Weise doziert, wobei sie weder Empfindsamkeit noch Phantasie gelten läßt, kennzeichnet in der Literatur das Aufkommen einer neuen Denkweise. Es ist die Denkweise des Professors, der eine gelehrte Abhandlung schreibt, des Universitätsabsolventen, den seine Diplome über jeden Verdacht erhaben machen und der hochmütig seine Verachtung für den Rest der Menschheit demonstriert; ist er sich doch bewußt, daß er im wissenschaftlichen wie im moralischen Bereich als Autorität eine Monopolstellung innehat.

Übrigens hatte die Universität ihr Streben nach diesem Monopol immer wieder deutlich zu erkennen gegeben. Zu Beginn des 14. Jahrhunderts waren mehrere heilkundige Frauen, die ihre Tätigkeit schon über längere Zeit hinweg ausübten, verfolgt worden, weil sie nicht das medizinische Diplom der Universität von Paris besaßen. Daß sie es nicht besaßen, hatte seine Gründe, denn Frauen hatten keinen Zutritt zu den Vorlesungen an der Universität. Von da an waren sie aus der Medizin ausgeschlossen. Im Lauf des 14. Jahrhunderts wurde die Wissenschaft zu einer Domäne der Männer, genauer gesagt: der Männer und Geistlichen, die von der einen oder anderen Fakultät ordnungsgemäß diplomiert wurden.

Zu derselben Zeit begann die Universität von Paris politisch eine Rolle zu spielen, was ihren Hochmut noch steigerte. Diese Entwicklung war abzusehen gewesen, seit Philipp der Schöne als erster König die Rechtsprofessoren, die ihn berieten, mit seinem besonderen Wohlwollen bedachte. Danach machte sich die Universität mit ihrer ganzen Autorität im Herzstück des Königreichs bemerkbar, nämlich als man sie um ihre Stellungnahme zu einem bestimmten Punkt der Thronfolge bat. Es waren die Pariser Magistri, die zum richtigen Zeitpunkt auf ein gewisses »Salisches Gesetz« verwiesen, an das bis dahin keiner gedacht hatte, denn das Volksrecht der salischen Franken war seit dem 7. Jahrhundert praktisch nicht mehr angewendet worden. Dieses »Gesetz« schloß Frauen von der Erbfolge aus. Indem sie es wieder ausgruben, lieferten die Universitätsprofessoren den Valois in dem Erbfolgestreit, den diese mit den Plantagenets führten, die juristische Grundlage, die ihnen bis dahin gefehlt hatte.

Ein weiterer Umstand trug dazu bei, das Ansehen der Pariser Universität zu stärken, nämlich die Präsenz der Päpste in Avignon seit Beginn dieses 14. Jahrhunderts. Sie waren Franzosen und mehr oder weniger alle an der Universität von Paris ausgebildet oder von ihr geprägt worden. Die Pariser Magistri hatten, noch ehe ihr Einfluß so übermächtig wurde, es als ihre Bestimmung angesehen, den Kirchenstreit zu entscheiden: Im ›Rosenroman‹ wies Jean de Meung ausdrücklich darauf hin, daß die Universität »den Schlüssel zur Christenheit« besitze.

Das erklärt auch, warum ein gewisser Honoré Bouvet, Mitglied eines Ausschusses, der die unrechtmäßige Eintreibung von Steuern abstellen soll und sich Gehör verschaffen will, unter dem Schutz Jean de Meungs zu stehen behauptet. 1398 veröffentlicht er sein Gedicht ›L'Apparition Maître Jean de Meung‹ (Die Erscheinung Magister Jean de Meung): Der gelehrte Magister sei ihm im Traum erschienen und habe Maßnahmen gegen die zahllosen Mißstände in Frankreich gefordert. Von ihm ausgesprochen, würden die Proteste, wie Bouvet glaubte, mehr Beachtung finden.

Und eine solche von jedermann hofierte Persönlichkeit, die in sich allein die Autorität der Professorenschaft verkörperte, wagt Christine anzugreifen!

Im Jahr 1399 hatte sie für die Feiern zum 1. Mai ein Gedicht verfaßt, das Aufmerksamkeit erregte, nämlich die aus etwa achthundert Versen bestehende ›Epître au dieu d'Amour‹ (Epistel an den Gott der Liebe) in dem sie die »wahrhaft Liebenden in Frankreich« anspricht:

> Im Freien, in unserem großen Palast,
> Wird am Maientag ein feierliches Fest begangen
> In dessen Verlauf die Liebenden
> Mancherlei Anfragen an uns richten,
> Im Gnadenjahr 1399, in Anwesenheit des Liebesgottes.

In dieser Epistel präsentiert Christine die Forderungen der Frauen, so wie bereits zuvor in ihrer Ballade für die Witwen. Den Stil des Gerichtshofs parodierend, an dem sie einst ein und aus gegangen war, legt sie ihre Klagen dar:

> Hiermit tun wir öffentlich kund,
> Daß uns und unserem Gericht Beschwerden,
> Auch herzergreifende Klagen vorgetragen wurden,
> Von allen hohen Frauen und Edelfräulein,
> Edelmütigen Frauen, Bürgerinnen, jungen Mädchen,
> Kurzum: von allen Frauen
> Die uns ergeben um Hilfe bitten.
> Jene zuvor genannten edlen Frauen
> Beklagen sich also bitterlich
> Über Treulosigkeiten, Kritteleien, Verleumdungen,
> Verrätereien, schwerste Beleidigungen,
> Hinterhältigkeiten und manch andere schwere Kümmernisse,
> Die ihnen täglich von jenen Verrätern zugefügt werden,
> Die sie tadeln, verleumden und betrüben.

Sehr deutlich sehen die Frauen, wie der falschzüngigen Liebenden immer mehr werden – derer, die betrügen, Liebe vorgaukeln, weinen und seufzen:

> Gar manchesmal werden die edlen Frauen hintergangen,
> Denn arglos sind sie und führen nichts Böses im Schilde.

Und was machen die Verführer danach? Sie brüsten sich allenthalben mit ihren Erfolgen in der Liebe. Man begegnet ihnen unterwegs oder in Schenken,

> Dort macht der eine Witze über den anderen
> Und der eine sagt zum anderen: ich weiß schon Bescheid!

Die Ehre der Frauen, einst eifersüchtig gehütetes Kleinod der Liebenden, wird nun mit Füßen getreten. Niemandem ist Hutin de Vermeille (ein Kammerherr Karls VI., der 1390, im selben Jahr wie Christines Ehemann, starb) mehr Vorbild, war er doch ein Mann, der

> Den Frauen höchste Ehrerbietung zollt.

Nach den Rittern nehmen sich die edlen Frauen die Geistlichen vor, jene, die an den Schulen studieren:

> Dichtwerke verfassen sie, Reimsprüche, Prosa, Verse;
> Verunglimpfen weibliches Verhalten auf unterschiedliche Weise.

Gefährlich sind diese Kleriker, denn sie lehren

> Ihre jungen und unerfahrenen Schüler
> Die eigene Verachtung für das weibliche Geschlecht,
> Gerade so, als wäre dies
> Ein nachahmenswertes Beispiel oder eine Lehrmeinung.

Sie werfen den Frauen vor, »verlogen« zu sein, ».. wankelmütig, unbeständig und leichtsinnig«. Gott Amor beharrt darauf, daß die Kleriker die Frauen verleumden und alle ihnen zur Verfügung stehenden Argumente gegen sie ins Feld führen. Als Beweis dafür zitiert er Jean de Meung im ›Rosenroman‹:

> Welch langwieriges Verfahren! Welch komplizierte Angelegenheit!
> Er bemüht schwarze wie weiße Künste,

> Setzt gewaltige Machenschaften in Gang ...
> Und das alles, um eine Jungfrau hereinzulegen!

Welche Listen lehren sie die Jungen, damit diese besser verstehen, die »edle oder gemeine Frau« zu täuschen, wobei sie sich auf seine Bücher berufen:

> Hätten aber die Frauen jene Bücher verfaßt,
> So sähe alles ganz anders aus, dessen bin ich gewiß!

Dies führt Christine dazu, als Gegenbeispiele Medea, Dido, Penelope und viele andere zu zitieren.

Im Verlauf des Gedichts wird Christine immer schärfer. Wer sät den Krieg? Wer schlägt Schlachten, tötet, verwundet und plündert?

> Denn die Frau ist von Natur gutmütig ...
> Sie fürchtet den Krieg – ganz gleich,
> Ob sie ein weltliches oder ein klösterliches Leben führt.

Jeder wisse, wie sie sich bemühten, Konflikte beizulegen, Streitigkeiten zu schlichten, zu versöhnen, ob als »Mutter, Schwester oder Freundin«.

> Daraus ziehe ich den Schluß, daß jeder vernunftbegabte Mann
> Die Frauen schätzen, ehren, lieben muß ...
> Sie, die allen Männern das Leben schenkten.

Kurzum, Christine, die aufgrund ihrer Stellung die damalige Gesellschaft sehr genau beobachtet, wirft den Adligen, den Mächtigen dieser Welt, mit denen sie noch immer Umgang hat, vor, ihre Pflichten zu vernachlässigen. Man kann ermessen, wie berechtigt an dieser Wende des Jahrhunderts in einem Königreich, dessen Oberhaupt den Verstand verloren hat und nur zeitweise zurechnungsfähig ist, ihre Klagen sind und welche Wirkung sie auslösen. Sie hat das Gefühl, daß der Adel nicht so handelt, wie er sollte, sich nicht für die Schwachen einsetzt, also aufgehört hat, jene ritterlichen Tugenden auszuüben, auf die sich vor allem das Ansehen Frankreichs, des Landes des heiligen Ludwig, gründet. Sie weiß nicht, daß die folgenden Jahre diese Behauptung bestätigen werden. Mit weiblichem Scharfblick hat sie erkannt, wo das Problem liegt: mit dem Verfall der höfischen Werte büßt auch die Frau ihre Stellung ein. Allmählich gewinnt die Gewalt die Oberhand, denn es gibt ja kein Gegengewicht: Es fehlt das Element der Zärtlichkeit, der Sanftheit, der Gedanke, daß die Weitergabe des Lebens, die Achtung vor den Schwachen Vorrang hat. All das nämlich beinhaltete der Frauenkult, der seit dem 11. Jahrhundert in der Dichtung seinen Niederschlag fand. In der Gesellschaft vollzieht sich ein Wandel, immer mehr treten die kriegerischen Werte in den Vordergrund, bald zählt nur noch der kämpfende Mann, der Haudegen.

In Wirklichkeit ist dieser Umschwung bereits erfolgt, doch nur wenige sind sich dessen bewußt. Christine als Witwe, die ihre ganze Kraft aufbieten muß, um ihre Familie über Wasser zu halten, kann beurteilen, daß in den Sitten eine Veränderung stattgefunden hat, daß die Beziehungen zwischen Mann und Frau von Gewalt geprägt sind, wobei stets die Frau das Opfer ist, den kürzeren zieht. Die Erfahrungen, die sie selbst gemacht hat, versucht Christine ihren Zeitgenossen zu vermitteln, damit sie des Wandels gewahr werden und damit ihnen klar wird, daß von Ritterlichkeit keine Rede mehr sein kann, wenn der Ritter aufhört, für die Schwachen einzutreten. Die vielbeschworene Ritterlichkeit dient nur noch als Vorwand für Paraden, Turniere und kriegerische Kavalkaden, die, wie man im nachhinein mit einiger Verblüffung merkt, mit den Turnieren von früher nichts gemein haben.

Ritterlichkeit existiert nicht mehr, dafür gibt es nun die Ritterorden, in denen die männliche Eitelkeit befriedigt wird: Man trägt prächtige Hofmäntel, trifft sich mit Angehörigen seines Ordens, die nur danach streben, eine Kaste zu bilden, ihre Mitgliedschaft als Vorwand benutzen, um neue Auszeichnungen zu fordern, sprich Pfründe, – allein danach trachtet der Adel. Unmerklich wird er zur Karikatur seiner selbst. Er vergißt seine Pflicht, seinen Daseinszweck, verliert an Substanz, nachdem er sich bereits auf den Schlachtfeldern blamiert hat.

Es ist schon sehr außergewöhnlich, daß eine Frau den Finger auf eben jene Wunde legt, an der Frankreich leidet und in noch viel stärkerem Maß leiden wird. Doch das Übel liegt tiefer, spielt sich auf einer anderen Ebene ab als der, die zunächst der Liebesgott anzeigt. Es betrifft nämlich nicht nur den Adel. Christine registriert es auch in einem anderen Bereich, und zwar bei den Intellektuellen. Denn Gott Amor greift den ›Rosenroman‹ an – zumindest den zweiten Teil des Werks, die

Antiphrase zum ersten: Er brandmarkt Jean de Meung, der Material für eine Art von »langem Prozeß« gegen die Frauen »zusammengestellt« und die potentiellen Verführer gelehrt hat, wie sie »durch Täuschung und List« mit einer Jungfrau fertig werden können. Jean de Meung, der Gegner alles Höfischen, der eingefleischte Weiberfeind, der gegen die Frauen mit einer Fülle von Argumenten ins Feld zieht. Niemand erkennt, daß diese Argumente weitaus gefährlicher sind als die Prahlereien der »unredlichen« Ritter.

Das Werk, eine endlose Folge von Belehrungen, die vom Ursprung des Menschen – mit den Mythen vom Goldenen Zeitalter und der Beschreibung der Naturerscheinungen – über Cato, Theophrastos und den Timaios von Platon bis hin zur Geschichte von Pygmalion reichen, ist in Wirklichkeit eine Anklage gegen die Frauen, deren Durchtriebenheit und Koketterie de Meung unentwegt anprangert und von denen er behauptet, daß sie jeden, der darauf eingeht, zugrunderichten. Ihre Schönheit? Alles nur Aufmachung. Ihr Lebensinhalt? Intrigen, Betrug, Eifersucht, »Spitzfindigkeiten und Bosheiten«. »Die Frau hat kein Gewissen.« Im übrigen genüge es dem Mann, sein Vergnügen mit ihnen zu haben. Dafür einige Rezepte: Man schmeichle ihnen, mache sie glauben, »sie seien schöner als eine Fee«. Jedenfalls werde einen diejenige, die man erobert zu haben glaubt, bald gründlich ruiniert haben. Und schließlich: Ein Tor, der an die Liebe glaube. Man müsse auf die Natur hören, die »alle Frauen für alle Männer und alle Männer für alle Frauen« geschaffen habe. Man brauche nur zu beobachten, wie es »die Kühe und Stiere, die Schafe und Hammel« auf den Wiesen trieben.

Der Genius beruft sich auf die »Macht der Natur« – Natur, wie viele Irrtümer wird man in deinem Namen begehen! –, um darzulegen, daß es keine Liebe gibt. Die modernen Sexualwissenschaftler und diejenigen, die mit verschiedenen Argumenten die menschliche Liebe auf die Sexualität zu reduzieren hoffen, brauchen die Deklamationen des Genius nicht zu lesen – es sind die wirklichkeitsfremdesten Vorstellungen, die je dem Gehirn eines Universitätsprofessors entsprungen sind –, denn sie werden feststellen, daß sie nichts Neues erfunden haben. Es gibt allein die Sexualität, nur die Befriedigung der männlichen Instinkte zählt. Die Frau als Erholung des Kriegers ist eine Formel des 19. Jahrhunderts, doch Jean de Meung hatte bereits im 13. Jahrhundert die Frau als Gespielin des Intellektuellen ersonnen.

Mühelos erkennt Christine hinter der akademischen Sprache und den gelehrten Beweisführungen des großen Meisters den Weg, den viele Pariser Universitätsprofessoren damals einschlagen. Sie erheben mit Hilfe einer Unzahl von Syllogismen und rationaler Logik, in der Gewißheit ihrer eigenen Unfehlbarkeit, das Argument, die Schlußfolgerung, das gesamte unverdauliche Produkt ihrer individuellen Hirnarbeit zur obersten Wahrheit: Was sie einmal im Abstrakten formuliert haben, bleibt unumstößlich. Für sie funktioniert die Welt nach einer Reihe von Definitionen, Prinzipien und Theorien, die allein ihnen zugänglich sind, da sie die von ihnen so hoch bewertete abstrakte Sprache beherrschen. Eigenartigerweise ist dieser Umgang mit dem Abstrakten oft gepaart mit einem schnöden Materialismus: Während der späteren Unruhen wird keine Körperschaft so lautstark und beharrlich ihre Pfründe und Vergütungen fordern wie die Universität. Übrigens wird auch keine leichter käuflich sein als sie. Und das wird dem Eroberer sehr schnell kar: Durch hohe Bestechungsgelder lassen sich die meisten Universitätsangehörigen dazu bewegen, schweigend zu gehorchen. Das Abstrakte appelliert an das, was nichts als Instinkt und Materie ist, während der Geist sich in der Konkretheit des Lebens verkörpert.

Noch nie hatte jemand etwas in Worte gekleidet, das zur höfischen Tradition in so krassem Gegensatz stand, wie Jean de Meung in seinem Werk. Er übertrifft sogar noch die Äußerungen jener bürgerlichen Frauenfeindlichkeit, die etwa zur gleichen Zeit – während der letzten Jahre des 13. Jahrhunderts – in einigen Werken wie ›Lamentations de Mathieu‹ (Klagen des Matthäus), ›Blâme des Dames‹ (Tadel der Frauen) und ›Dit de l'épervier‹ (Erzählung des Sperbers) zutage tritt. Mühelos deckt Christine diese Geringschätzung der Frau auf, die die Lehre des Genius im Namen der Natur propagiert (immer die Natur!). Sie kann sich auf ihre Erfahrungen stützen; sie besitzt den Sinn für das Konkrete, den die rationale Logik in Form von Wissenschaftsgläubigkeit oder Ideologie so leicht verdunkelt. Und außerdem ist sie Dichterin. Die langatmige, gelehrte und zugleich anzügliche Predigt des großen Meisters beeindruckt sie nicht im geringsten. Ganz offen weist sie darauf hin, welch unflätiger Ausdrucksweise sich de Meung unter dem Vorwand der Genauigkeit bedient. Mit der Ritterlichkeit entwickelte sich die Eleganz der Sprache, von der Jean de Meung Welten trennen.

Christines Gedicht läßt die Mitglieder der Pariser Universität aufhorchen. Der Gelehrte, der erstmals mit lauter Stimme verkündet hatte, daß die Universität den »Schlüssel zur Christenheit« besitze, ist für seine Kollegen und Nachfolger eine unantastbare Autorität.

Ein bedeutender Mann, Jean de Montreuil, Profoß von Lille und königlicher Sekretär, verfaßt daher im Frühjahr 1401 eine – nicht mehr erhaltene – kleine Abhandlung in französischer Sprache, die er an einen »beachtenswerten Geistlichen«, wahrscheinlich Magister Gontier Col, sowie eine andere, der königlichen Kanzlei verbundene Persönlichkeit – und an Christine de Pizan sendet. Aus ihren Aufzeichnungen geht hervor, daß Jean de Montreuil vermutlich nach seiner Rückkehr von einer Mission in Deutschland im Januar 1401 den ›Rosenroman‹ las und danach seine Abhandlung schrieb, in der er den Verfasser des Werks, Jean de Meung, überschwenglich pries.

Christine greift umgehend zur Feder und schreibt an den Profoß von Lille. Nicht ohne leichte Ironie betont sie die Wichtigkeit ihres Kontrahenten: »Sehr geehrter Herr und Meister, weise und wohlgesittet, Liebhaber der Wissenschaft, mit reichem Wissen, sowie fachkundiger Rhetoriker«, und gibt sich selbst ein wenig übertrieben untertänig: »Unwissende Frau, bar jeder Erkenntnis und von schwachem Urteilsvermögen möge Eure Weisheit in keiner Weise die Belanglosigkeit meiner Beweisführung verachten, vielmehr eingedenk sein meiner weiblichen Schwäche.« Auch sie habe den ›Rosenroman‹ gelesen, ihn »entsprechend ihres geringen kleinen Geistes« verstanden und ungeachtet der Formschönheit, die man dem Werk zugestehen kann (»viele schöne Worte und gefälliger Vers«) von extrem unflätiger Ausdrucksweise gefunden. Die Ideen, die er enthalte, hätten ihren Abscheu erregt. Sie habe darin nur »Zügellosigkeit und Laster« gesehen und sei entrüstet darüber, daß er »so maßlos, heftig und nicht der Wahrheit gemäß die Frauen verleumderisch mehrerer schwerwiegender Laster bezichtige und behaupte, daß ihre Sitten gänzlich verkommen seien«. Diese Anschuldigungen erschienen ihr allerdings unvereinbar mit den Ratschlägen für eine Verführung: »Wenn schon alle (Frauen) so verdorben sind, sollte er (der Roman) nicht empfehlen, sich ihnen zu nähern: Wer Unschickliches fürchtet, möge dieses unterlassen.« Wie komme denn der Verfasser darauf, einer Frau kein Geheimnis anvertrauen zu können? Wo habe er je gesehen, daß jemand aus Verschulden der Ehefrau verraten und gehängt wurde? Welches Verbrechen kann man ihnen anlasten? »Bitten sie dich um Geld aus deinem Geldbeutel, so stehlen sie es dir nicht oder nehmen es dir weg: Wenn du nicht willst, gib ihnen keines; und wenn du sagst, du seist durch sie um den Verstand gebracht, warum läßt du dich dann ›um den Verstand bringen‹? Sind es vielleicht die Frauen, die dich in deinem Palast aufsuchen, dich anflehen oder mit Gewalt nehmen?«

Desgleichen, wenn er von den verheirateten Frauen spreche, die ihre Männer betrügen – kenne er denn nur solche? Daß er jene rüge, »die es tun und sie zu meiden empfiehlt, wäre nur gerecht«, doch nein, er beschuldige ausnahmslos alle der Untreue.

Sollte man nicht auch einmal von den Frauen sprechen, die einen »schlechten Mann« haben? Oder von den Witwen, die von »Schuldnern ... und unredlichen Lügnern« bestürmt werden? Oder von denen, die ausgenutzt werden, weil sie jung und schön sind, und denen gewisse Männer sofort mit Ratschlägen zur Seite stehen wollen, doch »ich rate keiner Frau, auf solche Ratschläge zu hören«.

Danach zitiert Christine, wie sie es gern tut, praktische Beispiele, die sie der Bibel entnimmt: Sarah, Rebekka, Esther, Judith; und solche aus dem wirklichen Leben: »Die heilige fromme Königin Johanna, Königin Blanka, die Herzogin von Orléans, Tochter des Königs von Frankreich (Isabella), die Herzogin von Anjou, die man Königin von Sizilien nennt (Yolanta).« Diese Aufzählung beweist ihr Urteilsvermögen. Dem törichten Geschwätz, das Genius über die Frauen von sich gibt, stellt sie die Erfahrung entgegen. Und nachdem sie sich bei ihren Ausführungen über Jean de Meung ein wenig ereifert hat, macht sie ihn nun vollends nieder: »Ich sage, daß dies zum Laster ermuntert und ein ausschweifendes Leben fördert und eine Lehre voller Lügen ist, die Anlaß zu Verdächtigungen und Ungläubigkeiten gibt.« Dem fügt sie in entschiedenem Ton hinzu: »Man laste es mir nicht als Narrheit, Überheblichkeit oder Dünkel an, daß ich als Frau es wage, einen so feinsinnigen Verfasser zu tadeln und ihm zu widersprechen, nachdem er als Mann es wagte, ein ganzes Geschlecht ausnahmslos zu verleumden und zu tadeln!«

Natürlich protestiert Magister Gontier Col gegen dieses Schreiben. Er schickt Christine eine kurze scharfe Mitteilung, in der er ihre Anschuldigungen gegen Jean de Meung in keiner Weise widerlegt, sondern ihr befiehlt, »den offensichtlichen Irrtum, die Torheit oder Geistesschwäche, die aus Überheblichkeit oder einem anderen Grund über sie gekommen ist, und als

Frau, die sich in dieser Angelegenheit über die Maßen erregt hat«, zuzugeben. Im übrigen, »da ich aus Nächstenliebe Erbarmen mit Dir habe, bitte und ersuche ich Dich ... Deine Aussagen zu korrigieren und Dein Fehlen gegen den ausgezeichneten und untadeligen Doktor der Heiligen Göttlichen Schrift, den hohen Philosophen und tiefgläubigen Geistlichen, den Du so schrecklich zu verbessern und zu tadeln wagst, zu bekennen«; und desgleichen gegenüber »dem Profoß von Lille und mir und den anderen«; sie möge »ihren Irrtum eingestehen«, »dann werden wir Erbarmen mit Dir haben und Dich gnädig wieder aufnehmen, indem wir Dir eine heilsame Strafe auferlegen«. So endet er in seinem mit theologischen Brocken durchsetzten Klerikerstil.

Christine zahlt es ihm in gleicher Münze heim: »O feinsinniger Schreiber, von philosophischem Verständnis, geformt durch die Wissenschaft, nie verlegen um schöne Rhetorik und scharfsinnige Poetik ... Du hast mir ... beleidigende Briefe geschrieben, in denen Du mir mein weibliches Geschlecht zum Vorwurf machtest (das Du gleichsam von Natur aus leidenschaftlich, von Wahnwitz und Überheblichkeit bewegt nennst ...)«; anschließend verweist sie ihn mitsamt seiner Verachtung und seinen gelehrten Argumenten auf das »edle Andenken und die ständige Erfahrung einer sehr großen Anzahl beherzter Frauen« und erinnert ihn daran, daß »die kleine Spitze eines Taschenmessers oder eines Messerchens einen mit allerlei handgreiflichen Dingen vollgestopften großen Sack aufzustechen vermag«.

Dieser Briefwechsel blieb weder unbekannt noch unbeachtet. Jean de Montreuil und Gontier Col versammelten die Professorenschaft um sich, und der Profoß von Lille versäumte nicht – obwohl er es angeblich unter seiner Würde fand, das Wort an eine Frau zu richten –, in seinen Schriften »diese Frau, die sich Christine nennt und fortan ihre Schriftstücke an die Öffentlichkeit bringt« anzuprangern. Sein Schreiben drückt in jeder Zeile die Verachtung eines frauenfeindlichen Universitätsprofessors aus: »Obzwar es ihr nicht ganz und gar an Verstand gebricht – soweit eine Frau überhaupt einen haben kann –, glaube ich«, so schreibt er, »die griechische Hetäre Leontion zu vernehmen, die, wie uns Cicero berichtet, gegen den großen Philosophen Theophrastos zu schreiben wagte«. Er geht übrigens mit keinem Wort auf den Inhalt von Christines Schreiben ein, sondern beschränkt sich darauf, die Autorität »des so hervorragenden Magisters Jean de Meung« anzurufen.

Eine weitere Stimme meldet sich zu Wort. Es ist ein Universitätsprofessor, jedoch von anderem Schlag und anderer geistiger Größe als ein Jean de Montreuil oder ein Gontier Col. Es handelt sich um Jean Gerson. Statt einen Brief zu schreiben, hielt er am 25. August 1401 eine Predigt, in der er die Äußerungen Jean de Meungs öffentlich anfocht und dessen Anhänger im Namen der christlichen Moral verurteilte.

Dieses Mal hatte Christine Unterstützung gefunden.

Jean Charlier ist ein Zeitgenosse Christines – ein Jahr älter als sie, geboren am 14. Dezember 1363 in dem Dörfchen Gerson bei Rethel, dessen Namen er sich zulegte. Er entstammt einer sehr kinderreichen Familie (fünf Knaben und sieben Mädchen) und hat trotz seiner geringen Herkunft sehr gute geistige Anlagen. Nachdem er die Schule von Reims und Rethel besucht hat, geht der Vierzehnjährige 1377 nach Paris an das Collège de Navarre. Vier Jahre später ist er Lizentiat der Freien Künste und wird 1394 mit einunddreißig Jahren Doktor der Theologie. Bereits im darauffolgenden Jahr ist er Kanzler der Universität von Paris und der Kirche Notre-Dame. Ein Mitglied der Universität, aber, das sei nochmals betont, sehr verschieden von den anderen: Die kirchlichen Weihen, die er empfangen hat, gelten ihm mehr als seine akademischen Grade und Diplome. Trotz seiner glänzenden Fähigkeiten, die selbst einem so berühmten Magister wie Pierre d'Ailly auffallen, und seiner Redegewandtheit, die ihm bei seinen Predigten eine zahlreiche Zuhörerschaft sichert, bleibt er den Menschen niederen Standes verbunden. Sein ganzes Leben lang liegt ihm die christliche Erziehung der Kinder am Herzen: »Ich werde Euch Euer ABC auf französisch niederschreiben«, wird er eines Tages zu den Kindern von Lyon in der St. Pauls-Kirche sagen, wohin er sie gerufen hatte.

Daß ein solcher Mann auf dem Plan erschien, um Jean de Meungs unanständige Angriffe auf die Frauen zu geißeln, war in Universitätskreisen ein Ereignis. Christine mußte nicht mehr die Ermahnungen Gontier Cols und die indirekten, und dadurch noch beleidigenderen Angriffe Jean de Montreuils allein parieren. Kein Wunder, daß sich der gesamte Klüngel der Pariser Magistri darüber erregte. Es wurde übrigens gemunkelt, daß Jean Gerson es nicht bei seiner Predigt belassen wolle, sondern bereits an einer großen Abhandlung gegen den ›Rosenroman‹ arbeite.

Währenddessen veranstaltete der Herzog von Orléans im Januar 1402 in seinem Palais ein großes Rosenfest, dem Christine, die allmählich wieder am gesellschaftlichen Leben teilnahm, beiwohnte. Auf diesem Fest wurde beschlossen, den Rosenorden ins Leben zu rufen. Alle anwesenden Herren wollten diesem Orden beitreten, dessen Ziel es war, die Ehre der Frauen zu schützen. Durch diese Freundschaftsbezeigungen ermutigt, schreibt Christine de Pizan die ›Dit de la Rose‹ (Rosenerzählung), in der sie sowohl das Fest als auch die lebenden Bilder, die dabei gestellt wurden, schildert. Am Valentinstag, dem Fest der Verliebten und, was noch wichtiger war, dem Namenstag der Hausherrin Valentina Visconti, Herzogin von Orléans, wurde sie im Hôtel d'Orléans vorgelesen.

Inmitten der »weißen, purpurroten, sehr schönen Rosen«, die »Frau Redlichkeit« in Schalen auf den Bankettischen verteilt hatte, schworen die Ritter:

> Dem wahren Amor leiste ich Schwur und Versprechen,
> Und jener Blume, die ›Rose‹ heißt...
> Ich gelobe, stets und in jeder Hinsicht,
> Den guten Ruf der Frauen zu schützen
> Und niemals eine Frau zu verleumden:
> Deshalb trete ich dem Rosenorden bei.

Daraufhin entschwindet »Frau Redlichkeit«.

> Nun breche ich auf, um dem Liebesgott Amor,
> Der mich sandte, die Botschaft zu überbringen.

Christine verbringt diese Nacht im Palast des Herzogs von Orléans. Man hat ihr ein schönes Bett, »weiß wie Schnee, mit üppigen, wohlgeordneten Vorhängen versehen«, gerichtet. Sie schläft ein. Diana erscheint ihr und überbringt ihr eine Botschaft des Liebesgottes. Diese Botschaft wendet sich an alle Edelleute, nicht an die Männer gemeiner Herkunft. Doch Vorsicht:

> Gemeine Leute nenne ich jene, die gemein handeln...
> ›Niedrig‹ ist für mich nicht der einfache Mann,
> Sondern ein Mensch von niederträchtiger Gesinnung.
> Ein Mann adeliger Abstammung verliert jedoch seinen Rang,
> Wenn sein Adel zur Gemeinheit wird.

Die Botschaft bedeutet natürlich, daß man sich vor der Mißgunst hüten möge, die Menschen dazu bringt, gegen andere zu hetzen oder ihre Ehre anzugreifen. Die Mißgunst zerstört alles durch ihre verleumderischen Worte. Aber die Verleumdung ist ein Schwert, das nicht nur den tötet, den es durchbohrt, sondern auch den, der es schwingt. Vor allem hüte man sich, der Ehre der Frauen zu schaden. Es möge diesen gestattet sein, den Orden der Rose jedem zu verleihen, der sie in Ehren hält.

Damit verschwindet die Göttin. Christine aber wacht auf und entzündet »ein Öllicht«, sieht die »Bullen«, die Briefe, die Diana zurückgelassen hat. Sie sind in azurblauen Buchstaben auf vergoldetem Pergament geschrieben und mit azurblauen Seidenkordeln versehen.

> Und das wohlgeformte Siegel
> War aus funkelndem, schön geformtem Edelstein.

Dieser 14. Februar 1402 ist also für Christine eine große Auszeichnung: Es ist ihr gelungen, die Mächtigen dieser Welt für ihre Sache zu interessieren, alle nehmen ihr Gedicht begeistert auf.

> Verfaßt am Valentinstag,
> An dem viele Liebende schon in der Morgenstunde
> Ihre Herzallerliebsten für das ganze Jahr erwählen:
> So will es der Brauch jenes Tages.

Christine ist nun die Hüterin des Rosenordens, Vorkämpferin der Frauenrechte, jener Rechte, die bereits drei Jahre zuvor, 1399, durch den am blauen Ostertag (heute Palmsonntag) von Marschall de Boucicaut gegründeten Orden vom grünen Schild mit der weißen Dame verkündet worden waren. Nach und nach entwickelte sich wieder eine Art Ritterlichkeit, die an die Zeit der Minnehöfe der Königin Eleonore oder der Königin Blanka erinnerte.

Da hat Christine einen Einfall. Warum den Streit, über den sich die Herren von der Sorbonne so sehr erregen, nicht vor die Königin persönlich bringen? Ist sie für diese Art Turnier als Schiedsrichterin nicht geradezu ideal? Wenn es jemandem zukommt, sich für die Rechte der Frauen einzusetzen, dann gewiß der Königin. Bis dahin war in Frankreich jede Frau eine Königin. Doch verschwindet die Ritterlichkeit und läßt man es widerspruchslos geschehen, daß die von ihrer Wissenschaft durchdrungenen Herren Hochschullehrer ihrer Verachtung für das andere Geschlecht lautstark Ausdruck geben, dann ist die Frau gefährdet. Und wer sagt, daß die Königin davon ausgenommen ist?

Christine fackelt also nicht lange. Da sie in den Prozessen, die sie hatte führen müssen, ihre eigene »Verteidigerin« gewesen war, weiß sie, wie man eine Akte anlegt. Nun bereitet sie die Akte der Frauen vor, um sie der Königin Isabeau zu unterbreiten.

Entschlossen schreibt sie alle Schriftstücke des Streitfalls ab und faßt sie in einer einzigen Handschrift zusammen. Diese beginnt mit einem Schreiben an die Königin:

»An die vortrefflichste, erhabenste und sehr gefürchtete Fürstin, Madame Isabeau von Bayern, durch Gottes Gnaden Königin von Frankreich.

Sehr erhabene, sehr mächtige und sehr gefürchtete edle Frau ... da ich vernommen habe, daß Eure sehr edle Exzellenz Gefallen daran findet, wenn man Ihr tugendhafte Dinge in wohlgesetzter Rede sagt ... sende ich, eine der einfachen und unwissenden Frauen, Eure demütige, Euch gehorsame und von dem Wunsch, Euch zu dienen, erfüllte Magd ... diese Briefe, aus denen Ihr ersehr, mit welchem Eifer, welcher Leidenschaft und Unbeugsamkeit (ich) gegen bestimmte dem Ansehen der Frau abträgliche Meinungen vorgehe und deren Ehre und Lob hochhalte ... ich flehe Eure würdige Hoheit demütig an, meinen Argumenten Glauben zu schenken und ihnen gewogen zu sein. Und alles soll Eurer klugen und milden Berichtigung unterworfen werden.

Geschrieben am Vortag von Mariä Lichtmeß des Jahres 1401.« (1. Februar 1402, denn das Jahr begann damals im März oder zu Ostern.)

Da Christine wirklich jene Kenntnisse anwendet, die sie aus ihren Erfahrungen mit Gerichten und Juristen gewonnen hat, schreibt sie auch an eine Persönlichkeit, von der sie weiß, daß sie ihr wohlgesonnen ist. Es handelt sich um den Profoß von Paris, Guillaume de Tignonville. Fast jeder Profoß von Paris ist irgendwann schon mit den Universitätsprofessoren aneinandergeraten. Wahrscheinlich hat Christine sich einmal mit Tignonville über ihren Streit unterhalten und will daher auch ihm die Akte der Auseinandersetzung übersenden. Ihr Schreiben an Königin Isabeau ist in erster Linie eine Bittschrift. Dem Profoß gibt sie indes einen, wie sie sagt, »liebenswürdigen und nicht haßerfüllten« historischen Abriß des Streites und ersucht ihn ausdrücklich darum, einzugreifen und ihre Sache zu unterstützen: »Ich ersuche Euch, daß mir aus Mitleid mit meiner weiblichen Unwissenheit... Eure Klugheit gegen diese hohen Magistri Kraft, Hilfe, Verteidigung und Stütze sei, sie würden mit ihren spitzfindigen Argumenten in wenigen Stunden meine gerechte Sache niedermachen, da ich selbst nicht in der Lage bin, diese zu vertreten. Und weil das gute Recht Hilfe braucht, werde ich mit Euch als Bundesgenossen den gegen diese mächtigen Bestrebungen begonnenen Kampf fortsetzen.«

Es folgt ein chronologischer Bericht über den bisherigen Verlauf des Streits, dem sich die Texte der Briefe des Profoß von Lille, des Magisters Gontier Col und natürlich ihre eigenen Schreiben anschließen.

Guillaume de Tignonville ist ein wichtiger Mann, den König Karl VI. mit verschiedenen diplomatischen Missionen betraut hat, vor allem gegenüber dem Papst von Avignon. Er ist Sproß einer alten adeligen Familie aus der Beauce und überdies sehr gebildet. Er hat eine vielgelesene Sammlung mit dem Titel ›Dits des Philosophes‹ (Aussprüche der Philosophen) zusammengestellt, die bereits 1402 ins Provenzalische übersetzt wurde und heute in achtunddreißig Handschriften überliefert ist. Er hat selbst an dem »Minnehof« von 1401 bis 1402 teilgenommen und wird Christine verstehen. Der Vollständigkeit halber sei hinzugefügt, daß er 1408 aufgrund der Angriffe der Pariser Universität sein Amt als Profoß wird niederlegen müssen.

Der Streit sollte sich das ganze Jahr 1402 über fortsetzen und auch noch die beiden darauffolgenden Jahre andauern. Jean de Montreuil, der alle einflußreichen Persönlichkeiten um sich zu scharen versucht, verfaßt ein Schreiben nach dem anderen, während Jean Gerson im Mai seine Abhandlung gegen den ›Rosenroman‹ fertigstellt. Auch er verwendet Allegorien. Als er »am heiligen Hof der Christenheit« weilte, habe er drei Personen gesehen: Gerechtigkeit, Barmherzigkeit und Wahrheit. Der Vorkämpfer an ihrer Seite heißt Gewissen, während der ›Maître des requêtes‹ das Recht ist. Vor diesem Gericht wird Klage erhoben von seiten »der sehr schönen und reinen Keuschheit«. Diese macht also eine Eingabe gegen jenen, den sie den Närrisch Verliebten nennt, der sie beleidige, die Ehe und auch jene, die ins Kloster gehen, verunglimpfe, der die »Frau Vernunft, meine gute Herrin« verleumde, zur Ausschweifung auffordere, die unanständigsten Worte unter »heilige, göttliche und geistliche Dinge« mische – kurzum gegen alles, was im ›Rosenroman‹ steht. Die Verhandlung nimmt ihren Fortgang, und »Frau Vernunft« wendet sich persönlich gegen jenen, der ihr im Roman ungehörige Worte in den Mund legt. Jean Gerson fährt nicht fort bis zum Urteilsspruch, doch ahnt man, daß »Frau Gerechtigkeit« der Eingabe von Keuschheit stattgeben wird.

Große Erregung im Lager der Universitätsprofessoren! Einem »einfältigen Weib« zu antworten, konnte man als nicht der Mühe wert erachten, doch wenn sich der Kanzler der Universität von Paris persönlich äußerte, so mußte man schon Stellung beziehen.

Seine Amtskollegen hatten allerdings schon vorher begonnen, sich gegen Gerson aufzulehnen. Hätte er nicht in der Gunst des Herzogs von Burgund gestanden (Philipp der Kühne hatte ihn ausgezeichnet, und auf seine Veranlassung hin war Gerson vier Jahre lang Dekan der Kirche von Brügge gewesen), hätten sie es ihn grausam spüren lassen. Besonders erbost waren die Lehrer der Pariser Universität darüber, daß er in dem endlosen Streit zwischen den weltlichen Hochschullehrern und den Bettelorden für diese Partei ergriffen hatte. Wie man weiß, verboten die Magistri seit mehr als einem Jahrhundert den Dominikanern und Franziskanern immer wieder, in Paris zu lehren. Auf diese Weise war es ihnen im 13. Jahrhundert sogar gelungen, einen Thomas von Aquin und einen Bonaventura für einige Zeit aus ihren Reihen zu entfernen!

Eine seltsame Reaktion, wenn man bedenkt, daß die Pariser Universität aus einem plötzlich erwachenden Unabhängigkeitsbestreben heraus entstanden war. Zu Beginn des 13. Jahrhunderts hatten sich nämlich Magistri und Studenten zu einer autonomen Vereinigung zusammengeschlossen (man sagte damals »Ich bin in der Universität«, wie man heute sagt »Ich bin in der Gewerkschaft«), um sich von der Bevormundung des Bischofs von Paris zu befreien, die dieser über die Schulen der Cité ausübte. Wie wir sehen, verwandelte sich dieser Freiheitsdrang sehr schnell in ein Monopoldenken. Die Auseinandersetzungen um den Zutritt der Ordensmänner zur Universität stehen seit der Jahrhundertmitte im Vordergrund. Jean de Meung berichtet übrigens darüber: »Es ist sehr wohl würdig, verbrannt zu werden«, sagte er über das Werk eines Franziskaners, das die weltlichen Hochschullehrer verurteilten. Alle diese Bettelbrüder, Jakobiner wie Franziskaner, sind für ihn »falscher Schein«, das heißt scheinheilig. Jean Gerson, der auf der Seite der Bettelorden stand, geriet dadurch in eine mißliche Lage.

Ein Kanoniker von Paris namens Pierre, Bruder des Gontier Col, schaltet sich in den antifeministischen Streit ein. In einem Schreiben an Christine versucht er, allerdings weniger herablassend als Gontier, ihre Argumente gegen Jean de Meung, »diesen sehr frommen Katholiken und erhabenen Theologen, diesen göttlichen Redner und Dichter und vollkommenen Philosophen«, eines nach dem anderen zu zerpflücken. Ihre Antwort veranlaßt ihn, »ein Schriftstück in der Art eines Plädoyers am heiligen Hofe der Christenheit« zu verfassen – und darin Gerson zu widersprechen, ohne dessen Namen zu nennen. Lang und breit läßt er sich über das Kapitel der Sprachentgleisungen aus, die Christine dem Verfasser des ›Rosenromans‹ vorwirft, viel weniger jedoch über die Einstellung als solche, die im Verlauf des Versromans entwickelt wird. Er beendet seine umfangreiche Beweisführung mit einer Warnung: »Ich ersuche Dich also, Du hochgescheite Frau, daß Du die Ehre bewahren mögest, die Dir wegen Deines hervorragenden Verstandes und Deiner wohlgesetzten Sprache eigen ist. Wenn man Dich gelobt hat, weil Du einen Schuß über die Türme von Notre-Dame gefeuert hast, versuche deshalb nicht, mit einer schweren Kanonenkugel den Mond zu treffen ... bitte alle, all jene, die (ihn) in welchem Teil auch immer mißbilligen oder tadeln (gemeint ist natürlich der ›Rosenroman‹), ihn zu lesen, zunächst viermal mindestens und in aller Ruhe, um ihn besser zu verstehen.« Mit anderen Worten, er unterstellt Christine, das Werk nur oberflächlich gelesen und sich unüberlegt auf einen Streit eingelassen zu haben, ohne das Werk überhaupt genau zu kennen.

Ein solches Schreiben, mag es auch noch so umfangreich und inhaltsschwer sein, »beeinträchtigt in keiner Weise den Mut, noch ändert es die Meinung« der Dichterin. Obgleich »anderweitig beschäftigt und eigentlich nicht willens, noch etwas zu diesem Thema zu schreiben«, greift sie abermals zur Feder und widerlegt seine Argumente eines nach dem anderen: Wenn sie Jean de Meung vorgeworfen hat, daß er von den »verborgenen Geschlechtsteilen« des Mannes und der Frau unschicklich und anstandswidrig spricht, dann nicht einfach aus Prüderie. »Im Zusammenhang mit einer Krankheit oder welchem Umstand auch immer empfände man es nicht als anstößig.« Und wieder verweist sie auf die Bibel und die Geschichte von Adam und Eva, die erst das Bedürfnis haben, ihr Geschlecht zu bedecken, nachdem sie den Befehl des Herrn mißachtet und sich das Recht herausgenommen haben, selbst zwischen Gut und Böse – symbolisiert durch den »Baum der Erkenntnis von Gut und Böse« – zu entscheiden. Daß Jean de Meung unanständige Worte gebrauche, daß er die Frauen verhöhne, daß er seine Leser dazu aufrufe, ohne Scham ihre Leidenschaften zu befriedigen, daß seine Worte zu »Liebesspielen« ohne Achtung vor dem Partner verleiteten – das alles sei nicht zu leugnen. Und wenn er selbstgefällig die geschlechtlichen Beziehungen beschreibe und sie dem Treiben der Kühe und Stiere auf den Weiden gleichsetze, könne man beim besten Willen nicht behaupten, daß er damit den Leser davon abbringen wolle! Sage er doch ausdrücklich, »daß es besser sei zu betrügen als betrogen zu werden«. Alles in diesem Werk sei »irreführende Täuschung«. Sie jedoch, Christine, glaube an die Liebe. Sie glaube, »daß die Mehrzahl treu ergeben und ohne Einschränkung geliebt haben, nicht anderwärts schliefen, niemals betrogen und auch nicht betrogen wurden ... und dieser Liebe wegen tapfer und berühmt geworden sind, so sehr, daß sie in ihrem Alter Gott priesen, in dieser Weise geliebt zu haben«. Damit umreißt sie in wenigen Worten die höfische Minne. Jean de Meung habe nicht erfahren, was Liebe ist. Er habe nur ihr Zerrbild gezeichnet. Man brauche nicht antike Schriftsteller wie Terenz zu zitieren, um zu behaupten, daß »Wahrheit Haß erzeuge und Schmeichelei Freundschaft«. Dies sind Lehren, an denen sich eine Christine nicht nur »festbeißen« möchte: Lüge, Betrug, Täuschung sind ihr ein Greuel. Vermutlich war ihr Briefpartner vom selben Schlag wie Jean de Meung oder »sein Priester, den er Genius nennt, und der erst so energisch befiehlt, mit den Frauen zu schlafen ..., um dann zu sagen, man solle sie fliehen«! Das alles stammt aus dem ›Rosenroman‹, in dem »jede Figur unaufhörlich gegen die Frauen zu Felde zieht – die sich aber Gott sei Dank darüber nicht beunruhigen«. Was kann aus einem solchen Werk Gutes kommen? »Behält man nach seiner Lektüre eher im Gedächtnis, daß man sich vorsehen und keusch leben soll, oder ist es die unanständige Sprache?« »Du behauptest, einen Deiner Freunde von einer närrischen Liebe geheilt zu haben, indem Du ihm den ›Rosenroman‹ zu lesen empfahlst: Wem willst Du weismachen, daß er nicht besser geheilt worden wäre, wenn Du ihm die Schriften des heiligen Bernhard gegeben hättest?«

Aus Christines gesamter Epistel spricht ihr gesunder Menschenverstand, ihr geradliniges Denken. Zu den Stellen aus der Heiligen Schrift, die Pierre Col zitierte, um die Frauen anzuklagen, meint sie nur: »Wir wissen genau, daß man sie nicht wortwörtlich nehmen darf.« Obgleich von Pierre Cols Weitschweifigkeit gelangweilt, widerspricht sie seiner Beweisführung Punkt für Punkt. Zum Schluß schreibt sie: »Gott gebe, eine solche Rose wäre nie im Garten der Christenheit gepflanzt worden. Du sagst, Du seist einer ihrer Anhänger. Willst Du einer von ihnen sein, dann sei es meinetwegen. Was mich betrifft, so verzichte ich auf eine solche Zucht, denn andere sind mir wichtiger, die ich für nützlicher halte und die mir angenehmer erscheinen. Ich weiß nicht, warum Ihr mir mehr als den anderen Vorwürfe macht. Ihr, Eure Anhänger.« Warum haben sie Gersons Werk nicht direkt angegriffen? »Was mich angeht, so gedenke ich kein weiteres Schreiben mehr zu verfassen, denn genausogut könnte ich auch die Seine austrinken«, und sie unterzeichnet mit: »Deine wohlwollende Freundin der Wissenschaft, Christine de Pizan.«

Sogleich griff Pierre Col erneut zur Feder, legte sie jedoch schon nach wenigen Absätzen aus der Hand. Sein Schreiben vom November 1402, mit dem er Christines Brief vom 30. Oktober beantworten wollte, blieb unbeendet. Das letzte Wort hatte Christine. Doch diesmal, Anfang des Jahres 1403, schrieb sie in Versform. Sie verfaßte eine Ballade an die Königin und einige Rondeaus an Guillaume de Tignonville, nachdem Jean Gerson besonders in der Adventszeit des Dezember 1402 in mehreren Predigten auf die Auseinandersetzungen im Zusammenhang mit dem ›Rosenroman‹ eingegangen war, um das Sexualverhalten seiner Zuhörer pädagogisch zu beeinflussen. Jean de Montreuil schickte noch einige Briefe ab, in denen er seine Empörung darüber kundtat, daß eine einfache Frau es wagte, einen Magister und Doktor anzugreifen, den die Universität von Paris auf ein Podest gestellt hatte; doch sie fanden keinen Widerhall mehr.

So endete in diesen ersten Jahren des 15. Jahrhunderts der erste antifeministische Streit unserer Literaturgeschichte.

Dieser Streit beweist jedenfalls, daß sich Christine der Veränderungen, die sich in jener Zeit vollzogen, sehr wohl bewußt war. Auf die Herrschaft des Ritters folgt die des Hochschullehrers, des Intellektuellen, der sich deutlich abzugrenzen versucht von denen, die keinen Zugang zu jenem System der Abstraktionen, der Definitionen und Prinzipien hatten, in dem er zu Hause ist: den Frauen, dem Volk, allen jenen, die nicht die Universität besuchen. Die Kluft, die dadurch entsteht, wird immer breiter. Sie charakterisiert die damalige bürgerliche Kultur, in der Universität und Parlement mit Unterstützung des Königtums die Pfeiler und auch die Rechtfertigung für das Rechtssystem sind. In jener Zeit, in der Christine lebt, tritt an die Stelle des Gewohnheitsrechts allmählich das Gesetz. Als dieses Gesetz zum Code wird, ist die Frau buchstäblich verschwunden. Für die männliche Welt des Code Napoléon existiert sie nicht mehr.

6. Heldentaten und Niederlagen der Ritterlichkeit

> Die Quelle bedeutender Anstrengungen
> ist stets das leidenschaftliche Herz.

Der Streit über den ›Rosenroman‹ hatte in Universitätskreisen großes Aufsehen erregt und auch den Adel nicht unberührt gelassen. Christine, die zunächst gegen ihren Willen in die Auseinandersetzung – die sie sich »freundlich und nicht haßerfüllt« gewünscht hatte – hineingezogen worden war, fand sich plötzlich im Mittelpunkt des Geschehens wieder. Der immer bestimmtere Ton, den sie anschlägt, zeugt von ihrem wachsenden Ruhm und dem großen Ansehen, das sie inzwischen genießt. Königin Isabeau machte die Bitte ihrer Kammerfrau neugierig, und so wurde sie bei dieser Gelegenheit auf deren Talent aufmerksam. Zweimal sind in ihren Rechnungsbüchern Geschenke verzeichnet, die sie Christine macht: 1402 ein Humpen aus vergoldetem Silber, 1404 ein Becher aus vergoldetem Silber als Neujahrsgeschenk. Seit dieser Zeit sind Christines Werke in ihrer Bibliothek vertreten. Christines Stellung ist nun weitgehend gesichert. Man erkennt ihr Talent an, verneigt sich vor dem Mut einer Frau, die sich nicht davor fürchtete, der Universität die Stirn zu bieten – dieser den Frauen verschlossenen Welt, die ihre Verachtung über sie ausschüttet. Durch ihre Ausdauer und den kämpferischen Geist war es ihr gelungen, Fortuna zu besiegen, deren Rad sie jetzt wieder zu einem besseren Lebensabschnitt emporzutragen schien. Ihr Sohn war in die Dienste des Herzogs von Burgund getreten, ihre Tochter lebte zufrieden und glücklich als Nonne in Saint-Louis in Poissy. Geistig und materiell befand sich Christine auf dem Weg zu einem Gleichgewicht, das sie aufgrund ihrer Anstrengungen und ihres übermenschlichen Muts wahrhaftig verdient hatte. Ihre Lebensbedingungen verbesserten sich. Die finanziellen Schwierigkeiten, mit denen sie zu kämpfen gehabt hatte, hatten übrigens ihrer Großzügigkeit, ein Erbe ihres Vaters, keinen Abbruch getan. Als der Herzog von Burgund ihr 1400 sechshundert Taler schenkt, verwendet sie das Geld für die Mitgift der mittellosen Nichte, die bei ihr geblieben war.

Ihr Bundesgenosse Jean Gerson ist nach wie vor tief verstrickt in den Kampf, der die Christenheit entzweit hat: Es geht darum zu entscheiden, welcher der drei Päpste, die Anspruch auf die Tiara erheben, den Stuhl Petri einnehmen soll. In den hitzigen Diskussionen, bei denen sich ein Teil der Universitätsprofessoren für Innozenz VII., der andere für Benedikt XIII. einsetzt, bildet Gerson das ausgleichende Element. Einmal glaubte er sogar, Benedikt – den Papst von Avignon, dem der französische Herrscher sehr wohlgesinnt war – als denjenigen feiern zu können, der das Schisma beenden würde. In Wirklichkeit jedoch war die Pariser Universität samt und sonders vor allem damit beschäftigt, aus den Unstimmigkeiten Nutzen zu schlagen, um ihre Macht zu demonstrieren, und die Universität, nicht der Papst, besaß den »Schlüssel zur Christenheit«.

Am 1. Januar 1404 hatte Christine dem Burgunderherzog Philipp dem Kühnen eines ihrer Werke, ›Livre de mutation de fortune‹ (Das Buch vom Wandel des Schicksals), als Neujahrsgabe gesandt. Einige Tage später wurde sie von Monbertault, dem Schatzmeister des Herzogs, aufgefordert, sich im Louvre einzufinden – ein gutes Omen für einen bevorstehenden »Wandel« ihres Schicksals nach so vielen Jahren der bitteren Enttäuschungen. Zwei junge Edelleute, Jean de Chalon und Taupin de Chantemerle, kommen ihr entgegen, als sie auf der Louvrebrücke die Schloßgräben passiert, und geleiten sie zu Philipp, der sich zusammen mit seinem Sohn Antoine Graf de Rethel in einem der großen Säle befindet. Der Herzog hat einen Wunsch: Da Christines Werk sein Interesse erregt hat, möchte er, daß sie einen Bericht über die Herrschaft seines Bruders Karl V. schreibt. Es soll ein großes, epochemachendes Werk werden, denn der gegenwärtige Zustand des Reiches läßt es ratsam erscheinen, dem Volk die Weisheit, Umsicht, Redlichkeit und Fürsorge des dahingegangenen Königs in Erinnerung zu rufen. Er soll der neuen Generation ein Beispiel sein.

Die Rede des Herzogs enthält viel Unausgesprochenes, das Christine zu bewerten weiß. Er erklärt ihr, was er sich vorstellt: ein fundiertes, gut dokumentiertes Geschichtswerk. Seine Bibliothek steht Christine offen. Und sogleich händigt er ihr einen Band der ›Grandes Chroniques de France‹ (Große Chroniken Frankreichs) aus, der die Beschreibung der Reise Kaiser Karls IV. nach Frankreich enthält. Von diesem ausführlichen Bericht kann Christine nach Belieben Gebrauch machen. Auch alle Lebenserinnerungen, die sie interessieren, stehen ihr zur Verfügung. Sie möge nach dem Muster von ihr gut bekannten Werken der Antike vorgehen und eine Kompilation herstellen, die allen, die im Königreich ein Amt innehaben, zur Belehrung diene.

Christine ist tief bewegt. Dieser Auftrag ist ein großer Vertrauensbeweis des Herzogs, eine persönliche Auszeichnung für sie. Die Geschichte der königlichen Familie aufzuzeichnen, war bis dahin den Mönchen von Saint-Denis vorbehalten gewesen, manchmal auch gewissen hohen Beamten der Krone. Nun hat man sie mit dieser hehren Aufgabe betraut: eine große Ehre, aber auch eine große Verantwortung. Doch da sie diesen Herrscher, dem sie seit ihrer Kindheit mehrere Male begegnet ist, sehr bewundert, wird ihr diese Aufgabe leichtfallen. Und sie ist sich bewußt, wie wichtig ein solches Werk über die Taten und die edle Gesinnung dieses weisen Königs Karl V. für die Erziehung künftiger Thronfolger sein wird. Eine große Ehre, derer sie sich unwürdig glaubt. Doch sie weiß um die Bedeutung dieses Auftrags und wird alles tun, um dem Vertrauen des Herzogs gerecht zu werden. In einem Punkt allerdings hat sie Bedenken: Alle ihre bisherigen Werke sind in Versen abgefaßt. Für ein Geschichtswerk indes erscheint ihr nach dem Vorbild Plutarchs und Suetons Prosa geeigneter. Aber würde sie den entsprechenden ernsten Ton treffen? Philipp der Kühne beruhigt die Dichterin. Er weiß, daß sie den »Prosastil« ebenso gut beherrscht wie das Verseschmieden, und zweifelt nicht am Gelingen des Werks. Vielleicht hat er die Briefe gelesen, die sie mit den Doktores der Sorbonne gewechselt hat. Jedenfalls möchte er ihr das anvertrauen, was seiner Meinung nach sicher ein Meisterwerk werden wird.

Man kann sich vorstellen, welche Gefühle Christine nach dieser Unterredung im Louvre bewegten. Daß Philipp der Kühne sie mit der Abfassung dieser Chronik betraut, bringt sie einen entscheidenden Schritt weiter. Welch eine Belohnung für ihre Anstrengungen, welche Bestätigung. Welch einen Weg hat sie zurückgelegt, seit sie als erbarmungswürdige junge Witwe das »spöttische Gelächter« der Parlementsschreiber auf sich gezogen hatte! Lang lebe der Herzog, der ihr nun ein Werk in Auftrag gegeben hat, das sie schon immer gern geschrieben hätte. Dieser König, der ihr einst als kleines Mädchen zugelächelt, ihren Vater mit Wohltaten überschüttet und ihren Gemahl in seiner Verwaltung beschäftigt hatte, dieser König, mit dessen Tod sich Fortunas Rad für sie nach unten zu drehen begonnen hatte – nun sorgte er dafür, daß es sie wieder nach oben hob.

Mit dem vergnügten Eifer, der sie nun jedesmal beseelt, wenn sie ein neues Werk beginnt, macht Christine sich an die Arbeit. Sie informiert sich sorgfältig und besinnt sich auch auf ihre persönlichen Eindrücke, wobei sie nicht an Lob für den von ihr so bewunderten Herrscher spart. Nach einigen Überlegungen zur Gliederung des Werks entschließt sie sich, es in drei Teilen zu verfassen, um eine schöne Ausgewogenheit zu erreichen.

Bei den Vorbereitungsarbeiten fällt ihr wieder ein, daß Karl V. das Beispiel König Alfreds von England zu zitieren liebte, der »seinen Tag in drei Abschnitte unterteilte: einen für das Gebet und das Studium, den zweiten für die Belange des Reichs, den dritten für die Erholung und die Zerstreuung«. Als Zeitmesser hierfür diente ihm eine brennende Kerze in seiner Kapelle, und Christine folgert daraus: »Es ist anzunehmen, daß damals Uhren noch nicht gebräuchlich waren« – jene Uhren, die man zu ihren Lebzeiten bereits überall vorfindet, in den Kirchen, auf den Brücken und in jedem gut ausgestatteten Haushalt.

Sie überlegt, wie Karl V. wohl seinen Tag verbracht haben mag: Vermutlich stand er morgens gegen sechs oder sieben Uhr auf. Sobald er »gekämmt, angekleidet und wohlgeordnet« war, las er das Stundengebet, hörte gegen acht Uhr die Messe, dann gewährte er Audienzen und hielt Rat. Um zehn Uhr frühstückte er. Danach fanden die Empfänge statt. Er gönnte sich eine Stunde Mittagsruhe. Anschließend ging er spazieren, spielte Ball oder etwas anderes. Abends gesellten sich seine Gemahlin und die Kinder zu ihm. Sie speisten zusammen. Danach ließ sich der König aus einem Buch vorlesen, oder er plauderte mit seinen Baronen bis zum Schlafengehen.

Eine Fülle von Einzelheiten fallen ihr wieder ein: seine Vorlieben und Gewohnheiten, seine Klugheit, Besonnenheit und Ritterlichkeit und auch verschiedene Ereignisse aus seiner Regierungszeit. Sie gedenkt, einige der Leute zu befragen, die ihn kannten, und als Grundlage für ihre Arbeit neben dem Teilwerk der ›Grandes Chroniques‹ (Großen Chroniken), das der Herzog ihr bereits ausgehändigt hat, einige andere Chroniken zu benutzen, die ihr interessant erscheinen. Dazu gehören unter anderem die ›Chronique normande‹ (Normannische Chronik) und das Werk des Bernard Gui, ›Flores chronicorum‹. Aus Erzählungen ihres Vaters weiß sie auch, daß irgend jemand auf lateinisch einen Bericht über den Tod des Königs geschrieben hat. Und natürlich würde sie sich an Bureau de la Rivière wenden, den ersten Kammerherrn des Königs, in dessen Armen dieser gestorben war. Er und seine Gemahlin Marguerite d'Auneau würden ihr eine wertvolle Hilfe sein. Bureau, »klug, umsichtig, schön sprechend und ein Mann von wohlgebildeter Gestalt«, besaß König Karls volles Vertrauen, und lange Zeit – etwa zwölf Jahre – setzte auch dessen Sohn Karl VI. sein ganzes Vertrauen in ihn. Der junge König hatte ihm sogar einmal in seinem prachtvollen Besitz in Crécy-en-Brie einen Besuch abgestattet. Bureau, der sich persönlich um die Gestaltung seiner Gärten kümmerte, hatte ihm die Ehre erwiesen, die Pflanzungen zu zeigen, in denen er eine neue Salatgattung anbaute: Er hatte die Pflänzchen jüngst aus Avignon mitgebracht und ihnen darum den Namen »Römischer Salat« gegeben. Ein sehr vielseitig interessierter Mensch also, dieser Bureau de la Rivière, und auch sehr vielseitig in seinen Beschäftigungen. Als er Philipp den Kühnen, Herzog von Burgund, bei sich empfing, gewann er die Partie des Ballspiels, das er mit dem Bruder des Königs begonnen hatte, und es hieß, daß dessen anderer Bruder, Johann, Herzog von Berry, ihm die Handschriftensammlung neidete, die er zusammengetragen hatte. Einer seiner jüngsten Einfälle war folgender: Er ließ aus Südfrankreich eigenartige schwärzliche Knollen kommen, die man Trüffel nannte und die den Pasteten seiner Köche einen ausgezeichneten Geschmack und Duft verliehen. Christine würde also Bureau aufsuchen und ihn darum bitten, ihr von den Vorlieben und Gewohnheiten Karls V. zu erzählen, wie er sie gesehen hatte, und ihr auch einige Worte zu wiederholen, die ihm von den Gesprächen mit dem König im Gedächtnis geblieben waren. Sie würde auch seinen Sekretär Léon Tabari treffen, und warum nicht ebenfalls seinen Koch, den berühmten Guillaume Tirel, genannt Taillevent, wenn er noch am Leben war?

Christine läßt alles andere liegen und macht sich mit dem gewohnten Schwung ans Werk. Sie schätzt, daß sie für den ersten Teil ungefähr vier Monate benötigen wird, und tatsächlich schreibt die Dichterin am 28. April 1404 triumphierend und voller Rührung die letzten Worte dieses ersten Bandes. Würde der Herzog zufrieden sein? Aber ja. Sie ist sich dessen ganz sicher. Jedenfalls hat sie alles in ihrer Macht Stehende getan. Sie hat ihre ganze Begeisterung, ihre ganze Verehrung für seinen königlichen Bruder in ihr Werk gelegt, und sie hält sich auch mit einem leisen Seufzer der Erleichterung vor Augen, daß die sehr großzügige Zuwendung, die Philipp der Kühne Christine versprochen hat, ihr ein bequemes Leben ermöglichen wird. Das Gespenst der Armut und des täglichen Lebenskampfes ist damit gebannt.

Am nächsten Tag vernimmt Christine von der Straße her die Trompete des Herolds. Sie öffnet das Fenster an diesem schönen Aprilmorgen und hört eine Nachricht, die sie mitten ins Herz trifft: Der gute Herzog von Burgund, Philipp der Kühne, ist vor zwei Tagen, am 27. April, auf Schloß Hal im Hennegau gestorben. Nachfolger ist sein Sohn Johann. Die anderen Einzelheiten verlieren sich in einem Nebel, denn Christine schwinden fast die Sinne. Der Herzog war der Grippeepidemie, die in dieser Gegend wütete, zum Opfer gefallen. Er starb unvermutet, tragisch, wie ihr eigener Ehemann.

> Beweint, Franzosen, geeint durch einen gemeinsamen Willen,
> Beweint, ihr Mächtigen und Schwachen, diesen großen Verlust,
> Beweint, guter König, denn dies muß Euch sehr schmerzen...
> Euren treuen, edlen und sehr weisen Oheim,
> Den vortrefflichen Fürsten, den Herzog von Burgund...
> Weint, Königin, tragt Trauer im Herzen
> Um jenen, dem ihr den Thron verdankt;
> Weint, edle Frauen, untersagt euch jede Freude,
> Weine, Frankreich, denn Du verlorst Deine Stütze,
> Wirst nun schutzlos mattgesetzt.

Der Tod dieses zweiundsechzigjährigen Mannes, der noch ganz im Besitz seiner körperlichen und geistigen Kräfte gewesen war, bedeutete einen großen Verlust für Christine. Einen großen Verlust auch für ihren Sohn Jean, der in die Dienste Philipps des Kühnen getreten war und dessen glänzende Fähigkeiten der Herzog bemerkt hatte. Einen großen Verlust ebenfalls für das Königreich, denn allein Philipp der Kühne schien durch seine persönliche Autorität imstande gewesen zu sein, eine immer unsicherer gewordene Ordnung zu erhalten, die vor allem durch die Rivalität zwischen Burgund und Frankreich gefährdet war. Da die Zeitspannen der Unzurechnungsfähigkeit bei dem unglücklichen Karl VI. immer länger wurden, tat sich sein Bruder, der Herzog von Orléans, in seiner Vergnügungssucht und Sorglosigkeit immer weniger Zwang an und betrachtete die öffentlichen Gelder zunehmend als seine Privatschatulle. Wenn Herzog Philipp sprach, dann hatten seine Worte Gewicht – ganz im Gegensatz zu Johann von Berry, der nur noch seinen Lastern frönt (sein neuester Günstling ist ein »Wegepflasterer«, ein ungehobelter junger Bursche, den er zufällig kennenlernte und den er mit Juwelen und Schmuck überhäuft – nachdem er die Bevölkerung des Languedoc erpreßt hat) und zu einem nichtswürdigen verderbten Greis herabgesunken ist. Der Sohn und Nachfolger des Herzogs von Burgund, Johann, ist ein häßlicher, düsterer und halsstarriger Mann von kleinem Wuchs und mit starrem Blick, der jedermann Angst einjagt. Christine fühlt sich von ihm abgestoßen, vielleicht, weil er so unkultiviert ist und, ganz anders als sein Vater, keinerlei Interesse an künstlerischen und geistigen Dingen zeigt. Aber er kennt keine Furcht, das hat er in Nikopolis bewiesen. Denn Johann hatte an jenem letzten Kreuzzug teilgenommen, der an einem Apriltag des Jahres 1396 nach einer Reihe glanzvoller Feste von Dijon aufgebrochen war, die Donau überschritten hatte und vor Nikopolis dem Sultan Bajesid entgegengetreten war. Dieser hatte sich fast ganz Bulgariens bemächtigt, und unter seiner Führung bedrohten die osmanischen Türken Griechenland; das Herzogtum Athen zahlte ihm bereits Tribut. Daraufhin hatte der Kaiser von Byzanz, Manuel II. Palaiologos, der nur noch dem Namen nach Kaiser war, den deutschen Kaiser Sigismund um Unterstützung ersucht, und die Fürsten Europas waren seiner Bitte ausnahmsweise nachgekommen. Inzwischen war Konstantinopel, einst die Metropole Kleinasiens, auf das zusammengeschrumpft, was seine mächtigen Wälle umschlossen.

Vielleicht erhielt Johann ohne Furcht seinen Beinamen am 22. September 1396 in Nikopolis, als seine Kühnheit mit ihm durchging. Johann hatte die berühmtesten Namen um sich gesammelt: Graf Enguerrand de Coucy, Admiral Jean de Vienne und vor allem den tapferen Marschall de Boucicaut. Nachdem die französischen Edelleute unter seiner Führung die Linien der türkischen Vorhut durchbrochen hatten, hörten sie nicht auf die Ratschläge jener, die die Taktik der osmanischen Heere kannten, und standen plötzlich vierzigtausend Janitscharen gegenüber. Das Ergebnis war ein Blutbad ohnegleichen, dem übrigens ein Massaker unter den christlichen Gefangenen durch den über seine Verluste erbosten Sultan Bajesid folgte.

Die italienischen Kaufleute berichten in ihren Briefen von diesen Metzeleien. So etwa liest man unter dem Datum des 27. November 1396: »Aus Venedig und Genua erfahren wir, daß die Christen von den Türken vollständig geschlagen wurden und daß die Schlacht sechs Tage dauerte, was ein großes Ereignis ist. Neunzigtausend Christen und dreihunderttausend Türken sollen dabei gefallen sein. Wenn dies der Wahrheit entspricht, dann ist das für die Christen eine große, aber sehr schlechte Neuigkeit, es sei denn, die Könige, die großen Fürsten und der christliche Glaube holen zu einem Gegenschlag aus.«

Johann von Nevers wird für die enorme Summe von zweihunderttausend Florins freigekauft, auch Boucicaut kommt mit dem Leben davon. Doch die Niederlage von Nikopolis ist – ein jeder spürt es – das Vorspiel für den unvermeidlichen Sturz von Konstantinopel.

Philipp war in einer Kartäuserkutte, wie er es sich gewünscht hatte, in der Kartause von Champmol beigesetzt worden, zu der er einundzwanzig Jahre zuvor am Sankt-Bernhards-Tag, dem 20. August 1383, den Grundstein gelegt hatte. Er hatte keine Ausgaben gescheut, um sie zu einem Kleinod der Architektur und Bildhauerkunst zu machen, doch das Bauwerk war unvollendet geblieben. Jeder fragt sich nun, ob sein Sohn dieses Werk fortführen wird. Christine indes arbeitet an dem ihren unbeirrt weiter, beendet am 20. September den zweiten Teil des ›Livre des faits et bonnes mœurs de Charles V‹ (Buch der Taten und guten Sitten Karls V.) und am 30. November den dritten. Sie kann es also dem neuen Herzog von Burgund als Neujahrsgeschenk präsentieren. Doch erst zwei Jahre später, am 20. Februar 1406, erwirbt Herzog Johann die Handschrift. In den beiden darauffolgenden Jahren macht er ihr mehrere Geschenke, und 1412 läßt er ihr – vor allem auf Betreiben seiner Tochter Margarethe, die Christine liebt und schützt – mehrere Zuwendungen zukommen. Johanns Bruder Anton von Burgund zeigt sich ihr gegenüber ebenfalls großzügig: Wir wissen, daß er sie zweimal beschenkte, nämlich 1408 und 1409.

Christine, der nicht nur ihre eigenen Belange am Herzen liegen, merkt sehr wohl, daß sich die allgemeine Lage von Tag zu Tag verschlechtert. Abermals greift sie zur Feder und wendet sich an Königin Isabeau von Bayern. Sie schreibt ihr am 5. Oktober 1405, und dieses Datum zeigt, daß sie die bevorstehenden schrecklichen Ereignisse vorausahnt.

Seit Juli dieses selben Jahres 1405 herrscht nämlich zwischen Johann ohne Furcht und Ludwig von Orléans offene Zwietracht. Margarethe von Flandern, die Gemahlin Philipps des

Kühnen, stirbt am 21. März 1405. Ludwig erfährt, daß sein burgundischer Vetter sich nach Paris begeben hat, um an der Beisetzung seiner Mutter teilzunehmen, und daß er sich auf dieser Reise von fünftausend Lanzenreitern begleiten läßt. In Paris hat er Königin Isabeau überredet, die Hauptstadt zu verlassen und sich mit dem Dauphin Ludwig von Guyenne und der Thronfolgerin Margarethe, einer Tochter Johanns ohne Furcht, nach Melun zu flüchten. Johann, der sich in Louvres-en-Parisis aufhält, wird von ihrer Abreise unterrichtet. Am 19. August prescht er durch Paris und holt in Juvisy seine Tochter, deren jungen Gemahl, den Thronfolger, und ihre Eskorte ein, die von Ludwig VII. von Bayern, Isabeaus Bruder, geführt wird. Er schickt diesen fort und geleitet den Thronerben nach Paris zurück. Begeistert empfängt das Volk von Paris jene, deren Aufbruch einer Entführung geglichen hatte, und Johann ohne Furcht klagt vor den großen staatlichen Organen – Parlement, Rechnungskammer und Universität – seinen Vetter Orléans wegen eines Anschlages auf die königliche Familie an. Einige Tage danach ergreift Ludwig von Orléans seinerseits das Wort. Die Königin habe nur ihre Pflicht getan, sie habe die Verantwortung für ihre Kinder und müsse sie gegen die Übergriffe des Burgunders, der mit seinen Truppen in Paris erschienen sei, schützen. Nach wiederum einigen Tagen schlägt dieser zurück. Eine Auseinandersetzung steht bevor, bei der man sich wahrscheinlich nicht auf ein Wortduell beschränken wird, denn jeder der Fürsten versammelt seine Leute um sich.

In ihrem Schreiben an Königin Isabeau geht Christine besonders auf die Schiedsrichterrolle ein, die ihr zukommt – eine ganz offizielle Rolle, nachdem ihr drei Jahre zuvor (am 6. Januar und am 16. März 1402) durch zwei königliche Erlasse die Vollmacht eingeräumt worden war, »Streitigkeiten und Reden, die unter unseren Herren Herzögen und denen königlichen Geblüts sich ereignen können, zu untersuchen und zu richten«. Doch die Königin hat viel an Ansehen eingebüßt. Man wirft ihr vor, mit den öffentlichen Geldern ebenso verschwenderisch umzugehen wie die Fürsten. Eine Schmähschrift, die sich im Umlauf befindet, sagt es ganz deutlich:

> Was aber die Königin betrifft,
> So steht all ihr Sinnen und Trachten danach,
> An sich zu reißen, so viel sie kann;
> Aber das ist nicht so viel, wie sie möchte.

Manche gehen sogar noch weiter: Verrät nicht die Genußsucht der Königin, ihre Vorliebe für teure Roben den Einfluß Ludwigs?

Einmal mehr berichten die italienischen Kaufleute von der wahrhaft maßlosen Verschwendungssucht des Herzogs und seiner Freunde, was luxuriöse Kleidung betrifft. Sie stellen fest:
»Die Leute kaufen heute zögernder denn je, und einen Waffenrock zu verkaufen kostet mehr Mühe als einstens für tausend Gulden Harnische an den Mann zu bringen. Das alles rührt daher, weil die Soldaten wenig Geld haben, und das, was sie für Waffen ausgeben sollten, verwenden sie nun für Kleidung und Schmuck ihrer eigenen Person. Das gilt gleichermaßen für Händler, Handwerker und alle anderen Menschen heute, die für Kleidung und Schmuck doppelt so viel ausgeben wie ehedem; was zum großen Schaden vieler Gewerbe geschieht.«

Eine andere Schmähschrift, weniger scharf als der bereits genannte ›Songe véritable‹ (Wahrer Traum), dafür aber hinterhältiger, ist das ›Pastoralet‹ (Schäferspielchen), das Isabeau unmißverständlich des Ehebruchs bezichtigt. Fest steht, daß man sie sehr oft mit Ludwig gesehen hat, daß die Hofbälle manchmal um ein Haar tragisch geendet hätten wie jener entsetzliche Ball der Brennenden und daß man für all das Ludwig die Schuld gibt. Er verpraßt die öffentlichen Gelder vor allem für seinen Zeitvertreib. Als er übrigens einmal in jenem Jahr in Isabeaus Begleitung nach Saint-Germain-en-Laye hinausfuhr, gingen die Pferde ihrer Kutsche durch und die beiden wären fast in der Seine ertrunken. Nach diesem Zwischenfall wurde er ein wenig vorsichtiger. Von Reue ergriffen, hatte er sogar verlautbaren lassen, daß er schon am nächsten Sonntag seine Schulden begleichen würde, seine Gläubiger sollten sich in seinem Hôtel de Bohème einfinden. Doch es wurde gemunkelt, daß sie auch diesmal wieder vor verschlossenen Türen gestanden hätten. Die Königin, die der Plünderung der Staatsfinanzen Einhalt gebieten sollte, dachte nur daran, ebenfalls die Gelegenheit zu nutzen. Sie hatte vier Schatzmeister ernennen lassen, von denen ihr jeder zum Dank zweitausendfünfhundert Livres schenkte. Die Sache wurde ruchbar, und es erhoben sich einige dazu berechtigte Stimmen, um dies Isabeau vorzuwerfen, unter anderem Jouvenel des Ursins. Er protestierte gegen einen solchen Kauf von Ämtern, die ausschließlich sachkundigen ehrenhaften Männern vorbehalten bleiben sollten.

Auch Christine spricht von Leuten, »die mit Geldangelegenheiten zu tun haben«. Viele davon sind Schatzmeister und Steuereinnehmer, die so in weniger als zehn Jahren beachtlichen Reichtum anhäufen. Sie kennt solche Männer zur Genüge aus der Zeit, da sie gezwungen war, sich ständig in der Nähe des Parlements aufzuhalten.

> Dort sah ich ihren Hof bevölkert von Leuten,
> Ausgestattet mit Kästen für Schuldbriefe,
> Sowie allem, was dem Ziel des Geldeintreibens diente.

Zu demselben Gegenstand erhebt auch Jean Gerson seine kräftige Stimme. Am 7. November 1405 prangert er in Anwesenheit des Königs das skandalöse Treiben bei Hofe an und fordert, »daß die Rechtsbeamten oder andere nicht für Geld genommen werden sollten«. Er wendet sich auch gegen die extrem hohen Abgaben, über die das gemeine Volk in Frankreich murrt. »Tragt nichts weg«, sagt er zu den Großen des Reichs, »nehmt nichts an Euch, ohne entsprechend dafür zu zahlen«, und den König fleht er an, sich dem Volk gegenüber »als gütig, milde, gerecht und klug zu erweisen, denn es sei unübersehbar am Ende seiner Geduld«.

Doch die Großen denken nur daran, einander in den damals so beliebten Emblemschlachten zu verhöhnen. Ludwig von Orléans nimmt einen knorrigen Stock in sein Wappen auf und wählt die Devise: »Ich ärgere ihn«. Johann ohne Furcht entscheidet sich bald darauf für einen Hobel als Wahrzeichen und die Devise: »Ich halte ihn«, und die auf burgundischer Seite stehenden Damen tragen bald an ihren Kleidern silberne Hobelspäne. Doch Johanns und Ludwigs Rivalität äußert sich nicht nur auf diese Weise, sondern auch in Entscheidungen, die die Zukunft des Reichs betreffen.

Christine ist nicht die einzige, der diese Dinge Unbehagen bereiten. Auch die alten Onkel des Königs, der Herzog von Bourbon und der Herzog von Berry, sind der Meinung, daß am französischen Hof ein gefährliches Spiel im Gange ist. Am 16. Oktober 1405 gelingt es ihnen erstmals, Ludwig und Johann miteinander auszusöhnen; die beiden speisen und trinken zusammen, dann beschließen sie, ihre Heere zu entlassen. Im folgenden Jahr finden sie sich aus festlichem Anlaß in Compiègne vereint. Eine Doppelhochzeit wird gefeiert: Karl von Orléans, Ludwigs Sohn, heiratet die ehemalige Königin von England,

Isabella von Frankreich, Tochter Karls VI., seine Kusine; und Johann von Touraine, der zweite Sohn des Königs von Frankreich, heiratet Jakobäa von Bayern, Tochter des Grafen von Osterbant, Wilhelm II. von Bayern. Jakobäa weiß nicht, daß für sie diese Hochzeit die erste von mehreren ist, denn sie wird insgesamt viermal heiraten. Isabella von Frankreich indes weint sich fast die Augen aus trotz der sie umgebenden Pracht und all der Anstrengungen, die gemacht werden, um dieser Doppelhochzeit den Anstrich einer Versöhnung zwischen den beiden rivalisierenden Häusern von Frankreich und Burgund zu geben: Ihr Gemahl, der künftige Dichterfürst, ist erst elf Jahre alt, und sie selbst verliert ihren Titel einer Königin von England, auf den sie so großen Wert legt, obwohl dies eigentlich lächerlich ist. Zu ihrer Entschuldigung sei jedoch gesagt, daß sie selbst auch erst sechzehn Jahre zählte ...

Würden diese Hochzeiten tatsächlich den Frieden bringen? Johann ohne Furcht bemüht sich plötzlich um Popularität. Er gibt den Parisern das Recht zurück, aus Sicherheitsgründen Ketten in den Straßen zu spannen; nach dem »Aufstand der Streitkolben« waren ihnen diese Ketten weggenommen worden, und nun werden bei den Pariser Schmieden sechshundert neue in Auftrag gegeben. Innerhalb von acht Tagen sollen sie fertig sein und angebracht werden. Offensichtlich will der Herzog aus den Erfahrungen eines Etienne Marcel Nutzen ziehen. Von nun an entscheidet sich das Schicksal des Königreichs in Paris. Sprechen die beiden zur damaligen Zeit zirkulierenden Schmähschriften, ›Songe véritable‹ (Wahrer Traum) und jenes andere Spottgedicht ›L'Apparition Maître Jean de Meung‹ (Die Erscheinung Magister Jean de Meung), das sein Verfasser Honoré Bouvet seinem Vater gewidmet hat, nicht beide für das Haus Burgund? Im übrigen wird Johann ohne Furcht kräftig unterstützt von den großen Finanzgewaltigen der Zeit, insbesondere von dem Luccheser Dino Rapondi, der auch einst nach Nikopolis die hohe Lösegeldsumme vorgestreckt hatte. Für Johann ohne Furcht kam diese finanzielle Hilfe zur rechten Zeit, denn Ludwig von Orléans hatte die Bezüge und Apanagen der Fürsten zunächst verringert und dann vollständig gestrichen. In der königlichen Ratsversammlung liefern sich Ludwig und der Burgunder Johann einen lautlosen, aber erbitterten Kampf.

Die Tragödie vom 23. November 1407 ist dann der Punkt, an dem es kein Zurück mehr gibt.

»Es war ziemlich dunkel in jener Nacht«, vermerkt der Chronist Monstrelet. Ludwig von Orléans hatte gerade Königin Isabeau einen Besuch abgestattet, die nach der Geburt ihres zwölften Kindes noch im Wochenbett lag. Dieses Kind, ein Knabe, war auf den Namen Philipp getauft worden und schon nach wenigen Stunden gestorben. Nun kam der Kammerherr des Königs, Thomas de Courtheuse, zum Herzog: »Mein Herr, der König schickt nach Euch, und Ihr müßt sogleich zu ihm eilen, denn er hat eine für Euch und ihn äußerst wichtige Sache mit Euch zu besprechen.« Ludwig ahnt nicht, daß diese Aufforderung zu dem sorgfältig vorbereiteten Komplott gehört, an dem auch Thomas beteiligt ist. Begleitet von zwei Junkern und fünf oder sechs Lakaien, die Fackeln tragen, macht er sich auf den Weg. An der Ecke der Rue de Polie stürzt sich eine Bande von etwa zwanzig Bewaffneten, die in einer Herberge beim Barbettetor, »beim Gnadenbild der Jungfrau«, auf ihn gewartet hatte, über ihn her, kreist ihn ein. »Ich bin der Herzog von Orléans!« – »Ihr seid es, den wir suchen!« Drei Männer aus dem Gefolge des Herzogs fallen. Ludwig wird der Schädel zertrümmert. Man läßt nicht von ihm ab, sein Hirn fließt in den Schlamm, der rechte Arm wird ihm ausgerissen, die linke Faust abgehauen, es ist ein blutiges Gemetzel, dem erst eine Stimme aus dem Dunkeln ein Ende setzt: »Alle Lichter aus. Laßt uns fortgehen! Er ist tot, verzagt nicht!«

>   Für den edlen Herzog von Orléans
>   Bitte ich Dich, den stets wachsamen Feind
>   In Banden zu halten.
>   Bitte Deinen Sohn, er möge dem Herzog und den Seinen
>   Alle Güter im Überfluß gewähren
>   Und seine Seele ins Paradies aufnehmen.

hatte Christine vor einiger Zeit in ›Oraison Notre-Dame‹ (Gebet an die Mutter Gottes) geschrieben.

Ludwigs Leichnam wurde nicht in sein prächtiges, mit irischem Holz getäfeltes Gemach gebracht, dessen Wände mit Goldbrokat bespannt waren, übersät von eingewebten Rosen und mit rotem Samt umrändert, sondern direkt in die Kirche der Diener der Heiligen Jungfrau. Am nächsten Morgen wurde er in der Kirche der Zölestiner beigesetzt. Johann ohne Furcht erschien bei den Trauerfeierlichkeiten und spielte sogar den Betrübten. Doch der Profoß von Paris, Guillaume de Tignonville, hatte bereits die Ermittlungen eingeleitet. Nicht lange und er ließ einen gewissen Raoulet d'Anquetonville, einen hochverschuldeten und wegen verschiedener Betrügereien verurteilten Mann, festnehmen, der in den Diensten des Herzogs von Burgund stand. Zwei Tage später gab Johann ohne Furcht vor den fassungslosen Herzögen von Anjou und Berry sein Verbrechen zu. »Durch Eingebung des Teufels habe ich diesen Mord begangen.« Am nächsten Tag, dem 26. November 1407, verließ er im Morgengrauen heimlich Paris und begab sich auf schnellstem Wege nach Flandern.

Vielleicht erfuhr Christine durch ihren Freund, den Profoß, alle Einzelheiten der Tragödie, doch gewiß war sie auch selbst in der Lage, die politische Geschicklichkeit des Mörders zu beurteilen.

Daß der Herzog von Burgund geschickt war, bewies er durch sein rasches Verschwinden. Die Erschütterung, die dieses in den Annalen des französischen Königshofs noch nie dagewesene Drama auslöste, und das Mitleid mit der schönen jungen Witwe Valentina Visconti, deren Schmerz dem Volk sehr naheging (sie hatte sich nach Château-Thierry, dann in ihr Schloß Blois zurückgezogen, wo sie sich »Nichts hab ich mehr, mehr hab ich nicht« zur Devise wählte und die schwarze Kleidung nicht mehr ablegte), hatten für eine gewisse Zeit ein Klima geschaffen, das Johann ohne Furcht natürlich abträglich war. Doch bereits sehr bald kursierten Gerüchte, daß man bei den Metzgern ebenso wie unter den Hochschullehrern selbstgefällig sagte, Herzog Ludwig sei nur ein Ehrgeizling gewesen, er selbst habe geplant, Johann ohne Furcht aus dem Weg zu räumen. Sein Benehmen dem König gegenüber sei überaus seltsam gewesen, möglicherweise habe er seinem Bruder Gift gegeben und damit dessen Anfälle von Geistesgestörtheit ausgelöst. Entrüstet sammelte Christine die Reaktionen auf diese Gerüchte, die unter ihren einstigen Gegnern, den Mitgliedern der Pariser Universität, umgingen. Einige von ihnen scheuten nicht davor zurück, den Mörder einen Helden, den Retter des Königreichs zu nennen. Oh, Macht der Meinung!

In ihrem Werk, das sie ›L'Avision Christine‹ (Vision der Christine) nennt, schildert die Dichterin ihre Begegnung mit der Dame Meinung. Es ist ein Traum, den sie erzählt, ein in der Literatur sehr oft angewendeter Kunstgriff. Sie weilte in der würdigen Stadt Athen, der Wiege aller Universitäten: »Hocherfreut, an eine so edle Universität gelangt zu sein, wo ich meinen

Geist mit ihrem Wissen tränken wollte, hielt ich unter den Schülern der verschiedenen wissenschaftlichen Fakultäten inne, die über so mancherlei Fragen miteinander stritten und Argumente entwickelten.« Doch plötzlich, »als sie den Blick hebt«, sieht sie an der Decke »eine große Zahl aneinandergedrängter dunkler Flächen wie Wolken am Himmel«. Sie sind vielfarbig, vermengen sich, sind nicht voneinander zu unterscheiden, bilden schließlich so etwas wie einen »großen weiblichen, körperlosen Schatten«. Es ist Frau Meinung. Diese unbestimmte Vision, deren Gestalt sich ständig verwandelt, spricht zu Christine: »Ich fuße auf dem, was die Vorstellungskraft dem Menschen eingibt, ob Gutes oder Böses, oft urteile ich falsch und nenne eine Sache gut, während sie in Wirklichkeit schlecht ist und umgekehrt. Darum geschieht es häufig, daß ich grundlos lieben und hassen und unverdienterweise verleumden lasse... nie bin ich mir einer Sache sicher: Gäbe es Gewißheit, wäre es mit mir vorbei... weder bin ich, noch wohne ich irgendwo, wenn Unwissenheit und Verstand nicht beisammen sind.«

Diese Göttin im Halbton, ohne Form und Farbe, ist jedoch ungeheuer mächtig. Während Christine ihren Worten lauscht, wird ihr klar, daß sie für viele »Aufstände, Debatten, Unruhen und Schlachten« verantwortlich ist, und Frau Meinung selbst beschreibt ihre Tätigkeit hochmütig mit folgenden Worten: »Seht und schaut, welche Zwietracht ich selbst zwischen Fürsten säe, die vom gleichen Blute und natürlich Freunde sind... durch meine Vielseitigkeit werden sie zu Feinden. Und überlegt man sich, welche Gründe sie dazu bewegen, so denke man an die Versammlungen von sogenannten Weisen, die alle... Meinungsverschiedenheiten untereinander haben.« Christine, die Frau Meinung streng verurteilt, folgert daraus für sich: »Wahrhaftig, Ihr seid die Tochter der Unkenntnis und wegen eben dieser Unkenntnis der Menschen wird die Welt mehr durch Euch regiert denn durch das Wissen.«

Diese Überlegungen voller Weisheit und erstaunlicher Vorahnung schrieb Christine zwei Jahre vor der Ermordung des Herzogs von Orléans zu der Zeit, da sie sich bemühte, der Königin bewußt zu machen, auf welchen Abgrund das Reich 1405 zusteuerte.

›Le livre des faits et bonnes mœurs de Charles V‹ (Das Buch der Taten und guten Sitten Karls V.) hatte Christines Ehrgeiz geweckt und ihm Richtung gewiesen. Sie hatte gemerkt, daß sie imstande war, ernstere und bedeutendere Werke zu schreiben als in der Vergangenheit.

In diesen düsteren Jahren beschäftigt sie sich daher vor allem mit der politischen Lage des Landes und versucht, auf die Großen, deren Ohr sie hat, ein wenig einzuwirken und ihr Interesse für das Gemeinwohl zu wecken. Dabei ist ihr durchaus klar, daß diese Männer, die nur Krieg zu führen verstehen, ehrgeizigen Träumen nachhängen und sich vor allem um Einflußnahme auf die Regierungsgeschäfte bemühen, von der Königin das vernehmen, was nur eine Frauenstimme verständlich machen kann: Nämlich daß das oberste Ziel eines Herrschers das Wohl der Bevölkerung, der Frieden zu sein hat. Gewiß hatte Königin Isabeau Verständnis für Christines Anliegen, aber vielleicht besaß sie nicht die nötige Persönlichkeit – im Gegensatz zu Königin Blanka vor zweihundert Jahren –, um die Zwistigkeiten zwischen den Fürsten zu schlichten.

So kam es, daß Christine, kaum hatte sie ›Le livre des faits et bonnes mœurs de Charles V‹ (Das Buch der Taten und guten Sitten Karls V.) beendet, sogleich mit einem neuen begann, nämlich mit ›Le livre du corps de policie‹ (Das Buch vom Staatswesen). Dem Herzog von Orléans widmete sie auch ›Le livre de la Prod'hommie de l'homme‹ (Das Buch von der Besonnenheit des Menschen), das sie in zwei Fassungen schrieb, die zweite mit dem Titel ›Le livre de la prudence‹ (Das Buch von der Umsicht). Seit dem Frühjahr 1405 hatte sie das bedeutende Werk ›Le trésor de la cité des dames‹ (Der Schatz der Stadt der Frauen) oder ›Le livre des trois vertus‹ (Das Buch von den drei Tugenden) geschrieben, zugeeignet der jungen Thronfolgerin von Frankreich, Margarethe von Burgund, Tochter Johanns ohne Furcht, der sie es am 7. November des Jahres 1405 übergab. In diesem Buch wendet sich Christine an die edlen Frauen, ruft sie auf, sich der gefährlichen Lage, in der sie leben, klarzuwerden. Ständig gebe es im Reich Zwistigkeiten, immer wieder werde gekämpft, doch was das Volk brauche, seien nicht Kämpfe, sondern Frieden.

Zur selben Zeit, wahrscheinlich sogar ein wenig früher (zwischen dem 13. Dezember 1404 und April 1405), entstand ein erster Entwurf zu einem Werk mit dem Titel ›Le livre de la cité des dames‹ (Das Buch von der Stadt der Frauen): Frau Vernunft, Frau Gerechtigkeit und Frau Rechtschaffenheit raten Christine, ihnen beim Bau einer Stadt zu helfen, die allen wehr- und schutzlosen Frauen Wohnstatt sein könnte. Unnötig zu sagen, daß dieses Werk ihre eigene Erfahrung spiegelt. Daneben stellte sie auch noch das Schicksal der Kriegerwitwen und jener Frauen, die durch Seuchen oder private Streitigkeiten, wie sie in unruhigen Zeiten vorkommen, in denen der Haß leicht überkocht, ihre Ehemänner verloren hatten. Alle ihre Werke vermitteln ein klares Bild der damaligen Gesellschaft: so wie sie ist, aber auch so, wie sie sein könnte, wenn man den Frauen mehr Gehör schenken würde.

Christine wurde gelesen. Sie wurde auch jenseits der Grenzen gelesen und zwar aufmerksamer als in Frankreich – wie dies oft geschieht. ›Le livre du corps de policie‹ (Das Buch vom Staatswesen) wurde ins Englische übersetzt und in London veröffentlicht, während es in Frankreich nach 1521 nicht mehr aufgelegt wurde. Erst 1940 erschienen einige Auszüge daraus in Frankreich! Der vollständige Text erschien 1967 in der Schweiz, herausgegeben von Robert Lucas, Professor an der Universität von Kalifornien.

Doch da ist andererseits eine Stimme, auf die man in Frankreich und selbst in Paris ab 1408 sehr genau hört. Es ist die Stimme von Jean Petit.

Jean Petit ist ein Doktor der Universität von Paris, der am Kolleg des Schatzmeisters – einer normannischen Stiftung – studiert und von Philipp dem Kühnen, Herzog von Burgund, »eine gute große Rente« erhalten hatte, »um ihm zu helfen, die Schulen zu besuchen«. Er hatte seine akademischen Grade in der vorgeschriebenen Reihenfolge bis hinauf zum Doktor der Theologie erworben. Der aus dem Bacqueville-Tal bei Dieppe stammende junge Mann zeigte sehr bald seine Begabung, sich ertragreiche Pfründen zu verschaffen: zuerst in Rouen, (Saint-Martin), dann in Bénéglise und schließlich in Paris.

Christine hatte gewiß schon früher von Magister Jean Petit gehört. Aufgefallen war er vor allem bei jenen endlosen Debatten, die an der Universität von Paris über die Kirchenspaltung geführt wurden. Im November 1406 hatte sich eine Versammlung von Geistlichen zwei Tage lang einen Diskurs Jean Petits angehört. Der Ton des Redners, seine derbe und teilweise gekünstelte Sprache, sein gesamtes Gebaren erinnerte an Jean de Meung, den die Dichterin verabscheute. So etwa schalt er jenen, der sich den Namen Benedikt XIII. zugelegt hatte, »stur wie ein Maultier« (übrigens nicht ganz zu Unrecht, denn der Mondpapst, so genannt wegen seines Familiennamens Pedro de Luna, beharrte eigensinnig darauf, die Tiara zu tragen, ohne überhaupt dazu berechtigt zu sein). Seine Prokuratoren, die das Visitationsrecht ausübten, waren für ihn lediglich »Geschmeiß«. Jean Petit gehörte zu jenen Hochschullehrern, die eine eigenständige Kirche anstrebten. Das Schisma gab ihm Gelegenheit, unverblümt für die radikale Lösung einzutreten, die sich viele seiner Kollegen wünschten. Bereits 1392 hatte er übrigens ein Gedicht mit dem Titel ›Complainte de l'Eglise‹ (Klage der Kirche) veröffentlicht, in dem er kein Blatt vor den Mund nahm.

Ende Dezember 1407 hatte der Herzog von Burgund Jean Petit nach Amiens gerufen. Nachdem er schon mehrere Jahre der halbamtliche Berater der herzoglichen Familie gewesen war, wurde er nun ihr offizieller Ratgeber und Sprecher. Zwei Monate später traf Johann ohne Furcht sich mit ihm in Laon, von wo er mit einem von ihm ausgerüsteten Heer nach Paris marschierte. Am 28. Februar 1408 zog er in der Hauptstadt ein. Einige Tage später, am 8. März, fand im großen Saal des Saint-Paul-Palastes eine feierliche Sitzung statt. Sorgfältig ausgewählte Pariser Honoratioren, zahlreiche Hochschullehrer, die Prinzen der königlichen Familie und mit ihnen Verschwägerte waren eingeladen worden. Der Herzog von Burgund, in rotem, mit Goldblättern besticktem und mit Feh gefüttertem Samtgewand, führte den Vorsitz. Wenn er den Arm hob, um einige besonders hochgestellte Gäste zu begrüßen oder einem Redner das Wort zu erteilen, konnte man durch die weiten offenen Ärmel sein Kettenhemd sehen. Magister Jean Petit begann um Punkt zehn Uhr die von ihm verfaßte ›Justification‹ (Rechtfertigung) zu verlesen. Er sprach vier Stunden lang ohne Unterbrechung.

Im wesentlichen war die mit unzähligen Zitaten von Aristoteles, Seneca und Cicero, aber auch von Augustinus und dem heiligen Thomas von Aquin angereicherte ›Justification‹ eine jener Stilübungen, in denen die Pariser Universitätslehrer Meister waren. Ein Syllogismus in drei Punkten: Es ist gestattet, einen Tyrannen zu töten; Ludwig von Orléans, Bruder des Königs, war ein echter Tyrann; darum tat der Herzog von Burgund recht daran, ihn zu töten. Diese glänzende Argumentation hatte Jean Petit bereits in Amiens vorgetragen, wenn auch in einfacherer Form: »Es war für den Herzog von Burgund statthaft gewesen, das zu tun, was er dem Herzog von Orléans angetan hatte, und, wie er sagte, hätte er es nicht getan, hätte er schwer gesündigt.« Da aber nicht auf Anhieb genau zu erkennen war, worin Ludwig von Orléans sich als Tyrann gezeigt hatte, entwickelte Jean Petit diesen zweiten Punkt sehr ausführlich unter Zuhilfenahme aller möglichen Klatschgeschichten, was mit der rationalen Logik, welche die Universität für sich beanspruchte, freilich kaum vereinbar war. Er beschuldigte darin den Herzog der Hexerei, wobei er eine Reihe eindeutiger Einzelheiten anführte. Makabre Szenen hätten sich im Turm von Montjay bei Lagny abgespielt, Teufelsbeschwörungen durch einen unkeuschen Mönch, der einen Ring, ein Schwert und ein großes Messer gehabt hätte; die herbeigerufenen Dämonen hätten diese Gegenstände rot gefärbt. Er sei mit einem Junker und einem Knecht gekommen, und auch der Prinz sei zugegen gewesen. Den Ring hätten sie dann einem am Galgen von Montfaucon Gehängten in den Mund gesteckt, und der Herzog von Orléans habe ihn anschließend dazu benutzt, seinen Bruder, den König, in den Wahnsinn zu treiben. Er habe ihm auch eine Flüssigkeit zu trinken gegeben, die Pulver aus den Knochen und Körperhaaren dieses Gehängten enthielt. Der Herzog von Orléans habe übrigens auch andere Zaubermittel gekannt: Habe er nicht stets einen Kornelkirschenzweig bei sich getragen, mit dem er sich jede Frau, der er begegnete, gefügig machen konnte? Im Schloß Neauphle habe man ihn ein weißes Pulver über den für den König bestimmten Braten streuen sehen. Der Almosenier der Königin, der davon aß, starb kurze Zeit später daran. Außerdem: War es auf jenem berüchtigten Ball der Brennenden nicht der Herzog gewesen, der mit einer lodernden Fackel die als Wilde verkleideten Unglücklichen, darunter den König, der nur wie durch ein Wunder gerettet worden war, angezündet hatte? Kurzum, Jean Petit setzte alles daran, Ludwig von Orléans des Majestätsverbrechens, des Hochverrats, der Zauberei zu bezichtigen, da er ihn nicht als Tyrannen entlarven konnte. Es folgten Beschuldigungen auf politischem Gebiet: Petit ging sogar so weit, daß er den Herzog von Orléans anklagte, an dem Komplott Heinrichs von Lancaster gegen Richard II., König von England, beteiligt gewesen zu sein. Der Herzog von Burgund habe also durchaus recht getan, ihn ermorden zu lassen, und statt ihn dafür zu tadeln, sollte der König ihn eigentlich zur Belohnung mit »Liebe, Ehre und Reichtum« überhäufen.

Diese überraschenden Ausführungen sind in mehreren Handschriften auf uns gekommen. Bei mindestens dreien davon handelt es sich um sehr kostbare Werke, auf deren Miniaturen man stets einen Wolf sieht, der sich über die Krone hermacht, während ein Löwe ihn mit einem Prankenschlag umwirft. Es ist der burgundische Löwe (er war Bestandteil des herzoglichen Wappens), der den Wolf (loup = Ludwig) daran hinderte, dem König Schaden zuzufügen. Die Ausführungen Petits waren von einer Gruppe Universitätsprofessoren sorgfältig vorbereitet worden, die nun den Rat von Johann ohne Furcht bildeten. Unter ihnen befand sich ein Rektor der Universität von Paris, dessen Name in die Geschichte eingehen sollte: Pierre Cauchon.

Man kann sich vorstellen, wie sehr eine solche Argumentation, in der Logisches dicht neben den gemeinsten Verleumdungen stand, die Pariser überraschte. In Christines Augen waren es typische Machenschaften der Dame Meinung, die ein Mischmasch aus Wahrem und Erfundenem verbreitete, mit dem unfehlbaren Ergebnis, daß Zank und Hader entstanden.

Die Pariser Universität leistete dabei wertvolle Hilfestellung. Was ist nicht alles mit plausiblen Argumenten zu beweisen? Ganz zu schweigen von der tatsächlichen Macht, die die Universität mit ihren fünfundvierzig Kollegien darstellte. Angeblich soll bei einer Prozession der Universität nach Saint-Denis die Spitze des Festzuges die königliche Basilika bereits erreicht haben, während der Rektor, der am Ende ging, sich noch in Les Mathurins befand! Die Zeitgenossen sind sich des moralischen und politischen Einflusses dieser Institution wohl bewußt. Als Beispiel hierfür sei der Chronist Karls VII., Gilles le Bouvier, genannt, der folgendes sagt: »Die genannte Universität hatte in jener Zeit so große Macht in Paris, daß sie, wenn sie sich einer Sache annahm, diese unbedingt zu Ende bringen mußte, und sich auch in die Regierung des Papstes und des Königs und in ganz andere Dinge einmischen wollte.«

Mit dieser Inszenierung, zu der er die Universität von Paris herangezogen hatte, beeindruckte Johann ohne Furcht zumindestens diejenigen, die sich im Saint-Paul-Palast eingefunden hatten. Der König selbst war nicht zugegen (er litt gerade wieder unter einem Anfall von Geistesgestörtheit), doch einer seiner Söhne, Ludwig Graf von Guyenne, war anwesend, und mit ihm Ludwig II. von Anjou, die Herzöge von Berry und der Bretagne, die Grafen von Alençon und Tancarville. Hatten sie sich überzeugen lassen? Man weiß es nicht. Zumindest schienen sie so beeindruckt, daß, wie Jouvenel des Ursins schreibt, »keiner so kühn war, daß er das Gegenteil zu behaupten wagte«.

Dem Mörder war es also gelungen, die Meinung zu seinen Gunsten zu verkehren. Als der König wieder bei Verstand ist, stellt er Johann ohne Furcht die Begnadigungsbriefe aus, die ihn von aller Schuld freisprechen. Man fragt sich, ob die Ansprache auf seinen damals elfjährigen Sohn Ludwig solchen Eindruck gemacht hatte! Jedenfalls ist der unglückliche Karl VI. immer mehr nur noch eine Marionette, ein willfähriges Werkzeug des jeweils letzten Gesprächspartners.

Doch wie kann man darüber so ganz und gar die Witwe vergessen, fragt sich Christine voller Bitterkeit. Für sie, die selbst dieses Schicksal erlitten hat und in ihren Versen die Großen, die Edlen, zu rühren versucht, alle jene, in deren Macht es läge, sich für die Witwen einzusetzen, sie schmerzt es zu sehen, wie man Valentina Visconti vergißt. Diese hatte sich, als Johann ohne Furcht und seine Mannen – unter Befehl von Jean de Vergy, dem Marschall von Burgund, der vor keiner militärischen Handlung, welcher Art auch immer, zurückschreckte – sich Paris näherten, in ihr Schloß Blois geflüchtet, wo sie die Nachricht von der Versammlung des 8. März erreicht. Sie hat jedoch weder die Hoffnung aufgegeben noch den Willen verloren, ihr Recht zu fordern. Da ergibt sich bereits eine Gelegenheit: Johann ohne Furcht muß Paris verlassen, denn die Lütticher haben sich gegen seinen Schwager Johann von Bayern, den er ihnen als Bischof aufgezwungen hat, erhoben. In Maastricht belagert, ersucht dieser ihn dringend um Hilfe. Der Herzog von Burgund verläßt mit seinen Truppen also Paris. Nun entschließt sich Valentina zu handeln und begibt sich nach Paris. Natürlich hat der Herzog von Burgund ihm treu ergebene Männer zurückgelassen: So etwa war der Profoß Guillaume de Tignonville, Christines Freund, abgesetzt worden. Man legte ihm – wie einst Hugues Aubriot – zur Last, die Privilegien der Universität verletzt zu haben. Der Hof kann nicht umhin, Valentina aufzunehmen und ihrer Bitte nachzukommen. Eine feierliche Versammlung findet statt, um sich ihr Ersuchen zumindest anzuhören, und am 11. September 1408 wird Jean Petits ›Justification‹ durch den Abt von Cérisy, Thomas du Bourg, widerlegt. Valentina ist anwesend, ganz in Schwarz gekleidet. Ihr Anwalt Guillaume Cousinot und ihr Kanzler Pierre l'Orfèvre stehen ihr zur Seite; außerdem hat Herzog Johann V. eine Truppe Bretonen zu ihrem Schutz nach Paris entsandt. Königin Isabeau empfängt ihre Schwägerin mit großer Herzlichkeit. Valentinas Sache scheint gewonnen, selbst als Frau Meinung fortfährt, die Gemüter zu verwirren und die Tatsachen zu verdrehen.

Zur selben Zeit erringt Johann ohne Furcht, seinem Beinamen gerecht werdend, den er vielleicht auch erst bei dieser Gelegenheit erhielt, in Othée bei Tongres einen glänzenden Sieg über die Lütticher. Und während Johann von Bayern, der mit Gewalt wieder in sein Amt eingesetzt wird, sich auf niederträchtigste Weise rächt, indem er alle Freiheiten abschafft, die die Untertanen dieses Fürstbischofs besaßen, ihr Banner ins Feuer und die Rebellenführer in die Maas wirft, kehrt Johann ohne Furcht, wie einst sein Vetter Karl VI. nach Roosebecke, mit der Selbstgefälligkeit des Siegers nach Paris zurück. Im Lager Orléans herrscht Bestürzung. Königin Isabeau, verzweifelt über einen neuerlichen Anfall von Geistesgestörtheit Karls VI., zieht sich nach Tours zurück und übt dort eine Art Regentschaft aus. Nun hat der Sieger freie Bahn. Am 28. November zieht der Herzog von Burgund an der Spitze seiner Truppen in die Hauptstadt ein, während Valentina in Blois, von diesem neuen Schlag tödlich getroffen, einige Tage später am 4. Dezember dieses schweren Jahres 1408 ihr Leben beschließt.

Dem Burgunder stehen jetzt nur noch die drei Söhne des Hauses Orléans gegenüber: der älteste, Karl, siebzehn Jahre alt, der bald Witwer sein wird, da seine Gemahlin Isabella von Frankreich 1409 stirbt, Philipp von Vertus und Johann von Angoulême. Doch während der unermüdliche Universitätsprofessor Jean Petit eine Widerlegung der vom Abt von Cérisy verlesenen Antwort ausarbeitet, in der er ihn beiläufig einen »Grünschnabel und ruhmreichen Esel« heißt, seine Argumentation als »geschwätzig, irreführend und unehrenhaft« abtut, wechselt der Burgunder die Taktik. Jean Petit bemüht sich vergebens. Nun wird in der Kathedrale von Chartres eine Sitzung vorbereitet, in der Burgund und Orléans miteinander versöhnt werden sollen. Sie findet am 9. März in Anwesenheit König Karls VI. und Königin Isabeaus, der Herzöge von Berry und Bourbon, der Grafen von Alençon und Vendôme und der Mitglieder des Parlements, der Rechnungskammer und des Großen Rates, also des Hochadels und der Verwaltung, statt. Vor den Toren stehen zwei Eskorten von je sechshundert Bewaffneten, die jeder der beiden verfeindeten Fürsten mitgebracht hat. Eine kurze, aber feierliche Zeremonie. Sie schließt mit einem Versöhnungsschwur, und wie stets bei Friedensverträgen wird eine Hochzeit vereinbart: Philippe von Vertus soll eine Tochter Johanns ohne Furcht ehelichen.

Jean Petit jedoch, der eloquente Professor, brachte unbeirrbar den Rest seines Lebens damit zu, noch eine dritte ›Justification‹ zu verfassen, ehe er am 15. Juli 1411 auf seinem – übrigens sehr komfortablen – Alterssitz in Hesdin starb. Obwohl der Herzog von Burgund von seinen letzten Werken keinen Gebrauch gemacht hatte, war das Entgelt für Petits Ratgebertätigkeit verdoppelt worden. Doch durch den Gang der Geschichte waren seine Advokatenspitzfindigkeiten bald überholt. Karl von Orléans, nach dem Tod Isabellas von Frankreich mit achtzehn Jahren Witwer, heiratete 1409 Bonne d'Armagnac; sie war die Tochter Bernhards VII. von Armagnac, einem Grundherrn im Süden des Landes, der sehr reich und vor allem mit einer guten Verteidigung versehen war. Die Luccheser Kaufleute am Hof des Herzogs von Burgund vermerkten in ihren Korrespondenzen, daß er »der größte und mächtigste Herr dieses Königreichs bleibt. Seine Macht«, so sagten sie, »fußt auf den Truppen, die er (jederzeit) in seinen Ländereien ausheben kann. Er kann so viele aufstellen, daß er niemanden zu fürchten braucht.« Doch Südfrankreich lieferte auch andere Truppen, nämlich Gascogner, die sich gern als Söldner verdingten und dem König von Frankreich verbunden blieben. Der Ausdruck »armagnacisch«, den Christine in dem Jahr, das eine echte Wende in den Geschehnissen brachte, zum ersten Mal hörte, erhielt bald die Bedeutung, die er in der Geschichte beibehielt: Im gespaltenen Frankreich stehen auf der einen Seite die Burgunder, auf der anderen die Armagnacs.

Christine spürte es: Auf die Herrschaft von Frau Meinung würde nun die der Gewalt folgen, die jene hervorgerufen hatte. Der Friede von Chartres war von Jean de Montagu ausgehandelt worden, einem der Ratgeber Karls V., den sie gut kannte. Doch am 17. Oktober wurde Jean de Montaigu nach langen Folterungen auf Befehl Johanns ohne Furcht enthauptet. Der Burgunder mußte sich seiner Macht sehr sicher sein, denn der Bischof von Paris, Montaigus Bruder, bat vergebens um die Herausgabe des Leichnams, der in Montfaucon zur Schau gestellt blieb. In Paris ging die Angst um. Um seinen Sieg zu festigen, söhnte sich der Burgunder mit Isabeau von Bayern aus. In Melun verbündete sie sich im darauffolgenden Monat (am 11. November 1409) mit Johann, der als Profoß von Paris sogleich einen seiner Parteigänger, Pierre des Essarts, einsetzte.

Die Gegenseite, die Partei der Armagnacs, pariert umgehend und schließt ihre Reihen. Die beiden bis dahin unschlüssigen

Herzöge von Bourbon und Berry entscheiden sich, durch den Ehrgeiz des Herzogs von Burgund erschreckt, für die Armagnacs. Im Vertrag von Gien (15. April 1410) wird eine Truppenaushebung für die Orléanisten beschlossen. Am 23. April schreibt Christine an den Herzog von Berry mit der Bitte, alles zu versuchen, damit der Friede wiederhergestellt werde. Danach schrieb sie sich in ›Lamentation sur les morts de la guerre civile‹ (Klage über die Toten des Bruderkriegs) ihren Kummer von der Seele. Diesmal sind es die Bemühungen der Universität, die zu einem neuerlichen Scheinfrieden führen, dem Frieden von Bicêtre. Doch wenn man sich an diesem 2. November 1410 dafür einsetzte, das Sammeln von Truppen zu verbieten und zu verhindern, so geschah dies in erster Linie zugunsten des Herzogs von Burgund, der seine Truppen bereits ausgehoben und aufgestellt hatte und keinen Wert darauf legte, daß andere sich formierten und Paris bedrohten, wo er nun das Zepter schwang.

Nach einer kurzen Zeit der Unentschiedenheit löste Karl von Orléans den Krieg aus. Am 11. Juli 1411 ersuchte er den König, die Universität und alle Bürger der Stadt Paris, für den Mord an seinem Vater Gerechtigkeit zu fordern, was bis dahin nicht geschehen war. In der folgenden Woche, am 18. Juli 1411, sandte er an Johann ohne Furcht einen Fehdebrief. Pierre des Essarts, Profoß von Paris, bedrohte den Boten, der ihn ihm überbrachte, und schwor, fortan jeden Herold ohne Verfahren hinrichten zu lassen, der ihm eine Nachricht dieser Art überbrächte.

Christine hatte mit Sorge beobachtet, wie sich im Umkreis von Saint-Jacques de la Boucherie verdächtige Gruppen zusammenrotteten. Es war das Viertel der Metzger, denen die Pariser Großschlächter ihre Hackbänke vermieteten. Bis zum Quai de la Mégisserie, wo die Zurichter und Lederfärber lebten, rebellierten die Arbeiter, die Enthäuter, Lederbereiter, Gerber, Schlachter und andere: ein nicht ungefährlicher Pöbel, den die allmächtigen Herren des Pariser Fleischerhandwerks, die vom Viehgroßhandel und dem Verkaufsgewinn lebten, ohne selbst Hand anzulegen, leicht manipulieren konnten. Bekannt waren vor allem die Legoix, eine Metzgerdynastie, die – Vater und drei Söhne – in diesem Viertel von Paris praktisch uneingeschränkt herrschten. Der Vater gehörte zu den Vertrauten Johanns ohne Furcht.

Christine verließ in den Schreckenstagen, die nun folgten, wohl kaum ihre Wohnung, während die Königin nach Corbeil floh, um sich dem burgundischen Einfluß zu entziehen. Bis in den Rat des Herzogs hinein herrschte Furcht und Schrecken; der Bischof von Saintes, der in dessen Auftrag ein öffentliches Schuldbekenntnis vorschlug, damit der Frieden gewahrt bliebe, mußte heimlich flüchten, um sein Leben zu retten. Das niedere Volk aus den Schlachthäusern und dem Metzgergewerbe plünderte rückhaltlos die Häuser, von denen es hieß, sie gehörten den Anhängern der Armagnacs. Die Legoix gebärdeten sich wie Heerführer und standen dabei dem Konnetabel von Saint-Pol, den Johann ohne Furcht als Stadthauptmann eingesetzt hatte, in nichts nach. Die Schreckensherrschaft nahm solche Ausmaße an, daß Johann ohne Furcht, als er am 23. Oktober 1411 vor den Toren von Paris erschien, in der Hauptstadt freudig begrüßt wurde.

Angesichts der gewalttätigen Szenen und der Schrecken dieses Krieges, der zwischen Menschen gleichen Blutes geführt wurde, die in ein und demselben Land lebten und dieselbe Sprache sprachen, hatte Christine ein neues Werk begonnen: ›Le livre des faits d'armes et de chevalerie‹ (Das Buch von den Heldentaten und der Ritterlichkeit). Der Untertitel hätte lauten können: Wie man früher einen gerechten Krieg führte. Einst war es im Krieg üblich, den Menschen zu ihrem Recht zu verhelfen, die Zivilbevölkerung zu schützen und den Soldaten beizubringen, sich menschlich zu verhalten, nicht um jeden Preis zu töten, sondern Gefangene zu machen, Unrecht wiedergutzumachen und nicht gewaltsam die Macht durchzusetzen. Damals hätte man es nicht hingenommen, daß der Krieg in Plünderungen, Straßenkämpfen, zügelloser Grausamkeit ausartete und persönliche Racheakte sowie willkürliche Grausamkeiten an der Tagesordnung waren.

Dieses erstaunliche Werk zeigt, in welchem Maße sich Christine für alle zeitgenössischen Probleme interessierte, selbst für solche, die der Welt der Frauen fremd waren. Überall gibt es Krieg. Christine legt also dar, was der Krieg sein kann, sein soll. Bezeichnenderweise beginnt sie ihr Werk mit einer Anrufung der Minerva, Göttin der Weisheit:

»O Minerva, Göttin der Waffen und der Ritterlichkeit, die du vermöge deiner Geisteskraft, die dich über die anderen Frauen erhebt, unter den übrigen aus dir entstandenen edlen Künsten und Fertigkeiten das Schmieden von Eisen und Stahl, Rüstungen und Harnischen erfandest und einführtest, die geeignet und ratsam sind, den Mannesleib gegen schadenbringende und als

Waffen in Kriegsgetümmel abgeschossene und geworfene Wurfspieße zu schützen, Helme, Schilde, Tartschen und andere Wehrharnische ... einführtest und die Art und Weise festlegtest, wie Schlachten geführt werden, wie gestürmt und gekämpft werden soll. Edle Frau und hehre Göttin, möge dir nicht mißfallen, was ich einfach Weib ... gegenwärtig zu unternehmen wage, nämlich von dem so rühmlichen Dienst mit der Waffe zu sprechen, die zu verwenden, wie berichtet wird, du zuerst Griechenland lehrtest; möge es dir gefallen, mir gnädig zu sein, auf daß ich zusammenstimmen kann mit dem Volk, das dich hervorbrachte, und das Groß-Griechenland heißt: das Land jenseits der Alpen, genannt Pulia und Kalabrien in Italien, wo du geboren wurdest, – bin ich doch wie du eine italienische Frau.«

Mit diesem diskreten Hinweis auf ihre Herkunft spielt Christine zunächst in diesem Prolog auf die Verteidigungsmittel an, obwohl sich nun im Krieg das Augenmerk immer stärker auf die Angriffsmittel richtet: Das Verhältnis zwischen den beiden wird immer einseitiger, bis zu dem Zeitpunkt, da man sich in der Praxis nur um die Angriffsmittel kümmert ...

Inzwischen bemühten sich die Pariser nach Leibeskräften, ihre burgundfreundliche Gesinnung zur Schau zu stellen. Allenthalben trugen die Bürger über ihrem Gewand gut sichtbar an einer langen Halskette das Andreaskreuz, das Johann ohne Furcht zu seinem Wahrzeichen gemacht hatte. Überall begegnete man Leuten mit der Burgunderkappe, und Pierre des Essarts gab eine Menge Geld aus, um sich die Loyalität der Pariser Bürger zu sichern. Selbst der Herzog von Berry, an den Christine sich vergeblich gewandt hatte, wurde sich der drohenden Gefahr bewußt, als eine Bande der Legoix sein Schloß Bicêtre plünderte und die kunstvoll gearbeiteten Truhen und kostbaren Bilder, die ihm so viel bedeuteten, ins Feuer warfen. Was die Universität anging, so überhäufte der Herzog sie mit Schmeicheleien und gab ihr ständig Gelegenheit zu schwadronieren. Überall wurde aufs Geratewohl gekämpft, in Saint-Cloud, Saint-Denis, Etampes. Bei einem dieser Handgemenge fand einer der Legoix-Söhne den Tod, was Johann ohne Furcht bewog, sich nach Paris zu begeben und den feierlichen Leichenzug, an dem alle Schlachter teilnahmen, persönlich anzuführen.

Es kam noch schlimmer: Der Herzog von Burgund nahm in sein Heer eintausendzweihundert Engländer auf, die König Heinrich IV. von Lancaster auf seine Bitte hin umgehend gesandt hatte. Sie sind es, die Saint-Cloud angreifen. Auf diese Weise tritt der gefürchtete Fremde in den Krieg zwischen den Franzosen ein.

Und dann geschah folgendes: Als im Januar 1412 ein Augustinermönch namens Jacques Legrand aus England kommend im Hafen von Boulogne an Land ging, wurde sein Gepäck beschlagnahmt; man fand darin Briefe des Herzogs von Berry, in denen dieser ebenfalls den englischen König um Unterstützung bat. Nachdem schon das Ansuchen des Burgunders einige Entrüstung ausgelöst hatte, sorgte Johann ohne Furcht natürlich dafür, daß die Machenschaften der Armagnacs bekannt wurden. Nach dem Versuch, Bourges zu belagern, erklärte sich der Herzog von Berry zu Friedensverhandlungen bereit, für die sich die Universität als Mittler anbot. Der Friede wurde in Auxerre (15. Juli 1412) geschlossen. In jener Zeit begann Christine mit einem neuen Werk, ›Le livre de la paix‹ (Das Buch vom Frieden), das sie dem Thronfolger Ludwig von Guyenne widmete. Da die Königin weder genügend Autorität noch Entschlußkraft an den Tag legte, erschien es Christine ratsam, sich an den Prinzen, so jung er auch sein mochte, zu wenden. Auf ihn setzte das Königreich alle Hoffnungen. In diesem neuen Werk gibt Frau Umsicht dem jungen Prinzen Ratschläge, wie er den so unsicheren und schwer errungenen Frieden bewahren könne.

Das Land erholte sich nur langsam von diesem blutigen Winter. In Auxerre war der Thronfolger öffentlich aufgetreten und er hatte den Herzog von Orléans und den Herzog von Burgund eingeladen, am selben Tisch Platz zu nehmen. Nach einem Austausch von Freundschaftsbeteuerungen waren sie dann auf einem einzigen Pferd ausgeritten; konnte man diesmal annehmen, daß der Frieden endgültig war?

Im nächsten Jahr wurden, da die Staatskasse leer war, die Generalstände einberufen. Die Sitzungen begannen am 30. Januar 1413 im Saint-Paul-Palast. Die Universität versäumte nicht, ebenfalls das Wort zu ergreifen. Aufmerksamkeit erregten vor allem die Rede eines Professors namens Eustache de Pavilly und die des Rektors, der eineinhalb Stunden lang von einer endlos langen Rolle Beanstandungen verlesen ließ, die in Zusammenarbeit mit den Großbürgern entstanden waren. Darin wurden die Ausgaben des Königs, der Königin und des Thronfolgers angeprangert, ebenso die der Finanzbeamten, der Schatzmeister und Funktionäre, man kritisierte die langsame und schleppende Erledigung von Verwaltungsangelegenheiten, die mangelnde Sorgfalt des Kronrats, der königlichen Kanzlei und des Parlements. Zum Schluß hieß es, man vertraue darauf, daß der Herzog von Burgund die nötigen Reformen vornehmen werde.

Den Metzgern stand aber nicht mehr der Sinn danach, die Reformen abzuwarten. Der Sohn einer Kaldaunenhändlerin, die auf dem Vorplatz von Notre-Dame ihre Ware feilbot, ein Enthäuter namens Simon le Coutelier (Simon der Messerschmied) mit dem Beinamen Caboche (Dickschädel), war einer der Rebellen, auf die man am meisten hörte. Er klagt Pierre des Essarts an, der zwar auf burgundischer Seite steht, sich aber während seiner Amtszeit als Profoß von Paris vor aller Augen zu bereichern gewußt hatte. Man setzt ihn in seinem Palast fest. Die Aufständischen dringen auch gewaltsam in den Palast des Thronfolgers ein, überwältigen die Hofbeamten. Ganz Paris ist in Aufruhr. Während dieses Monats Mai des Jahres 1413 unterbricht Christine die Arbeit an ihrem Werk »wegen des gestörten Friedens«. Wie kann sich eine den Frieden predigende Stimme angesichts von Exzessen, denen nicht einmal der Herzog von Burgund Einhalt zu gebieten vermag, Gehör verschaffen? Nur Caboche und die »Cabochiens« sind lautstark zu hören. Um ihnen Garantien zu geben, nimmt das Parlement am 26. und 27. Mai 1413 in zwei Sitzungen den sogenannten Caboche-Erlaß zu Protokoll: Er war in aller Eile verfaßt worden, um die Schreckensherrschaft zu beenden, und sieht vor, daß künftig die Beamten und Männer der Finanzverwaltung durch Wahlen zu bestimmen seien. Das Parlement, die Rechnungskammer, alle Rechtsinstitutionen sollten ebenfalls dem Wahlrecht unterliegen. Auf diese Weise, so heißt es, sei es nicht mehr die Gunst des Königs, sondern der Wille der Wähler, der die Schatzmeister, Magistrate, Vögte, Prokuratoren usw. bestimmt. Zu spät. Von nun an herrscht ein anderer Mann, nicht mehr Caboche, sondern der Henker Capeluche. In einer jener theatralischen Sitzungen, die er nun abzuhalten pflegt, drückt der Herzog von Burgund, Johann ohne Furcht, ihm die Hand; Folterungen, blutige Gemetzel und Plünderungen sind an der Tagesordnung.

Pierre des Essarts wird am 1. Juli hingerichtet, und jeder beschuldigt aufs Geratewohl jeden. Christine, die sich abermals zu Hause verschanzt hat, erfährt zu ihrem Entsetzen, daß man ihrem getreuen Freund und moralischen Rückhalt Jean Gerson nach dem Leben trachtet – Gerson, dem Redlichen, dem Friedliebenden. Den ganzen Mai über hört sie nichts von ihm. Später erfährt sie, daß der Kanzler der Universität die ganze Zeit in einer Dachkammer von Notre-Dame gehaust hat und nur mit knapper Not dem Tod entgangen ist, ein Schicksal, das zahlreichen seiner Amtskollegen widerfährt.

Erst im September setzt Christine die Arbeit an ›Le livre de la paix‹ (Das Buch vom Frieden) fort. In diesem zweiten Teil ermahnt sie den Prinzen eindringlich, alles zu tun, damit seine Untertanen ihn lieben und daß er sich mit starken und gerechten Gefolgsleuten umgebe. In dem am 1. Januar 1414 abgeschlossenen dritten Teil rät sie ihm, milde, großmütig und wahrhaftig zu sein: alles Tugenden, die das Handeln des weisen Königs Karl V. bestimmten.

Inzwischen war jemand auf den Plan getreten, der bei der verängstigten Pariser Bevölkerung lebhafte Zustimmung findet. Es ist Jean Jouvenel des Ursins, der Profoß der Kaufleute. Er nimmt es mit Johann ohne Furcht auf und schlägt sich auf die Seite der Orléans. Durch ihre Gewalttätigkeit haben sich die Burgunder verhaßt gemacht, die Sympathien des Volkes gehören nun den Armagnacs. Selbst die Universität sucht nur noch mit ihnen zu verhandeln – obgleich ihre Eintragebücher über die Pariser Unruhen im Mai 1413 schweigen. Nach Unterhandlungen in Vernon und Pontoise wird schließlich in der letztgenannten Stadt am 28. Juli ein weiterer Friedensvertrag ausgearbeitet. Jean Jouvenel beschließt, die Pariser Bevölkerung stadtviertelweise für oder gegen den Frieden von Pontoise stimmen zu lassen. Nur zwei Stadtteile sind dagegen: das der Markthallen, das Viertel der Metzger, und das von Artois, wo Johann ohne Furcht residiert. Der Friedensvertrag legt fest, daß künftig sich niemand mehr Armagnac oder Burgunder nennen darf. Eine überflüssige Vorsichtsmaßnahme, denn am 4. August, als die Wahlergebnisse bekannt werden, verschwinden wie durch Zauberhand die Burgunderkappen, und man sieht die Bürger von Paris mit violetten Kappen, auf denen das weiße Kreuz an der Kette, das Zeichen der Armagnacs, angebracht ist. Überall ist auch ihre Devise zu lesen: »Der gerade Weg«.

Johann ohne Furcht versucht einen Staatsstreich: Am 22. August entführt er den König. Doch Jean Jouvenel und der Herzog von Berry, der nun gezwungen ist, aktiv in das Geschehen einzugreifen, holen ihn im Wald von Vincennes ein. Im Triumph wird Karl VI. in den Louvre zurückgebracht, während sich Johann ohne Furcht auf seine Besitzungen begibt. Am 5. September wird die sogenannte Caboche-Verfügung annulliert, während Jean Gerson, der nun wieder aufgetaucht ist, Jean Petits Behauptungen über den Tyrannenmord durch die Universität widerrufen läßt. Zu diesem Zeitpunkt nimmt Christine hoffnungsfroh ihre Arbeit an ›Le livre de la paix‹ (Das Buch vom Frieden) wieder auf.

Sie konnte nicht vorhersehen, daß Bernhard von Armagnac den Frieden von Pontoise in einen bewaffneten Angriff auf die Lehnsgüter des Herzogs von Burgund umwandeln würde: Belagerung von Compiègne, Belagerung von Soissons, Bedrohung des burgundischen Lehens Artois – Johann ohne Furcht sieht bereits seine Ländereien schwinden. Drei Städte – Laon, Saint-Quentin und Péronne – ergeben sich dem König von Frankreich, zu diesem Zeitpunkt also den Armagnacs. Schließlich stimmt auch Johann ohne Furcht einem Friedensschluß zu, den er am 4. September 1414 in Arras unterzeichnet. Er verzichtet auf jegliches Bündnis mit den Engländern, was zur Folge hat, daß er seine Lehen behält und selbst unbehelligt bleibt. Nach Paris darf er sich nur mit ausdrücklicher Erlaubnis des Königs begeben.

Sehr annehmbare Bedingungen also für den Herzog von Burgund. Man könnte meinen, daß Christines Ermahnungen auf fruchtbaren Boden gefallen waren. 1414 war im Endeffekt das Jahr, in dem dank der Bemühungen von Frau Umsicht endlich wieder Frieden ins Land einzog. Diese konnte sich freuen, daß man so milde mit dem Herzog von Burgund verfuhr, denn es ging ja vor allem darum, ihn nicht wieder zu einem Bündnis mit Heinrich V. von Lancaster zu veranlassen.

Der rührige und beherzte junge Prinz, der seit dem Vorjahr auf dem englischen Königsthron saß (Heinrich IV. war am 20. März 1413 gestorben), hatte die Geschehnisse in Frankreich genau verfolgt und wußte sehr wohl, daß seine eigene Macht in England so lange anfechtbar blieb, bis er sie auf dem Kontinent gefestigt hätte. Die Ereignisse vom Mai 1413 hatten gezeigt, daß das gespaltene Land für jeden eine leichte Beute war. Eines der beiden Lager, das wußte er, würde unweigerlich die Engländer um Hilfe ersuchen. Angeblich soll der Thronerbe Ludwig von Guyenne ihm ein Faß voll Tennisbällen gesandt haben, ein ironisches Geschenk, das er sich zunutze machen würde. Von nun an befand sich der Ball im englischen Lager.

Mit den Ereignissen, die nun folgen, beginnt für Christine ebenso wie für ganz Frankreich ein schwerer Leidensweg. Frau

Umsicht wie auch Frau Meinung sind weitgehend verstummt. Allein zählt das Waffengeklirr, allein zählt die Gewalt, die gesamte Ritterschaft findet sich in den Kampfhandlungen ihrer Schlagkraft beraubt, das Rittertum bleibt auf der Strecke. Frankreichs Ritter tragen veraltete Rüstungen, deren Gewicht sie gegenüber einem behenden Feind wie dem englischen Bogenschützen oder dem walisischen Degenkämpfer wehrlos macht. Die alten Kriegssitten sind vergessen und werden gering geachtet. Nach der Schlacht von Azincourt töten die Engländer ihre Gefangenen bis auf jene, für die sie sich Lösegeld erhoffen. Dafür gibt es keine Rechtfertigung, selbst wenn die Engländer behaupten, daß sie so viele Gefangene nicht mitnehmen konnten. Mit Azincourt trat eine dramatische Wende in den Gebräuchen des Krieges ein. Nachdem im vorangegangenen Jahrhundert zum ersten Mal auf dem Schlachtfeld das Donnern der Bombarden zu hören gewesen war und die Angriffsmittel viel stärker wurden als die Waffen zur Verteidigung, findet nun in der Geisteshaltung des Kriegers selbst ein grundlegender Wandel statt. Der Vernichtungskrieg hat im Abendland Einzug gehalten.

Im Jahr 1416 schreibt Christine ihr Werk ›Epître de la prison de vie humaine‹ (Epistel aus dem Gefängnis des menschlichen Lebens), um, wie sie sagt, zu versuchen, dem »Tränenvergießen« abzuhelfen. Ganz Frankreich weint seit jenem 25. Oktober 1415, an dem etwa siebentausend Männer in der Schlacht von Azincourt ihr Leben ließen (die Engländer verloren nur etwa vier- oder fünfhundert). Zu allem Unglück stirbt am 18. Dezember desselben Jahres der Thronfolger Ludwig von Guyenne. Sein Bruder Johann von Touraine überlebt ihn nicht lange. Er stirbt siebzehnjährig im folgenden Jahr – es war ihm nicht einmal vergönnt gewesen, in Paris Einzug zu halten – und hinterläßt seinen wenig beneidenswerten Titel dem dreizehnjährigen Karl, der noch Karl von Ponthieu heißt. Frankreich ist wahrhaftig ein »Schiff, das zu sinken droht«.

Nach einer neuerlichen Landung in Touques, die für ihn ebenso problemlos verlief wie die Einnahme von Harfleur zwei Jahre zuvor, fällt Heinrich V. wiederholt in die Normandie ein. Beklommen hört Christine, wie von Salisbury, seinem Befehlshaber, gesprochen wird; es ist derselbe, bei dem ihr Sohn in England als Kind drei Jahre lang gelebt hatte. Salisbury erobert Deauville. Es folgen Caen, Bayeux, Argentan, Alençon, Falaise und schließlich das gesamte Cotentin, das besetzt wird. Nur Mont Saint-Michel hält dem Ansturm stand.

Der Engländer macht kein Hehl aus seiner Absicht, sich zu verhalten wie in jedem anderen eroberten Land. Die Normannen werden aufgefordert, ihrem König Treue zu schwören oder unter Zurücklassung ihres gesamten Besitzes das Land zu verlassen. Zur gleichen Zeit sinnt in Paris Bernhard von Armagnac auf Rache und erwirkt eine Verfügung gegen das Fleischerhandwerk. Die vorangegangenen Jahre haben gezeigt, daß die Großbürger zu jedem Verrat bereit waren. Doch wäre es in Anbetracht der gegenwärtigen Lage nicht eher ratsam gewesen, sie für sich zu gewinnen zu suchen, da sonst die Gefahr bestand, daß sie sich erneut mit dem Burgunder verbündeten? Johann verliert keine Zeit. Im Mai 1417 begibt er sich nach Calais, wo er Heinrich V. trifft. Nichts von ihrer Unterredung dringt nach außen. Wie bestürzt wäre Christine gewesen, hätte sie die Bedingungen des »teuflischen Paktes« gekannt, der den Burgunder nun mit dem Engländer verbindet. Johann ohne Furcht hat die Vertragsurkunde, die ihn von nun an an den Engländer bindet, eigenhändig geschrieben, jedoch nicht unterzeichnet. Er verspricht darin Heinrich V. – nach der Eroberung eines beträchtlichen Teils des Königreiches – Gefolgschaftstreue wie einem Lehnsherrn und Anerkennung der Nachkommen Heinrichs V. als Erben Frankreichs.

Und die Königin? Was tut die Königin? Isabeau ist den Ereignissen nicht gewachsen. Man beschuldigt sie, in verschiedenen Klöstern Geld als Rücklage für sich hinterlegt zu haben. Sie lebt zurückgezogen in Tours, im Kloster Marmoutiers, und will zweifellos, daß man sie vergißt.

Johann ohne Furcht begreift sehr schnell, daß er in ihr eine hervorragende Geisel hat. Und eines schönen Tages erfahren die verblüfften Pariser, daß die Königin, von Burgundischen nach Troyes entführt, dem Herzog von Burgund »die Regierung und Verwaltung dieses Königreichs« übertragen hat. Wer herrscht nun im Land – der fünfzehnjährige Thronfolger oder seine Mutter mit Unterstützung des mächtigen Burgunders?

Papst Martin V. indes, mit dem die große Kirchenspaltung zu Ende gegangen war, ist entsetzt über die Lage in diesem »sehr christlichen Königreich Frankreich«. Er entsendet zwei Legaten, die versuchen sollen, zwischen den Franzosen wieder Einigkeit herzustellen. Bernhard von Armagnac, der jüngst eine größere Anzahl Universitätsprofessoren verbannt hat, empfängt sie mit der gewohnten Kompromißlosigkeit. Die Kardinäle reisen enttäuscht ab, und Johann ohne Furcht kann triumphierend das Scheitern der Verhandlungen den Armagnacs in die Schuhe schieben.

Christine sieht sehr genau, daß sich um sie herum die Lage täglich verschlechtert. Im Jahr 1417 wurden die Pariser, denen eine Hungersnot drohte, nacheinander mit vier Abgaben belegt. Die Stadt hatte sich mit Flüchtlingen, vor allem aus der Normandie, gefüllt, und um sie zu versorgen, benötigte man neue Mühlen. Dabei hatte Johann ohne Furcht lautstark verkündet, daß unter ihm alle Steuern außer der Salzsteuer abgeschafft werden würden. Das Geld wurde mehrere Male abgewertet. Auf den Märkten gibt es nichts mehr. Aber in ihren Hinterräumen haben die Lebensmittelhändler und Metzger gegen entsprechende Bezahlung immer etwas zu verkaufen. In diesem Mai 1418 herrscht eine ganz ähnliche Stimmung wie fünf Jahre zuvor, als die Cabochiens die Stadt terrorisierten.

Das entscheidende Ereignis findet am 29. Mai 1418 statt. Es heißt, daß gegen zwei Uhr morgens das Saint-Germain-des-Près-Tor dem Herzog von Burgund von einer verbrecherischen Hand geöffnet worden war. In Wirklichkeit war es ein junger Mann aus dem Pariser Großbürgertum namens Perrinet Leclerc (diesmal aus der Körperschaft der Eisenwarenhändler, nachdem die der Metzger durch Bernhard von Armagnac in die Knie gezwungen worden war). Sein Vater, ein reicher Kaufmann auf der Petit-Pont, ist Befehlshaber von fünfzig Soldaten. Perrinet hatte nach Absprache mit dem Herrn von l'Isle-Adam, Hauptmann von Pontoise und Parteigänger Johanns ohne Furcht, den Torschlüssel entwendet, den sein Vater unter dem Kopfkissen versteckt hatte. Etwa tausend Männer, die in dieser Nacht auf verschiedenen Wegen lautlos zur Hauptstadt gezogen waren, drangen bis ins Herz der Cité vor. Als Paris am Morgen erwachte, war es burgundisch. Bernhard von Armagnac wurde im Louvre sofort gefangengesetzt, Karl VI. im Saint-Paul-Palast war ohnehin weder bei Sinnen noch frei. Aber – welches Glück! – der Thronfolger, der im Hôtel-Neuf neben der Conciergerie des Palastes schlief, wurde im Nachthemd von Profoß Tanguy de Châtel fortgebracht. Dieser hatte vom Eindringen der Bewaffneten Wind bekommen und war so geistesgegenwärtig gewesen, den Thronfolger aus dem Schlaf zu reißen und in die Bastille Saint-Antoine zu bringen. Es heißt sogar, die beiden wären am nächsten Tag nach Melun geflüchtet, um eine gewisse Entfernung zwischen die Hoffnung des Königreichs und die burgundischen Truppen zu bringen.

Und wieder kommt es in der Hauptstadt zu einem Aufstand. Eilends setzt man die Kappe mit dem Wappen Burgunds auf, und wer jemandem etwas antun möchte, braucht nur mit dem Finger auf sein Opfer zu zeigen und zu rufen: »Der da ist ein Armagnac!« und schon wird dieser auf der Stelle niedergemacht. Tagsüber stapelt man Munition und bearbeitet Steinkugeln für die Belagerung und Einnahme der Bastille. Doch der Plan wird fallengelassen, als bekannt wird, daß der Thronfolger sich nicht mehr in der Festung befindet. Die Aufrührer nutzen die Gelegenheit und plündern, wie es scheint, bestens organisiert, die italienischen Bankhäuser. Sie gehen methodisch vor, das heißt nur die Florentiner und Genueser Banken werden der Plünderung preisgegeben, während die Luccheser, die seit jeher den Herzog von Burgund unterstützten, verschont bleiben.

Statt sich zu legen, wird das mörderische Wüten in den nächsten Tagen nur noch schlimmer. Der junge Thronfolger hatte mit einigen Truppen einen Angriff auf das Saint-Antoine-Tor gewagt, mußte sich aber zurückziehen und hielt es schließlich für ratsamer, die Loire zu überqueren und nach Bourges zu ziehen. Die Hauptstadt ist nun ganz in der Hand der Plünderer.

Nach und nach gelangen Nachrichten über das Geschehen in der Hauptstadt, eine schrecklicher als die andere, nach Bourges: an einem Tag vierhundert Tote, an einem anderen zweitausend, Bernhard von Armagnac in der Conciergerie niedergemacht, Plünderungen, Metzeleien am laufenden Band, unter den Opfern vier Bischöfe, drei davon aus den normannischen Diözesen Lisieux, Evreux und Coutances, die entweder besetzt sind oder bedroht werden. Nicht einmal die Kleriker der Pariser Universität werden verschont. Christine läßt die Nachricht nicht kalt, daß zwei ihrer einstigen Gegner, Gontier Col und Jean de Montreuil, in den Straßen von Paris ermordet wurden. Vielleicht hatte der Herzog von Burgund höchstpersönlich das Blutbad angeordnet, um danach als Retter in der Not dazustehen.

Am 4. Juli zieht er in die Hauptstadt ein. Vor sich fünfzehnhundert Bogenschützen und hinter sich tausend Pikarden und fünfzehnhundert Burgunder Lanzenreiter, die sein Wahrzeichen, den berühmten Hobel, tragen, geleitet er den »Wagen der Königin« zum Louvre, wo sie ihren unglücklichen Gemahl Karl VI. wiedersieht. Dieser begrüßt seinen Vetter Johann ohne Furcht mit den Worten: »Mein Vetter, seid sehr herzlich willkommen. Dank für alles Gute, das Ihr der Königin erwiesen habt.«

Trotzdem geht das Blutvergießen noch ein paar Tage weiter, bis Johann ohne Furcht, im Glauben, Herr der Lage zu sein, und aufgebracht über die Freiheiten, die sich der Henker Capeluche erlaubt, diesen seinerseits festnehmen und hinrichten läßt. Allmählich saust das Beil weniger oft auf den Richtblock nieder, und bald hat das Morden ein Ende. Paris atmet auf.

Schon am nächsten Tag empfängt Johann ohne Furcht in seinem Hôtel d'Artois eine Abordnung der Einwohner von Rouen: »Gnädiger Herr, rettet uns, denn wir sterben.« Rouen wird von den vordringenden englischen Truppen bedroht, die bereits die gesamte untere Normandie besetzt haben. Der Herzog zieht sich wie immer mit wohlfeilen Versprechungen aus der Affäre. Am 29. Juli 1418 beginnen die Engländer mit der Belagerung von Rouen. Heinrich V. leitet persönlich die Einkesselung der Stadt, die die Schrecken einer Hungersnot kennenlernt, sich jedoch sechs Monate halten kann, ehe sie sich am 2. Januar ergibt. In Rouen läßt der König von England erstmals Münzen mit den Wappen Frankreichs und Englands schlagen. Einen Monat später verlesen drei Abgesandte des Herzogs von Burgund, Pierre Cauchon, Pierre de Fontenay und der Herr von Chastellux, vor der Universität und den Pariser Notabeln einige Schreiben König Heinrichs V. und des Herzogs Johann ohne Furcht zur Lage des Landes, aus denen hervorgeht, daß die Engländer nun über die gesamte Normandie herrschen, noch immer mit Ausnahme Mont Saint-Michels.

Das Volk sieht nur eine Lösung: Die Fürsten sollen sich endlich vertragen und dem englischen Gegner den Weg versperren, der sich in der Normandie festgesetzt hat und immer wieder Raubzüge unternimmt. In Rouen hatte man einen Monat nach dem Einzug Heinrichs V. in die Stadt einen Aufstand geplant. Er sollte losbrechen, wenn dieser an Mariä Lichtmeß in der Marienkirche erschien, um nach altem Brauch eine Kerze zu stiften. Doch der Statthalter Richard Beauchamp, Graf von Warwick, war auf der Hut gewesen: Fünfzig Bürger wurden nach England verbannt, und Heinrich setzt seine Truppen in Richtung Paris in Marsch. Der König und die Königin hatten ihre Hauptstadt verlassen und sich mit ihrer Tochter Katharina nach Provins zurückgezogen.

Und einmal mehr zeichnet sich eine Möglichkeit zur Versöhnung ab. Johann ohne Furcht und der Thronfolger Karl, so heißt es, trafen sich in Pouilly. Sie schworen einander Freundschaft. In Paris läuteten die Glocken von Notre-Dame, und in der Kathedrale wurde das Te Deum gesungen. Eine weitere Zusammenkunft wird für den 10. September vereinbart. Wird sie diesmal zu mehr als einem Scheinfrieden führen?

Das Ausgabenbuch von Burgund enthält unter dem Datum 10. September 1419 folgenden Eintrag: »In Begleitung von Karl von Bourbon, Herrn von Navailles und mehreren Rittern und Knappen nahm der Herzog von Burgund in Bray-sur-Seine einen Trunk und in Montereau ein Essen ein, an welchem Ort mein genannter Herr hinterrücks niedergehauen und gemordet wurde. An diesem Tage herrschte große Verwirrung wegen des Todes meines Herrn.«

Was war geschehen? Die Einzelheiten weiß man nicht genau. Karl und Johann trafen sich abends, jeder begleitet von einer Eskorte, in der Mitte der Brücke, die in Montereau die Yonne überspannt. Dabei behauptete der Herzog, der Thronfolger könne nichts tun ohne die Zustimmung seines Vaters. Er ging davon, als es unter seinen Leuten und denen des Thronfolgers, die sich wieder einmal zum Narren gehalten fühlten, zu einer Schlägerei kam. Einige beschuldigten Tanguy de Châtel, Johann ohne Furcht mit einem Beil den Schädel gespalten zu haben, aber niemand wußte es ganz genau.

Was konnte Christine nun anderes schreiben als die ›Heures de contemplation sur la passion de Notre-Seigneur‹ (Stunden der Betrachtung über das Leiden Unseres Herrn), in denen sie sich bemüht, die trauernden Frauen zu trösten? Und bald wird sich zur Trauer auch noch die Schande gesellen: Ein Jahr später, am 21. Mai 1420, wird in Troyes der Vertrag unterzeichnet, durch den der Thronfolger Karl seines Erbes verlustig geht und König Heinrich als Nachfolger des Königs von Frankreich bestimmt wird. Der Sohn Johanns ohne Furcht, Philipp, Herzog von Burgund, Gemahl Michelles von Frankreich, soll der Schwager des Königs von England werden, der Katharina heiraten wird und deren Hochzeit am 2. Juni des folgenden Jahres in Troyes gefeiert werden soll. Mehrere Kleriker, unter ihnen Pierre Cauchon, hatten alles darangesetzt, die Idee vom Doppelkönigtum – die Vereinigung der Kronen Frankreichs und Englands auf dem Haupt des englischen Königs – Wirklichkeit werden zu lassen. Auf seinem Siegel wird dieser sich künftig »Heinrich, von Gottes Gnaden, König von England, Erbe des Königreichs Frankreich und Herr von Irland« nennen. Unter diesem Titel wird er am 4. Juli 1421 in Paris einziehen und die

Glückwünsche der Universität für seine Großtaten entgegennehmen.

In diesen schrecklichen Tagen sucht Christine, wie schon einmal, Zuflucht in der Dichtung. Eines ihrer Werke kommt ihr wieder in den Sinn, ein Werk von vollkommener Harmonie und frühlingshafter Frische, dem sie den Titel ›Le dit de Poissy‹ (Die Geschichte von Poissy) gegeben hatte. Sie läßt die einzelnen Episoden im Geist an sich vorüberziehen, versucht so, dem zur Zeit herrschenden Grauen zu entrinnen.

> Nun verließen wir frohgestimmt Paris,
> Wir ritten auf unserer Straße,
> Und ich war sehr heiter.

Eine sehr liebenswürdige Gesellschaft, Knappen und edle Frauen, hatte sich zusammengetan, um nach Poissy zu fahren und dort Christines Tochter und deren Gefährtinnen zu besuchen.

> Der Frühling hatte gerade begonnen,
> Und die helle Sonne beschien das frische Grün.

Die Erde zu beiden Seiten der Straße war mit Blumen übersät wie ein flandrischer Wandteppich:

> Auf Bäumen und Büschen
> Sangen die Vöglein ihr Lied.

Sie hatten die Seine zwischen den grünen Inseln überschritten:

> So lange ritten wir Seite an Seite weiter,
> Bis wir zu früher Stunde
> Das schöne Schloß erreichten,
> Das Saint-Germain-en-Laye heißt.

Nach einem Wald voll Nachtigallen hatten sie sich dann auf schnellstem Wege nach Poissy begeben:

> Wir gingen auf der Mitte der Allee
> Noch etwas weiter und dann gemeinsam
> Ins Frauenkloster, zunächst ins Besucherzimmer,
> Dann in den Innenbereich.
> Jene, die ich über alles liebe,

Schritt demütig auf mich zu,
Kniete nieder, und ich küßte
Ihr sanftes, zartes Antlitz.

Die Gesellschaft versammelt sich zuerst in der Kirche, um die Messe zu hören; danach führen die Nonnen sie »an einen schönen, hellen und kühlen Ort zum Mittagsmahl«. Die Priorin kommt, um sie zu begrüßen. Es ist niemand anders als Maria von Bourbon, die Tante des Königs von Frankreich. Sie war die Schwester der verstorbenen Königin Johanna von Bourbon, Gemahlin Karls V. Seit etwa zwanzig Jahren war sie Priorin des Dominikanerinnenklosters von Poissy und sollte im darauffolgenden Jahr sterben. Ihr Bildnis ist, obwohl das Kloster während der Französischen Revolution zerstört wurde, in Form eines sehr schönen Standbildes erhalten geblieben; durch den schwarzen Marmor, mit dem der Künstler die weiße Gestalt der Ordensfrau umhüllte, entstand eine wunderbare Wirkung, ein Kontrast, der auch auf der Schlichtheit des Nonnengewandes beruht, und der auch heute noch beeindruckt. Das rundliche, nicht schön zu nennende, aber lebendige und fein geschnittene Gesicht Marias ähnelte dem ihrer Schwester Johanna, von der ebenfalls eine Statue die Jahrhunderte überdauert hat; wahrscheinlich schmückte sie einst das Portal der Zölestinerkirche. Eine friedvolle Begegnung mit dieser gütigen »hochedlen Dame«, »... die Demut und Gutherzigkeit mit kluger und edler Gesinnung verband«.

An ihrer Seite ein anderes Mitglied der Königsfamilie: die junge Prinzessin Maria, Maria von Poissy, die damals noch ein kleines Mädchen war. Isabeau von Bayern hatte sie bei ihrer Geburt Gott geweiht, denn sie war das erste Kind, das nach dem Anfall von Geistesgestörtheit des Königs geboren wurde. Das Mädchen, »ganz jung und zart«, war bei diesem Besuch im Jahr 1400 ungefähr sieben Jahre alt.

Die Nonnen hatten ihnen eine Mahlzeit serviert – Wein und Fleisch, »in Geschirr von Gold und von Silber« –, ohne daß sie selbst etwas davon anrührten, da ihre Ordensregel ihnen solche Tafelgenüsse untersagte. Danach hatte man sie durch das Kloster geführt, ihnen den breiten, geräumigen Kreuzgang gezeigt, der eine Rasenfläche mit einer schönen, grünen, dichten Fichte umschloß, dann das durch große Fenster erhellte Refektorium, den Vorratskeller, die Küchenräume, schließlich das Dormitorium und die »hochgewölbte, mit zierlichen Säulen geschmückte« Kirche. Eine sehr schöne Klosteranlage insgesamt, belebt durch die Stimmen der Nonnen in ihren weißen Gewändern unter schwarzem Mantel, wenn sie das Offizium sangen.

Christine hatte auch die Gärten beschrieben, den Obstgarten, der das Kloster umgab, und das Wildgehege, in dem Hirschkühe und Rehgeißen gehalten wurden, auch die Fischteiche, die den Nonnen in der Fastenzeit und im Advent Fische lieferten. Abends hatten sich die Gäste in eine nahe Herberge zur Ruhe begeben, und Christine hatte sich, nicht ohne Tränen, von ihrer Tochter verabschiedet.

Jede Einzelheit von ›Le dit de Poissy‹ durchlebte sie aufs neue. Und nach und nach reifte in ihr ein Entschluß: Ihr eigenes Leben war beendet. Vergeblich alle ihre Bemühungen, einer Welt, in welcher der Wahnwitz das Zepter schwang, ein wenig Weisheit zu vermitteln. Die wenigen Jahre, die ihr noch blieben, wollte sie in der Nähe ihrer Tochter in Poissy verbringen, im Kreis der Nonnen, die im Schutz der Mauern und hinter hohen geschlossenen Toren des Klosters das Lob Gottes sangen und für jene Welt beteten, der sie den Rücken gekehrt hatten. War es einst nicht fast selbstverständlich, sein Alter in einem Kloster zu verbringen, nachdem man die Sorge für die weltlichen Dinge in andere Hände gelegt hatte? Christine würde dasselbe tun. Auch ihre Devise konnte sein: »Nichts gehört mir mehr«. Selbst die Dichtung, früher letzte Zuflucht, schien ihr nun belanglos, überholt, den harten Zeiten unangemessen.

Ihr Sohn Jean war dem Thronfolger über die Loire nachgeeilt. Kurz vor dem Einzug der Engländer in die Hauptstadt hatte er Jeanne Lepage geheiratet, die aus einer Familie königlicher Notare und Sekretäre stammte. Nichts hielt also Christine in Paris. Sie machte sich auf den Weg nach Poissy, das sie einst im Frühling besucht hatte, in das von ihr als Vorraum zum Friedhof bezeichnete »geschlossene Kloster«, wo sie ihre letzten Jahre in Frieden und Gebet verbringen wollte. Da alle ihre Hoffnungen zunichte geworden waren und sie nun überzeugt war, daß die Dinge, für die sie ihr Leben lang gekämpft hatte, sich nicht verwirklichen ließen, blieb ihr nur, Vergessen zu suchen und den Tod abzuwarten.

Eigenartigerweise starben die beiden Prinzen, der Sieger und der Besiegte, im selben Jahr, nämlich 1422. Heinrich V., kraftstrotzend und voller Freude über seinen Sieg, erlag am 31. August in Vincennes unerwartet einer Krankheit. Kurz zuvor war ihm ein Erbe geboren worden, der einst die für den Vater vorgesehene Doppelkrone tragen würde. Karl VI. beendete zwei Monate später, am 21. Oktober, sein von zahlreichen tragischen Geschehnissen geprägtes Leben, das er zur Hälfte in geistiger Umnachtung verbracht hatte und in dessen Verlauf das Reich zusammengebrochen war. Unwillkürlich kam Christine die Überlegung, daß Heinrich V., wäre Karl VI. vor ihm gestorben, noch Zeit gehabt hätte, in Reims gesalbt und geweiht zu werden.

Sie hatte gehört, daß der Bruder Heinrichs V., Johann Graf von Bedford, der sofort zum Regenten von Frankreich ernannt worden war, bei den Trauerfeierlichkeiten für Karl am 2. November den Ehrenplatz eingenommen hatte. Übrigens war kein französischer Fürst neben dem Sarg hergeschritten, und auch Philipp der Gute, Sohn Johanns ohne Furcht, hatte nicht an der Beisetzung teilnehmen wollen, denn wer hätte den Vorrang gehabt, er oder Bedford? Wieder einmal hatten die Kleriker der Universität von Paris die Dinge in die Hand genommen und dafür gesorgt, daß die Totenfeier ungestört abgehalten werden konnte und verkündet wurde: »Gott gebe Heinrich, König von Frankreich und England, unserem höchsten Herrn, ein langes Leben.«

Der Thronfolger bleibt in Bourges, wo er noch für einige Zeit sicher ist. Da und dort hört man, daß Bedford seinen Freunden Besitzungen zuschanzt, Eigentum jener, die dem König von Frankreich die Treue halten, wie beispielsweise Jean Jouvenel des Ursins, der sich nach Paris geflüchtet hat. Es ist offenkundig, daß Bedford den kleinen Heinrich VI., sobald dieser alt genug ist, krönen lassen wird und daß damit für die Franzosen die Frage, wer Frankreich regieren soll, entschieden sein wird.

Christine lebt also nun in der Nähe Marias, der Tochter Karls VI., einer vorbildlichen Ordensschwester, die ebenfalls im Gebet die einzig mögliche Klarheit in diesen unsagbar verworrenen Zeiten sucht. Was kann eine Frau schon anderes tun als schweigen und beten? Die einzigen Nachrichten, die in das Kloster dringen, sind die von Kämpfen, nämlich von Handstreichen derer, die man in der Normandie Briganten nennt, bei denen es sich jedoch zumeist um Männer handelt, die den englischen Waffen widerstehen. Auf dem Schlachtfeld obsiegt fast überall das quadrierte Banner mit den Wappen von Frankreich und England, auf dem die Leoparden der Lilie den Platz streitig machen. In Verneuil triumphieren sie. Inzwischen regiert in Paris, unterstützt von Parlement und Universität, der Herzog von Bedford.

Und was geschieht mit dem Thronfolger in Bourges? 1413 hatte der zehnjährige Karl die liebreizende Maria von Anjou geheiratet, Tochter der Yolanta, Königin von Sizilien. Er hat den Titel König von Frankreich angenommen, doch es ist ihm unmöglich, sich zur Weihe nach Reims zu begeben. Erst durch die Salbung wäre er in den Augen des Volkes der König. Reims ist unerreichbar, und Christine gibt es einen Stich ins Herz, als sie vom Angriff auf Montaiguillon erfährt, das schöne Schloß am Rande der Champagne, und auf Sézanne, denn der Angreifer ist kein Geringerer als der einstige Gefährte ihres Sohnes, Thomas Montague, Graf von Salisbury, der seit einigen Jahren wieder die Gunst seines Königs genoß. Doch ein weiterer Schmerz stand ihr bevor: 1426 wurde ihr der Tod ihres Sohnes Jean mitgeteilt. Auch er hinterließ eine tatkräftige Witwe* und drei Kinder, von denen eines – ein weiterer Jean Castel – etwas von Christines Begabung geerbt hatte, denn als Abt von Saint-Maur des Fossées sollte er unter Ludwig XI. Chronist des Hauses Frankreich werden. Aber es ist wenig wahrscheinlich, daß Christine ihre Enkel kannte, da sie in diesen schlimmen Jahren weit entfernt von ihr lebten.

Einige Zeit noch, und Salisbury wird abermals von sich reden machen, nämlich als er Orléans angreift, den Schlüssel zur Loire.

---

* Charles Samran konnte ihr Leben rekonstruieren, das recht typisch für diese Zeit der Besetzung war. Als sie nämlich zu ihrer Familie zurückkehren wollte, machte sich die Witwe Jean Castels zuerst den Franzosen, dann den Engländern verdächtig und kam zweimal ins Gefängnis, bevor Karl VII. sie begnadigte. (Notes sur Jean Castel, chroniqueur de France. In: Mélanges Antoine Thomas. Paris 1925)

7. Die letzte Vision

> Im Jahr 1429 begann die Sonne
> erneut zu scheinen

Elf Jahre sind vergangen – eine lange schöpferische Pause für Christine im »geschlossenen Kloster« Saint-Louis in Poissy. Elf Jahre der Trauer, in denen Fortuna den Boden Frankreichs, die königliche Blume und das Volk in seinem Alltag gnadenlos in den Staub getreten hat. Elf Jahre der Plünderungen, Raubüberfälle, hoffnungslosen Leiden, elf Jahre des Schweigens für Christine. Wie kann die Sprache der Dichtung erklingen in einem Land, das dem Feind ausgeliefert, nicht mehr es selbst ist? Alles, was ihr wichtig war, ist dahingegangen: das Königreich, dieses Land, das sie so leidenschaftlich liebt, ihre Familie, deren Mitglieder eines nach dem anderen gestorben sind. Nur die Tochter ist noch da, sie, die den einzigen, noch gangbaren Weg eingeschlagen hat: den des Gebetes. Und so wie sie verbringt auch Christine ihr Leben im Gebet. Dennoch schreibt sie in dieser Zeit ›Heures de contemplation sur la passion de Notre-Seigneur‹ (Stunden der Betrachtung über das Leiden Unseres Herrn), kein literarisches Werk, sondern eine Art Gebet, ein Werk über die Vereinigung mit Christus in seinem Leiden – letzte Zuflucht in diesem Jammertal. Christine altert allmählich, fühlt den Tod nahen, entsagt nach und nach allem, was ihr das ganze Leben lang Freude bereitet hat. Dem Herrn auf seinem Kreuzweg folgen... Dieser Weg, auf dem ihre Tochter vorangegangen war, ist der einzige, der für sie noch in Frage kommt. Bis zum Tod, der nicht mehr lange auf sich warten lassen wird.

Doch eines Tages, völlig unerwartet, trifft eine Nachricht ein, die alles in hellem Licht erstrahlen läßt. Zunächst wagte Christine nicht, daran zu glauben. Diese Belagerung von Orléans, die dem auf der anderen Seite der Loire verschanzten kleinen König den Todesstoß versetzen sollte, diese Belagerung, bei der sich zum Winter bei den Einwohnern der Stadt auch noch die Angst vor denselben Schrecknissen gesellte, die Rouen elf Jahre zuvor erlebt hatte, nämlich eine Hungersnot, die allmähliche Einkesselung und die Ausfallversuche, die unweigerlich scheitern würden; diese Belagerung, die den endgültigen Sieg des Feindes ankündigte, war plötzlich auf eine Weise zu Ende gegangen, mit der niemand gerechnet hatte.

Als Christine die Ereignisse noch einmal durchging, mag sie sich gefragt haben, ob sie das, was geschehen war, nicht nur träumte:

> ... Nie zuvor vernahmen wir
> etwas so Wundersames.

Die ersten Gerüchte, die nach Poissy gelangten, dieselben, die im Land schon seit einiger Zeit von Mund zu Mund gingen, klangen nicht so, als könnte man sie ohne weiteres glauben. Ein junges Mädchen, eine einfache Jungfrau aus dem fernen Grenzland Lothringen, war angeblich in die Stadt Gien gekommen und hatte behauptet, daß sie dem nicht anerkannten, verachteten Thronfolger die Hilfe Gottes bringe ... Nur Geschwätz?

Doch dann kam Orléans. Nun war kein Zweifel mehr möglich: das Unglaubliche war eingetreten.

> Oh, wie sehr wurde das damals offenbar,
> Während der Belagerung von Orléans,
> Die ihre Kraft zum ersten Mal offenbarte.
> Niemals, so glaube ich,
> War ein Wunder offenkundiger:
> Denn Gott half den Seinen so sehr,
> Daß die Feinde einander nicht besser beistanden,
> Als es tote Hunde zu tun pflegen:
> Sie wurden dort gefangengenommen oder getötet.

Die Belagerung von Orléans war schnell und bravourös beendet worden. Sie hatte am 28. Oktober des Vorjahres begonnen, Johanna die Jungfrau war dort am Freitag, dem 29. April, abends eingetroffen, und bereits am Sonntag, dem 8. Mai, zogen sich die englischen Truppen zurück. Orléans war frei!

Seit jenem Tag war der Gegner verunsichert, das merkte man. Selbst Christine in ihrem Refugium, in der Abgeschiedenheit von Poissy, spürte die Furcht der Engländer an tausend Einzelheiten. Man kann sich vorstellen, mit welcher Bangigkeit man in dem Kloster, wo Maria, die Schwester Karls VII., inzwischen Priorin geworden war, der Gerüchte von draußen harrte. Die bewaffneten Kolonnen, die über die Straßen und durch das Dorf zogen, wirkten bei weitem nicht mehr so hochgemut und selbstsicher wie noch vor wenigen Wochen; die Leute vom Land begegneten einander mit strahlenden Gesichtern. Gruppen bildeten und zerstreuten sich auf geheimnisvolle Weise, aber niemand wagte es, offen seine Freude zu zeigen. Schneller denn je verbreiteten sich die Nachrichten von Ort zu Ort. Die offiziellen Herolde hatten persönlich die Nachricht ausrufen müssen, die der Kanzleischreiber Clément de Fauquembergue am 10. Mai in die Annalen des Parlements von Paris eingetragen hatte: »Nach dem letzten Sonntag sind die Soldaten des Thronfolgers nach mehreren Sturmangriffen, die ständig mit Waffengewalt verstärkt wurden, sehr zahlreich in die Bastei eingedrungen, die William Glasdale und andere englische Hauptleute und Bewaffnete auf Befehl des Königs (Heinrich VI.) ebenso wie den Turm am Ende der Loire-Brücke von Orléans besetzt hielten. An diesem Tag sind die Hauptleute und Bewaffneten, die die Belagerung vorgenommen haben, abgezogen.... und haben die Belagerung abgebrochen, um gegen die Feinde zu kämpfen, in deren Begleitung sich eine Jungfrau befand, die allein ein Banner trug.«

Diese Jungfrau, ein Werkzeug Gottes, hatte also bewirkt, daß die Belagerung von Orléans aufgehoben wurde. Ihr war gelungen, was Johann, dem Bastard von Orléans, der die Stadt seines Halbbruders Karl verteidigt hatte, nicht gelungen war. Und das, obwohl er ein kühner Streiter war, dieser Bastard! Immerhin war eine der wenigen für das französische Heer siegreichen Kampfhandlungen der letzten Jahre ihm zu verdanken gewesen. Und zwei Jahre zuvor hatte er die Engländer aus Montargis vertrieben. Doch in Orléans hatte es ihm an Mut gemangelt. Bei einem mißglückten Ausfall war er sogar am Bein verwundet worden. Der vom Thronfolger zur Verstärkung entsandte Karl von Bourbon war bei diesem Ausbruchsversuch ebenso geschlagen worden wie die Schotten, die an diesem Tag in der Nähe geblieben waren: Die vierhundert Männer, die John Stuart, unterstützt von seinem Bruder William, anführte, wurden von einer einfachen Nachschubkolonne zerstreut und schmählich zerschlagen. Über diese Niederlage der Franzosen wurde auf englischer Seite noch lange gespottet. Man sprach von der »Heringsschlacht«, da die Nachschubkolonne vor allem aus Heringsfässern bestand, die die Engländer – es war Fastenzeit – zu ihren Basteien beförderten. Dies hatte sich am 12. Februar 1429 zugetragen, und von diesem Tag an hatten die Einwohner von Orléans jeden Mut verloren – bis zu der unverhofften Ankunft dieser Jungfrau, die »auf Weisung des Herrn« gekommen war, daran zweifelte keiner in der Stadt!

> Du, Johanna, geboren zu günstiger Stunde,
> Gesegnet sei Er, der Dich erschuf!
> Jungfrau von Gottes Gnaden,
> Die der Heilige Geist erfüllte
> Mit seiner großen Gnade,
> Du, die Du in überreichem Maße
> Die höchste aller Gaben erhieltest und bewahrtest.

Frankreichs Schicksal entschied sich vor Orléans, dem Bindeglied zwischen den beiden Teilen Frankreichs, zwischen der altfranzösischen Sprache des Nordens, der »langue d'oil«, und der des Südens, der »langue d'oc«. Mit dem Fall Orléans' und der Sicherung des Übergangs wäre es den Engländern ein leichtes gewesen, nach Bourges vorzurücken und dann in ihre Lande, die Guyenne, zurückzukehren. Dort hätten sie sich mit den in der Gascogne ausgehobenen und in Bordeaux gesammelten Truppen verbinden können. Jeder Franzose, ob königstreu oder »abtrünnig«, war sich dessen bewußt gewesen, als Salisbury die Belagerung begann. Der Name dieses Heerführers, der einen Teil seiner Jugend mit ihrem Sohn verbracht hatte, klang sehr schmerzlich in Christines Ohren. Doch Salisbury hatte sich in Verruf gebracht, als er Notre-Dame de Cléry plünderte und auch eingewilligt hatte, eine Stadt anzugreifen, deren Herzog in England gefangen war. Die Kugel, die ihn traf, als er gerade abwägend die Mauern von Orléans musterte, betrachtete jedermann als gerechte Strafe. Dennoch war Orléans umzingelt worden, und Glasdale, den das gemeine Volk Classidas nannte, war genauso fähig wie er, eine Belagerung zu legen, das hatte er bereits bewiesen. Und es war ein einfaches Mädchen, das ihn besiegt hatte! Dasselbe Mädchen, das seine so unflätigen Beschimpfungen und das darauf folgende Gelächter der Soldateska hatte ertragen müssen. Was da in Orléans geschehen war, diese Belagerung, welche die »zum rechten Zeitpunkt geborene Jungfrau« in weniger als acht Tagen aufgehoben hatte, während man sich schon seit sieben Monaten um die Befreiung bemüht hatte, diese wie in biblischen Zeiten so sichtbar zu seinem Volk ausgestreckte Hand des Herrn – das war ein Ereignis ohnegleichen. Christine, die so gern in der Geschichte nach Beispielen für die Gegenwart forschte, war völlig außer sich. Sie zitierte

Moses, der »das Volk Israel aus Ägypten« führte oder die »Kämpfe Josuas«: Doch jener war ein »starker und mächtiger« Mann. Oder die Gideons. Aber diese Kämpfe, wie immer sie gewesen sein mochten, erreichten nicht den Glanz der Siege, die dieses junge Mädchen errungen hatte, das man mit Esther, Judith oder Deborah vergleichen konnte, alles »edle Frauen von großer Erhabenheit«. Gott, das mußte man zugeben, »hat durch diese Jungfrau mehr getan«.

Christine entschloß sich, wieder zur Feder zu greifen, als sie erfuhr, daß König Karl in Reims gekrönt worden war, daß der Thronfolger von Bourges jetzt König Karl VII. geworden war. Elf Jahre des Schweigens, doch nun drängen die Strophen von neuem aus ihrer Feder. Mit derselben Mühelosigkeit wie einst erzählt sie von der Großtat, mit der keiner gerechnet hatte und die nun Tatsache ist:

> Nichts kann mich nunmehr bekümmern,
> Da ich das sehe, was ich sehen möchte.

Hintereinander weg schreibt sie sechsundfünfzig Strophen, vierhundertachtundvierzig Verse, in denen ihre ganze Gemütsbewegung und Begeisterung zum Ausdruck kommt. Man hat das Gefühl, daß sie ihren Gedanken nur freien Lauf zu lassen brauchte. Sie hatte so viel zu sagen, und das konnte sie nur in Versen niederlegen. Johanna die Jungfrau wurde dem König von Gott gesandt; »dem Ergebnis nach ist die Sache bewiesen«. Dann geht es weiter:

> ... [Danach] wurde sie streng verhört,
> Bevor man ihr Glauben schenken wollte.
> Sie wurde Klerikern und weisen Männern vorgeführt,
> Um zu prüfen, ob sie die Wahrheit sagte.
> Erst dann wurde offenbar, daß Gott
> Sie dem König zum Beistand gesandt hatte.

Damit wollte sie daran erinnern, wie Johanna in Poitiers dem Urteil von Geistlichen, Doktoren und Theologen der Kirche unterworfen worden war. Einige der Professoren, die dem König treu geblieben waren, hatten sich in der Stadt zusammengeschlossen, in der kurz nach diesen Ereignissen wieder eine Universität eröffnet werden sollte. Drei Wochen lang prüften und befragten sie das Mädchen, um herauszufinden, ob sie es mit einer Erleuchteten oder nur mit einer Verrückten zu tun hatte. Johanna war triumphierend aus dieser Prüfung hervorgegangen, der sie sich nur widerwillig unterzogen hatte, da sie fand, dies verzögere ihren Auftrag: »Schickt mich nach Orléans, und ich werde Euch das Zeichen zeigen, dessentwegen ich gesandt wurde.« Die Theologen hatten mangels anderer Möglichkeiten aus ihren Antworten und ihrem ganzen Gebaren, das sie verstohlen beobachteten, auch aus der Jungfräulichkeitsuntersuchung durch zwei von der Schwiegermutter des Königs, Yolanta, ausgewählte Frauen geschlossen, »daß nichts Böses an ihr sei«. Sie war tatsächlich eine Jungfrau, ein Mädchen aus dem Volk, doch ihre Antworten wie auch ihre Person und ihr Auftreten verrieten eine echte, erleuchtete Frömmigkeit.

> Was immer sie tut,
> Stets hat sie Gott vor Augen,
> Den sie anruft, bittet und dem sie dient.

Jedenfalls konnte der König, so wie die Dinge inzwischen lagen, sie für seine Zwecke einsetzen und ihr die Mittel dazu geben.

Nach Orléans hatte sie darauf bestanden, daß der König nach Reims ziehe, um dort wie seine Ahnen die Krone zu empfangen. Erst die Salbung macht den König. Christine hatte eine andere Weihe miterlebt, die des kindlichen Karl VI. Sie wußte, daß durch die Kriege mit England eine solche Krönung mehr als einmal verhindert worden war. Der König, dessen Leben sie aufgezeichnet hatte, Karl V., hatte auch erst gekrönt werden können, als der bretonische Adlige du Guesclin in Cocherel das englische Heer, das dem zukünftigen König den Weg zu versperren suchte, aufhielt und besiegte.

Im Jahr 1429 nach Reims zu gelangen, scheint ein unmögliches Unterfangen zu sein: die Engländer halten das Umland besetzt und da, wo sie weniger zahlreich sind, durchstreifen es die Burgunder oder die »Aufständischen«, die es vorgezogen hatten, sich mit dem Gegner zu verbünden. Doch da geschieht folgendes:

> Ein junges Mädchen von sechzehn Jahren
> (Ist das nicht ganz unfaßbar?),
> Für das die Waffen nicht zu schwer sind ...
> Und vor ihr fliehen die Feinde,

Keiner vermag ihr standzuhalten.
Dies alles vollbringt sie
Vor den Augen vieler Zeugen.

In ihrem Gedicht feiert Christine vor allem die Krönung. Sie spricht ausführlich über den Ritt des Thronfolgers von Auxerre nach Reims, »auf dem er Schlösser und Städte wiedergewinnt«, nachdem er in Patay das englische Heer zerschlagen hatte (»auf dem Schachbrett matt gesetzt«). Für sie wie übrigens für das ganze französische Volk ist diese Krönung des rechtmäßigen Königs die Erfüllung von Johannas Auftrag:

> Er ist das verschmähte Kind
> Des rechtmäßigen Königs von Frankreich,
> Der lange Zeit großes Ungemach erlitt ...
> Sein Sohn möge zum König gekrönt werden.
> Über große Macht soll er verfügen
> Und anlegen die Sporen aus Gold.

Mit dieser Einsetzung des rechtmäßigen Königs endet eine lange herrscherlose Zeit, in der niemand so recht wußte, wem das Recht zukam, den Thron zu besteigen. Für Christine gibt es noch einen zusätzlichen Grund, glücklich über die Krönung zu sein: In ihrem Werk ›Le Livre des faits et bonnes mœurs de Charles V‹ (Das Buch der Taten und der guten Sitten Karls V.) war sie ausführlich auf das geistige Vermächtnis dieses Fürsten eingegangen. Nach dem detaillierten Bericht über seine letzten Stunden, den sie in Händen gehabt hatte, hatte sich Karl V. am Morgen seines Todestages, des 16. September 1380, zwei Kronen bringen lassen: die Reliquie der heiligen Dornenkrone, die der Bischof von Paris aufbewahrte, und diejenige, die für die Krönung der Könige von Frankreich benutzt und in der Abtei St. Denis verwahrt wurde, wo nach alter Sitte eine zweite Krönung nach der von Reims stattfand. Er hatte sie beide vor sich hinstellen lassen und dann als erstes die Dornenkrone gegrüßt: »Oh, kostbare Krone! Diadem unseres Heils ...« Dann wandte er sich der Weihekrone zu: »Und du, Krone Frankreichs, wie kostbar bist du und wie gering bist du zugleich ... bedenkt man die Bürden, die Mühen, die Ängste, die du jenem auferlegst, der dich nicht zu tragen weiß, ohne unter deinem Gewicht zu wanken.«

Diese Gedanken des Königs über die zwei Kronen in der Stunde seines Todes mochten später einen anderen Sinn angenommen haben – den Sinn, den die Universität ihnen gab, als sie einem König, dem König von England, zwei weltliche Kronen aufs Haupt setzte, wie der Vertrag von Troyes es vorsah. Und nun, nachdem der Thronfolger sieben Jahre lang nur die Dornenkrone getragen hatte, fand er sich mit Gold gekrönt, unter Umständen, die alle Welt in Erstaunen setzten:

> Oh! Welche Ehre widerfährt der Krone Frankreichs
> Durch ein göttliches Zeichen!
> Wer erlebte je etwas Ungewöhnlicheres ...
> Dies verdient sehr wohl, überliefert zu werden.
> Daß Gott sich einer zarten Jungfrau bediente,
> Um Frankreich von Stund an
> Einer so großen Gnade teilhaftig werden zu lassen.

Und immer wieder kommt das Gedicht auf den herrlichsten Augenblick zurück:

> Mit großem Triumph und unter gewaltiger Prachtentfaltung
> Wurde Karl in Reims gekrönt,
> Im Jahre 1429, im vollen Besitz seiner Kräfte,
> Umgeben von zahlreichen Baronen,
> Exakt am 12. Tag des Monats Juli;
> Und fünf Tage lang weilte er in der Stadt.

In der folgenden Strophe fügt sie selbstverständlich hinzu:

> Die Jungfrau war an seiner Seite.

Noch nie hatte Fortuna ihr Rad auf so erstaunliche Weise gedreht:

> Vernehmt überall in der Welt
> Diesen höchst wunderbaren Vorfall.

Christines Freude ist vollkommen an diesen letzten Julitagen nach einem unvergleichlichen Frühling, sie ist beglückt als Dichterin und Historikerin gleichermaßen, sie, die ihre Berufung verwirklichte, indem sie aus der Geschichte schöpfte und in Versen ausdrückte, wie sie diese empfand – nun ist es ihr auch noch vergönnt, eine historische Begebenheit, deren Zeuge sie geworden ist, in Verse zu fassen. Und von der sie sofort berichten will, denn »es gibt keinen Menschen, der es glauben konnte«. Nach einer langen Zeit namenloser Verbitterung wird denen, die im Grunde ihres Herzens noch eine Spur Hoffnung bewahrt hatten, viel mehr zuteil, als sie sich gewünscht hatten.

Und wer hätte mehr Anlaß, sich darüber zu freuen als sie? Über diese Wende in ausweglose Lage, die die Reimser veranlaßte, »Weihnacht!« zu schreien, und all jene, die losstürzten, um den gekrönten König vorüberziehen zu sehen, rufen ließ:

> Gelobt sei Gott, denn Er erwählte
> Die kluge Jungfrau zu seiner Gehilfin.

Wer also ist für diesen unverhofften Sieg verantwortlich? Nicht etwa ein Mann mit Sparren im Wappen wie der kleine Bretone zur Zeit Karls V. oder gar dieser Bastard Johann aus dem Hause Orléans, der natürliche Bruder Herzog Karls, sondern eine Frau, ein einfaches Mädchen, das man nur unter dem Namen Johanna die Jungfrau kennt, dem Namen, den sie, das Mädchen aus dem Volk, sich selbst gegeben hat:

> Diese Frau, eine einfache Hirtin,
> Tapferer als es jemals ein römischer Held war.

Für Christine, die einen Teil ihres Lebens darauf verwendet hatte, ihren Zeitgenossen klar zu machen, daß es Unrecht ist, die Frau zu verachten, daß in ihr Kräfte liegen, die für das gesellschaftliche Gleichgewicht unabdingbar sind, daß die männliche Welt des Parlements und der Universität nicht ausreichen kann für die Lenkung des Königreichs, welch eine Genugtuung bedeutete das für sie! Sie hatte immer den Mut als weibliche Tugend gepriesen und anhand zahlreicher Beispiele belegt, was die Furchtlosigkeit einer Frau bewirken kann, hatte aufgezeigt, daß auch Frauen ein »starkes und mutiges Herz« besitzen und daß sie diesen Mut im Alltag benötigen, wenn sie allein leben. Doch unter allen mutigen Frauen, von denen sie Kenntnis hat, ist die mutigste sicher diese Jungfrau, »in der mehr Herz steckt als in einem Mann«. Gott hatte sie in der Tat mit mehr Tapferkeit ausgestattet als alle Männer in ihrem Umkreis, die Johanna selbst ausgewählt, durch ihren eigenen Mut zusammenhielt und ohne Unterlaß ermahnte, wieder Hoffnung zu schöpfen.

Johanna, die alleinstehende Frau schlechthin. Eine Jungfrau

ohne eine jener Schwächen, die mit der Zeit dem Ansehen der Königin so geschadet und ihren Ruf schließlich ruiniert hatten. Im Gegensatz zu Isabeau, die stets nur gezögert, laviert, sich bald der einen, bald der anderen streitenden Partei zugewandt hatte, steht sie allein da, einzig, entschlossen. Sie stellt unendlich viel mehr dar als Semiramis. Sie ist der eigentliche Schatz der »Stadt der Frauen«. Inmitten einer rückhaltlosen Soldateska setzt sie sich aufgrund ihrer Reinheit durch. Und von den anderen kann sie diese Geradheit verlangen, die sie selbst an den Tag legt, denn sie schont sich keineswegs, kämpft in der vordersten Linie oder schützt die Nachhut, je nachdem ob sich die Kriegshandlung vorn oder hinten abspielt.

So werden die »Heldentaten und die Ritterlichkeit«, denen Christine einst einen ganzen Band gewidmet hatte, zu ihren Lebzeiten noch um ein zusätzliches Kapitel erweitert, um etwas noch nie Dagewesenes: eine Frau, die die einstigen Rittertugenden verkörpert und die Ritter und edle Frau in einem ist. Dafür gibt es in keinen Annalen, in keiner Chronik ein Beispiel.

> Fürwahr, welche Ehre für das weibliche,
> Von Gott geliebte Geschlecht...

Dieses verheerte, »zur Wüste gewordene« Königreich wird auf wunderbare Weise durch eine Frau wieder aufgerichtet, »was kein Mann vermocht hätte!« Die Rettung durch eine Frau... Welch eine Kränkung für jene Professoren, die einst Christine angegriffen und ihr nicht direkt geantwortet hatten – weil sie sich in ihrer Selbstüberschätzung nicht dazu herablassen konnten, mit »einem Weiblein« zu diskutieren.

Einige von ihnen haben allerdings bereits aufgehorcht, als die Nachricht von Johannas Siegen eintraf. Die in Paris verbliebenen Magistri – Parteigänger Bedfords, »abtrünnige Franzosen« – wollen, so heißt es, einige der Ihren zum Papst entsenden, um die Jungfrau als Ketzerin und Hexe anzuzeigen! Sie können nicht zulassen, daß eine Frau oder ein Mädchen aus dem Volk dem Plan der Universität, den König von England mit zwei Kronen auszustatten, entgegenwirkt.

> Oh, Ihr Verblendeten, merkt Ihr denn nicht,
> Daß Gott hier seine Hand im Spiel hat?

Ebendiese wollen »Leibeigene« der Engländer werden!

Wollt Ihr denn gegen Gott antreten?

Als Christine dieses Gedicht schreibt, hat sie einen Augenblick lang die Vorahnung, daß dort die Gegner sein werden, die am schwersten zu besiegen sind, jene, die nicht aufgeben wollen, die nie zugeben werden, daß sie sich geirrt haben (es geht schließlich um ihre Pfründen, denn sie werden vom König von England reich entlohnt, vielleicht sogar auf Lebenszeit).

Ein Fragezeichen indes bleibt, und Christine setzt es an den Schluß ihres Gedichts. Gewiß, seit er gekrönt ist, öffnen sich dem König, wohin er in seinem Reich kommt, überall die Stadttore:

> Als er in seine Lande zurückkehrt,
> Zögern weder Städte noch Festungen noch Dörfer:
> Ganz gleich, ob man ihn liebt oder haßt,
> Erschrecken oder Beruhigung empfindet,
> Die Bevölkerung ergibt sich ...

Doch die große Frage bleibt: Was ist mit Paris?

> Ich weiß nicht, ob Paris sich halten wird,
> Denn dort sind sie bislang noch nicht angekommen.
> Ungewiß ist auch, ob die Jungfrau Paris erreicht ...
> Ob die Bewohner eine oder eine halbe Stunde widerstehen werden.

Paris war der Herrschaft des Herzogs von Burgund unterstellt worden. Bedford war so schlau gewesen, das Feld zugunsten eines Franzosen zu räumen, seit man mit einem Angriff auf die Hauptstadt rechnete. Würde er stattfinden? Würden die Bewohner ihm standhalten? Würden sie, wie die anderen Städte des Reichs, dem gekrönten König ihre Tore öffnen?

> Oh, schlecht beratenes Paris!
> Ihr törichten Bewohner ohne jedes Vertrauen!

Zweifellos stellt sich Christine in diesen Tagen dieselbe Frage wie jedermann im Königreich: Nun, da er gekrönt ist, da sich alle Streitkräfte um ihn sammeln, da das Krönungsheer sich unablässig vergrößert, warum zögert der König, vor Paris aufzumarschieren? »Karl wartet, so lange er kann.« Vielleicht, um kein Blut zu vergießen, denn das ist ihm ein Greuel. Die Jungfrau kann ihm nur zureden, denen, die ihn verraten haben, im voraus zu verzeihen, aber der König scheint wieder einmal unentschlossen. Während er Johannas Rat folgte und nach Reims den kürzesten Weg einschlug, scheint er nun Umwege zu machen: Man sieht ihn in Crépy-en-Valois, nachdem er zuvor in Soissons, Château-Thierry, La Ferté-Milon gewesen ist. Es heißt, daß er sich nach Compiègne begeben wird, dessen Einwohner ihm Gehorsam versprechen. Warum zieht er nicht nach Paris, das doch nach wie vor das Herz des Reichs ist? Weder Johanna noch Christine ahnen etwas von den geheimen Abmachungen, von dem absurden vierzehntägigen Waffenstillstand, den Karl an seinem Krönungstag zusammen mit den Emissären des Herzogs von Burgund unterzeichnet hat. Ihr Gedicht endet mit einer hoffnungsvollen Note und einem Gebet:

> Und nun laßt Frieden einkehren
> In Eure Herzen
> Und macht Euch ihm zum Geschenk
> Als treue Franzosen.
> Ich bete zu Gott, Er möge dies
> Eingeben Euren Herzen.
> Auf daß die Entscheidung zum Wahnwitz
> Solcher Kriege für immer erlösche
> Und Ihr unter der Obhut des Höchsten Herrn
> Euer Leben in Frieden verbringt.

Welche Freude in diesem neuen Frühling! Nicht nur daß Christines Wünsche in Erfüllung gehen, sondern sie werden durch die nun folgenden Ereignisse, die sie alle miterlebt, sogar noch bei weitem übertroffen.

Sie ist übrigens nicht die einzige, die aus diesem Anlaß zur Feder greift. Wie einen Widerhall aus bereits fernen Zeiten vernimmt sie die Stimme Gersons. Auch Jean Gerson besingt Johannas Sieg, ja er kommt Christine damit sogar noch zuvor, denn am Tag nach der Befreiung von Orléans, am 14. Mai 1429, Vorabend des Pfingstfestes, schreibt er eine Abhandlung, um den Sieg der Jungfrau zu feiern und zu verkünden, daß Johannas ganzes Tun auf einen göttlichen Auftrag deutet: »Den Söhnen dieses Königreiches nähert sich eine Jungfrau ... sie sagt, sie sei von Gott gesandt, um die Königsmacht zu beraten, bis das ganze Land wieder unter ihrem Gehorsam steht... sie lebt keusch, enthaltsam und bescheiden; sie ist Gott ergeben, untersagt allen denen, die sie befehligt, Gemetzel, Raub und andere Gewalttaten. Darum unterwerfen sich die Einwohner der Städte, Schlösser und Feldlager der Führung dieses Mädchens; sie haben ihr Treue versprochen.« Und um den Anschuldigungen zuvorzukommen, die einige Universitätsprofessoren bereits laut werden lassen: »Soll ich glauben, daß dies wahrhaftige, junge Mädchen menschlicher Natur ist oder irgendein durch wunderbare Verwandlung entstandenes derartiges Geschöpf?... Darf ich ihren Worten Glauben schenken, und beruht ihr Handeln auf göttlicher Eingebung, oder ist es als zauberisch und trügerisch zu werten?... Die vorliegende Schrift stellt meinen Anteil an Nachforschungen in der Prüfung dieser Angelegenheiten dar...« Und auch er zitiert, wie Christine es bereits getan hat, die biblischen Beispiele Esther, Judith und Deborah, ja fügt sogar noch ein weiteres hinzu: die heilige Katharina, die über die Doktoren von Alexandria, die sie befragten, triumphierte.

Doktoren hatten auch Johanna befragt, und leider befand sich Jean Gerson nicht unter ihnen. Wie Christine war er bei der Ankunft der Engländer aus Paris geflüchtet. Genauer gesagt: er war nach dem Konzil von Konstanz nicht mehr dorthin zurückgekehrt, nachdem er vernommen hatte, daß die pikardische »Nation« innerhalb der Universität gelobt hatte, für seine Ermahnung und Bestrafung zu sorgen, weil er sich dem Herzog von Burgund nicht eher angeschlossen hatte. In den Annalen der Pariser Universität ist unter dem 6. Juli 1418 die Abwesenheit des Kanzlers Jean Gerson verzeichnet, ebenso die eines Pariser Chorherrn namens Gérard Machet, der sich in Poitiers aufhält, wo er der Beichtvater Karls VII. wird. Gerson hingegen ist nicht nach Poitiers gereist, wo sich diejenigen versammelt hatten, die dem rechtmäßigen König treu geblieben waren. Er nahm zuerst einige Zeit Aufenthalt im Benediktinerstift Melk in Österreich, dann lebte er auf Einladung des Erzherzogs von Österreich in Wien und nach dem Tod Johanns ohne Furcht kehrte er nach Frankreich zurück. Da er Paris jedoch in der Hand der Burgunder wußte, begab er sich nach Lyon, wo einer seiner Brüder als Prior des Zölestinerklosters der Stadt lebte. Dort verbrachte er seine letzten zehn Jahre, predigte und unterrichtete die kleinen Kinder in der St.-Pauls-Kirche. Gerson erlebte übrigens Johannas Triumph nicht mehr. Er starb am 12. Juli des Jahres, in dem »die Sonne erneut zu scheinen begann«. Die Abhandlung, mit der er die Jungfrau feierte und bereits vorab gegen ihre Feinde, die Clique der Universitätsprofessoren, verteidigte, ist das letzte, was er schrieb.

Christine empfing die Schrift wohl um die Zeit, da sie von seinem Tod erfuhr. So tritt dieser furchtlose Freund, der sie allen gegenüber verteidigt hatte, auch für Johannas Sache ein. Er spricht sogar eine ernste Warnung aus: Die Seite, die im Recht ist, möge sich davor hüten, durch Ungläubigkeit oder Undankbarkeit die göttliche Hilfe, die sich auf so wunderbare Weise offenbart hat, unnütz zu machen.

Christine weiß jedoch nicht, daß zu der Zeit, da sie ihr ›Ditié‹ verfaßt, ein anderer Dichter Johanna die Jungfrau feiert: Der um zwanzig Jahre jüngere Alain Chartier, der beim König geblieben ist. Im selben Monat Juli 1429 schreibt er einen Brief (ob an den deutschen Kaiser oder an den Herzog von Savoyen weiß man nicht), in dem auch er Johanna aufs höchste rühmt: »Die Jungfrau wurde zu dieser Prüfung [es handelt sich um jene in Poitiers] geführt wie in eine Schlacht. Unter diesen sehr klugen Männern wurde sie noch und noch über alle möglichen schwierigen Probleme sowohl irdischer wie göttlicher Natur befragt. Sie antwortete nichts, was nicht vortrefflich und lobenswert gewesen wäre, als habe sie nicht die Herden auf dem Feld gehütet, sondern sei in der Schule gewesen und zur Wissenschaft herangebildet worden ...« Weiterhin merkt er an, daß der König, nachdem er in Chinon allein mit ihr gesprochen habe, »wie durch den Heiligen Geist von einem nicht mittelmäßigen Eifer erfüllt gewesen sei«. Und am Schluß wird sein Schreiben ein wahres Prosagedicht: »Da sehen wir sie nun«, sagt er und meint damit Johanna, »die nicht von einem beliebigen Ort auf Erden gekommen ist, sondern vom Himmel gesandt wurde, um Haupt und Schultern des kraftlos am Boden liegenden Gallien zu stützen, die den König aus dem tiefen Abgrund der Unwetter und Stürme in den Hafen und ans Ufer gebracht hat und den Gemütern Hoffnung auf bessere Zeiten schenkte; sie, die der Engländer Unmenschlichkeit in Grenzen hielt und damit die Kühnheit der Franzosen anstachelte, die den Untergang Galliens aufhielt, die den Brand Galliens löschte. Oh einzigartige Jungfrau, würdig jeden Ruhmes, jeden Lobes und göttlicher Ehren, du bist die Größte des Königreichs, du bist das Licht der Lilie, du bist die Helligkeit, du bist der Ruhm nicht nur der Franzosen, sondern aller Christen.« Und unter Berufung auf die Heerführer der Antike schließt er: »Selbst wenn Gallien so manche alten Namen zu nennen weiß, hat es sich dennoch mit dieser einzigen Jungfrau begnügt und wird sich zu rühmen und mit den anderen Völkern zu vergleichen wagen, was das Lob des Krieges angeht, und wenn nötig, sie alle übertreffen.«

Wenn sie auch den Wortlaut dieses Briefs, der des unvergleichlichen Dichters und Verfassers von ›La Belle Dame sans mercy‹ (Die schöne Dame ohne Gnade) würdig war, nicht kannte, so kannte sie wohl zumindest das Gedicht ›L'Espérance‹ (Die Hoffnung), das er fünf oder sechs Jahre vorher geschrieben hatte. Trotz der schweren Zeit, die das Land damals durchmachte, endete dieses Gedicht, das abwechselnd in Prosa und in Versen steht, mit einer Vision: »Diese Frau Hoffnung«, sagte er, »hatte ein lachendes und fröhliches Gesicht, einen stolzen Blick und eine gewinnende Sprache«. Sie versprach allen jenen, die ihr folgten,

> ... auf die Klage Freude folgen zu lassen,
> Und zu gegebener Zeit
> Große Ziele zu erreichen.

Waren in diesem allgemeinen Debakel, angesichts der bewaffneten und der rechtskundigen Männer, die Dichter die einzigen, die klar denken konnten? Und jenes Mädchen, das aus den Reihen der zum Mont Saint-Michel pilgernden Kinder entwischt zu sein schien?

Am Ende ihres ›Ditié‹ versucht Christine sich vorzustellen, was die Zukunft Frankreich und seinem König nach dieser Krönung, mit der niemand mehr gerechnet hatte, bringen wird: Sie wendet sich an den bis dahin Abgelehnten und Verhöhnten, der nun plötzlich und unerwartet sein Recht auf das Reich wiedererlangt hat:

> Und Du, Karl, König der Franzosen,
> Siebter dieses hohen Namens ...
> Dank Gottes Gnade sehe ich jetzt
> Deinen Ruhm vermehrt durch die Jungfrau,
> Die Deine Feinde unter Deine Standarte zwang:
> Dies ist die große Neuigkeit.

Sie zweifelt nicht daran, daß er auserwählt und zu Großem berufen ist:

> Karl, Sohn Karls,
> Der Herr über alle Könige sein wird...
> Und am Ende ein großer Herrscher.

Auf verschiedene Prophezeiungen anspielend, erinnert sie daran, daß er der »geflügelte Hirsch« genannt wird. Tatsächlich wird Karl VII. später diesen geflügelten Hirschen zu seinem Emblem machen, und bei seinem Sohn findet man ihn als Halter des königlichen Wappens wieder. Für Christine symbolisierte dieses Emblem noch mehr:

> Und ich habe die Hoffnung, daß du gut,
> Aufrichtig und gerechtigkeitsliebend sein wirst...
> Zu Deinem Volke sanft und gnädig,
> Gott fürchtend, der Dich erwählte.

Wie sollte es auch anders sein:

> Denn erachtete die göttliche Vorsehung
> Dich nicht so großer Ehren würdig?

Was Johanna betrifft, so ist Christine sicher, daß sie ihren Weg weitergehen wird:

> Und wisset, sie wird den Engländern
> Die endgültige Niederlage beibringen.

Sie vertraut auch darauf, daß sie eingreifen und Einfluß nehmen wird:

> ... auf die Christenheit und die Kirche,
> Die von ihr geeint werden.

Was sie selbst angeht, so wird ihr mehr Ehre als jedem anderen Recken zuteil werden, und gewiß wird sie weitere Heldentaten vollbringen, bis ein sicherer Friede hergestellt ist.

Wann Christine starb, weiß man nicht genau; bekannt ist lediglich, daß das ›Ditié‹, in dem sie Johanna besang, ihr letztes

Werk war. Man nimmt an, daß sie es – wie Jean Gerson seinen Hymnus – kurz vor ihrem Tod schrieb.

Jedenfalls wäre das sehr schön für sie gewesen. Johannas erstaunlicher Lebensweg entsprach Christines Wünschen in so hohem Maße – oder aber übertraf alles, was sie selbst vielleicht voraussah und wünschte, so sehr –, daß man hoffen kann, daß sie auf dem Höhepunkt ihres Ruhms verschied.

Ein großartiges Bild, das sie wie in ihren Werken, die zweimal den Titel ›Vision‹ tragen, hätte heraufbeschwören können: Zu der Zeit, als sich das Volk bereits in sein Schicksal ergab, beziehungsweise allerorten der Horizont düster blieb und keine Hoffnung mehr bestand, waren mit einem Mal die Wolken verschwunden und die Sonne war wieder hervorgebrochen und zwar so strahlend, daß alle klassischen Vergleiche daneben verblaßten. Doch wer war der Urheber oder zumindest das Werkzeug dieser unerwarteten Wiederauferstehung? Eine Frau, ein junges Mädchen. Und wer entsprach voll und ganz Christines Vorstellungen, wer zeigte »Mannesmut«, war »beherzt wie ein Mann ... kannte die Gesetze des Krieges und alles, was damit zusammenhängt, um bereit zu sein, ihre Männer zu befehligen und im Bedarfsfall entscheiden zu können, ob Angriff oder Verteidigung ratsam sei«? Johanna ist für die Stadt der Frauen das Beispiel schlechthin, eine Persönlichkeit, wie sie nicht einmal Christine sich hatte ausdenken können. Sie besitzt alle Eigenschaften, die Christine sich für jene Frauen wünschte, die selbst aktiv werden müssen: vor allem jene Vollkommenheit, jene Reinheit, die sie zu einer unabhängigen Persönlichkeit macht, die nur Gott gehorcht, und auch jene Kraft, die, gepaart mit Umsicht, sie im entscheidenden Augenblick das Richtige tun läßt.

Natürlich konnte sie nicht ahnen, daß Johanna nach ihrem beispiellosen Aufstieg Opfer derselben Gegner werden würde, die sie, Christine, bekämpft hatte.

In ›Heures de contemplation sur la passion de Notre-Seigneur‹ (Stunden der Betrachtung über das Leiden Unseres Herrn), geschrieben in den Tagen tiefster Verzweiflung, hatte sie ausgerufen: »O weibliche Tugend des Leidens in Geduld; mehr als alle anderen menschlichen Stärken offenbartest du dich hier!« An dieser Stelle sprach sie auch von der Heiligen Jungfrau am Kreuzweg. Ihre Betrachtung paßt hervorragend auf den zweiten Abschnitt von Jeanne d'Arcs öffentlichem Leben, das Jahr im Gefängnis, das mit dem Scheiterhaufen endet, ein Jahr

»des Leidens in Geduld«, in dessen Verlauf Johannas schlimmster Gegner kein anderer ist als die Universität von Paris, ein Werkzeug des Königs von England zwar, doch Werkzeug, das auch selbst als höchst effektiv und gefährlich gelten wollte.

Sie waren wahrhaftig die würdigen Nachfolger Jean de Montreuils, Gontier Cols und Jean Petits, dieser Jean Beaupère oder dieser Thomas de Courcelles, die auf Pierre Cauchons Geheiß diesem einfachen Mädchen so sehr zusetzten. Die Professoren der Pariser Universität hatten bereits nach Johannas ersten Siegen zu erkennen gegeben, daß sie gegen sie waren. Und zwar öffentlich, denn man findet Hinweise darauf sogar in den italienischen Briefwechseln, die nach Venedig gelangten und in der Chronik Morosinis zusammengefaßt wurden. »Die Universität von Paris oder, treffender ausgedrückt, die Feinde des Königs, haben nach Rom gesandt zum Papst, um die Jungfrau der Ketzerei zu bezichtigen, sie und all jene, die an sie glauben.« Als sie sechs Monate später von ihrer Gefangennahme in Compiègne erfahren, treten diese Pariser Universitätsprofessoren am 26. Mai 1430 zusammen und fordern den Herzog von Burgund, dessen Gefangene sie nun ist, im Namen des Inquisitors von Frankreich auf, ihnen Johanna auszuliefern. Diese Aufforderung wird am 14. Juli wiederholt, diesmal an die Adresse sowohl des Herzogs von Burgund als auch Johanns von Luxemburg, der noch zögert, die Gefangene dem König von England in die Hände zu geben.

Pierre Cauchon, der als Mittler agiert und das Lösegeld für Johanna persönlich überbringt, wird dazu ausersehen, auf ein Todesurteil für sie hinzuarbeiten. Seit 1403 Rektor der Universität, war er aktiv am Ränkespiel des Herzogs von Burgund und an den Geschehnissen in Paris beteiligt, sowohl 1413 zur Zeit des Caboche-Erlasses wie 1418, als Johann ohne Furcht in Paris eingedrungen war – er erhielt damals einen Sitz im Parlement –, und ganz besonders 1420, als er an der Ausarbeitung des Vertrags von Troyes teilhatte. Seine guten Dienste trugen ihm den Bischofsstuhl von Beauvais ein, und Philipp der Gute erschien sogar höchstpersönlich zu seiner Inthronisation. Um Johanna die Jungfrau zu überführen, bot er also den ganzen Ehrgeiz des Intellektuellen auf, der ein gedankliches und politisches System errichtet hat und es fast verwirklicht sah, als dieses dumme Mädchen, diese des Lesens und Schreibens unkundige Bauerndirn sich quer legte und seine Pläne vereitelte.

In Johannas Verurteilungsprozeß werden die Doktores der

Pariser Universität ihrem Frauenhaß immer wieder deutlich Ausdruck geben. Sechs von ihnen waren von der Alma Mater eigens zur Beobachtung des Prozesses in Rouen abgeordnet worden. Im übrigen waren die meisten Beisitzer, die Cauchon ausgewählt hatte, auch Absolventen der ehrwürdigen Hochschule. Man spürt diesen Haß auf das weibliche Geschlecht ganz stark in Jean Beaupères Bemerkung über Johanna: »Sie war recht schlau, von der Schläue, wie sie einer Frau eigen ist.« Dieses neunzehnjährige Mädchen, das die gelehrten Doktores mit seinen Antworten entwaffnete und ihnen ungebührlicherweise ins Gesicht sagte: »Alles Licht scheint nicht nur für Euch!«

Am Ende des langen Kampfes in Rouen, den sie auf eine ihrer Sache dienliche Weise abzuschließen hofften, indem sie diejenige beseitigten, die sich allein zur Wehr gesetzt hatte und sich nun allein in ihren Händen befand, begegneten die Pariser Professoren vertrauten Gegnern wieder. Denn sonderbarerweise hatte Pierre Cauchon bei den Auseinandersetzungen, die während des Großen Schismas die Theologen entzweiten, persönlich gegen Jean Gerson opponiert. Gerson hatte seine Rednerlaufbahn mit einer Predigt begonnen, die dem französischen König Ludwig dem Heiligen gewidmet war. Er hatte sich dafür eingesetzt, daß ein Jean Petit verurteilt wurde, als dieser das Verbrechen des Herzogs von Burgund begründete. Pierre Cauchon seinerseits hatte Beziehungen zu Jean Chuffart angeknüpft, dem Beichtvater der Königin Isabeau, um sie im Sinne der burgundischen Bestrebungen zu beeinflussen. So fanden ein ganzes Vierteljahrhundert, fünfundzwanzig Jahre offener Gegnerschaft beziehungsweise Machtkampf auf dem Scheiterhaufen in Rouen ihr Ende. Indem er so tat, als verurteile er dieses Mädchen – das nach wie vor als Kriegsgefangene galt und von englischen Kerkermeistern bewacht wurde – wegen Ketzerei, spielte Cauchon auch gegenüber dem Besatzer jene Juristenrolle, die der persönlichen oder – damals bereits! – nationalen Rache den Anstrich von Recht gibt.

Ihr ganzes Leben lang war Christine nicht nur eine gut informierte, sondern auch engagierte Zeugin all dieser Konflikte. Bevor sie voller Freude über den Sieg starb, hatte sie geahnt, daß die »zu günstiger Stunde geborne Jungfrau« einen hohen Preis würde dafür zahlen müssen. In ihrem Porträt der leidenden Frau schrieb sie nämlich: »Weltliche Frau, die Ihr in diesem Jahrhundert den unheilvollen Weg der Drangsal und so mancher Widerwärtigkeiten geht, spiegelt Euch [betrachtet Euch wie in einem Spiegel] in der Geduld der so glorreichen edlen Frau, und Ihr habt Grund, Eure Schmerzen geduldig zu tragen...« Mit der »edlen Frau« ist die Mutter Gottes gemeint, die Heilige Jungfrau, an die sie sich danach wendet: »Die höchste Tugend, die in Dir wohnte, schützte Dich und bewahrte Dich davor, daß in Deinem Herzen auch nur ein Hauch von Ungeduld zu finden war...« Stellt man diese Seiten schmerzlicher Betrachtung der Person Johannas gegenüber, erkennt man hierin so etwas wie den Vorentwurf für ein anderes Gedicht, eines aus unserer Zeit, in dem die Heldin als »das heiligste Mädchen nach der Jungfrau Maria« bezeichnet wird.

Im übrigen trugen Johannas Siege für den Augenblick die Früchte, von denen Christine in ihrem ›Ditié‹ spricht. Johannas Martyrium in Rouen (»Ich nenne ›Martyrium‹ die Drangsal und Widerwärtigkeiten, die ich in meinem Gefängnis erleide und weiß nicht, ob ich noch mehr erdulden muß, aber ich vertraue auf Unseren Herrn«) bedeutete für ihre Gegner nur einen erbärmlichen, kurzzeitigen Triumph, ihr selbst jedoch trug es Ruhm und Ehre für alle Ewigkeit ein, denn ihre in unanfechtbaren Schriftstücken – unanfechtbar deshalb, da von ihren Gegnern erarbeitet und formuliert – niedergelegten Antworten, die vierhundert Jahre später übersetzt und veröffentlicht wurden, erhöhten sie mehr als jeder Lobgesang und machten sie zur Freiheitsheldin schlechthin, die in unserem Jahrhundert mehr Verständnis findet denn je.

Und wie vor uns eine andere Wissenschaftlerin, die sich sehr eingehend mit der Dichterin befaßt hat,[*] möchten wir mit einem Satz der Christine de Pizan schließen, der sowohl auf sie selbst wie auf die Heldin zutrifft, die sie in ihrem letzten Gedicht besingt: »Nach deinem Tode wird ein charaktervoller, weiser Fürst kommen, der aufgrund seiner Vertrautheit mit Deinen Werken sich wünschen wird, zu Deiner Zeit gelebt und Dich mit eigenen Augen erblickt zu haben.«

---

[*] Liliane Dulac: Un écrit militant de Christine de Pisan, Le Ditié de Jehanne d'Arc. In: Women in the Middle Ages. Contributions au Symposium Ste. Gertrude, Kopenhagen 1978. Herausgegeben von B. Carle. Gyldendal 1980, S. 129.

Bibliographie

1. Werke Christine de Pizans

Poetisches Werk. Herausgegeben von Maurice Roy und der Société des anciens textes français. 3 Bände, Paris 1886–1896.
Le Livre des faits et bonnes mœurs du sage roi Charles V. Herausgegeben von Suzanne Solente. 2 Bände, Paris 1936–1941.
Le Livre des trois vertus et son milieu politique et littéraire. Herausgegeben von Mathilde Laigle. Paris 1912.
L'Avision Christine. Herausgegeben von Sister Marie-Louise Towner. Washington 1932.
Le Livre du corps de policie. Herausgegeben von Robert H. Lucas. Genf/Droz 1967.
Le Livre de la Paix. Herausgegeben von Charity Cannon Willard. La Haye 1958.
Le Livre de Mutacion de Fortune. Herausgegeben von Suzanne Solente und der Société des anciens textes français. 3 Bände, Paris 1959–1964.
Le Ditié de Jehanne d'Arc. Herausgegeben von Angus J. Kennedy und Kenneth Varty. In: Medium Aevum Monographs, New Series IX. Oxford 1977.
Der Sendbrief vom Liebesgott. Aus dem Mittelfranzösischen von Maria Stummer. Graz 1987.
Le Livre de la Cité des Dames. Herausgegeben von Maureen Ch. Curnow. Paris 1975.
Das Buch von der Stadt der Frauen. Aus dem Mittelfranzösischen von Margarete Zimmermann. Berlin 1986.
Le Débat sur le Roman de la Rose. Herausgegeben von Eric Hicks. Bibliothèque XVe siècle Band XLIII. Paris 1977 (enthält alle Texte im Zusammenhang mit dem Streit um den Rosenroman).

2. Literatur über Christine de Pizan

Dulac, Liliane: Un écrit militant de Christine de Pisan, Le Ditié de Jehanne d'Arc. In: Women in the Middle Ages. Contributions au Symposium Ste. Gertrude, Kopenhagen 1978. Herausgegeben von B. Carle. Gyldendal 1980.
–: Inspiration mystique et savoir politique. Les conseils aux veuves chez Francesco da Barberino et chez Christine de Pisan.
–: Mélanges à la mémoire de Franco Simone. Genf/Slatkine 1980.

–: Christine de Pisan et le malheur des »vrais amans«. In: Mélanges Pierre le Gentil. Paris 1973.

–: Sémiramis ou la Veuve héroique. In: Mélanges Charles Camproux. Montpellier 1978.

Gabriel, Can. Astrik: The educational ideas of Christine de Pisan. 1955.

Pinet, Marie-Josèphe: Christine de Pisan, 1364–1430. Etude biographique et littéraire. Paris 1927.

Rigaud, Rose: Les idées féministes de Christine de Pisan. Genf 1973 (Erstveröffentlichung als Doktorarbeit 1911).

Solente, Suzanne: Christine de Pisan. Extrait de l'Histoire littéraire de la France. Paris/Klinksieck 1969.

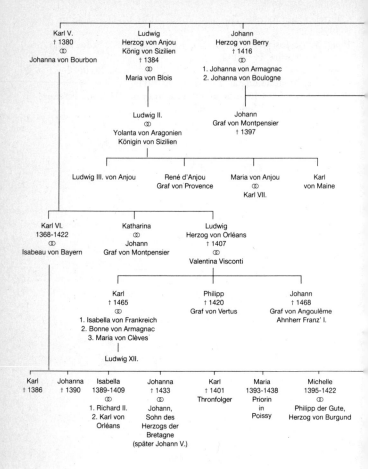

Das Haus Frankreich

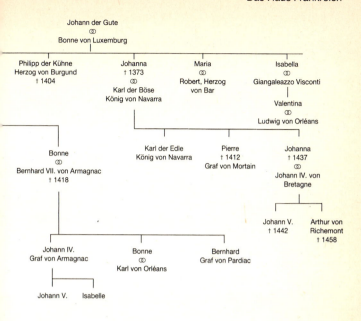

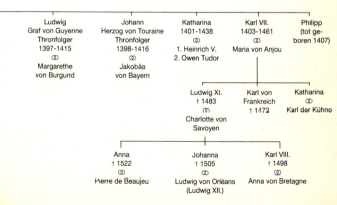

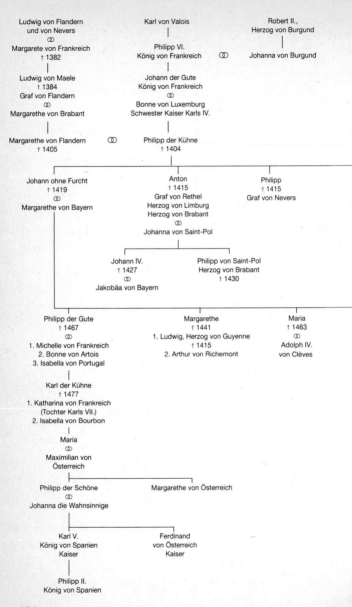

Das Haus Burgund

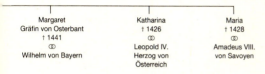

Margaret	Katharina	Maria
Gräfin von Osterbant	† 1426	† 1428
† 1441	⚭	⚭
⚭	Leopold IV.	Amadeus VIII.
Wilhelm von Bayern	Herzog von	von Savoyen
	Österreich	

Johanna	Isabella	Katharina	Anna	Agnes
† ca. 1413	† 1412	⚭	† 1432	⚭
	⚭	Ludwig von Anjou,	⚭	Karl von
	Oliver Graf	Herzog von Guise,	Bedford,	Bourbon
	von Penthièvre	Sohn Ludwigs II. von	Regent von	
		Anjou	Frankreich	

177

Register

Abélard 13, 62
Al-Malik-al-Ashraf 29
Albret, Charles d' 72, 87
Alençon, Graf von 129, 131
Alfred von England 113
Amadeus VI., Herzog von Savoyen 28
Anjou, Ludwig II., Herzog von 35 ff., 47, 123, 129
Anjou, Maria von 150
Anjou, Yolanta, s. Yolanta, Königin von Sizilien
Anna von Böhmen 80
Anquetonville, Raoulet d' 123
Armagnac, Bernhard VII., Graf von 132, 134, 138 f., 141 ff.
Armagnac, Bonne de 132
Arteveld, Philippe 41
Artmann, H. C. 9
Aubriot, Hugues 34 f., 39 f., 130
Auneau, Marguerite d' 114

Baader, Renate 11
Baerwolff, C. 10
Bajesid, Sultan 116
Baldello 74
Bar, Herzog von 30
Barbarino, Francesco da 67
Barbazan, Arnaud-Guilhem 66, 86
Beauchamp, Richard, Graf von Warwick 144
Beaupère, Jean 168 f.
Beauvais, Vincent von 22, 71
Beauvoir, Simone de 17
Becker, Philipp August 11
Bedford, Johann Graf von 149, 161
Benedikt XIII. (Pedro de Luna) 111, 126
Berry, Bonne de 28
Berry, Herzogin von 75
Berry, Johann I. Herzog von 28, 30, 36, 43, 72, 74, 114, 116, 120, 123, 129, 131, 133, 135 f., 138
Biermann, Wolf 9
Birgitta von Schweden 40
Blanka von Kastilien, Königin 13, 36, 67, 98, 102, 125
Blum-Ehrard, Anna 11
Boccaccio, Giovanni 67

Bonaventura, Johannes 105
Bonnacorso, Nicolaio di 74, 77
Boucicaut, Marschall de 102, 116
Bouillon, Gottfried von 31
Bourbon, Herzog Anton von 30, 120, 131, 133
Bourbon, Herzog Johann I. von 72
Bourbon, Johanna von 31, 36, 52 f., 98, 147
Bourbon, Karl von 145, 153, 155
Bourbon, Ludwig von 36
Bourbon, Margarethe von 87
Bourbon, Maria von 147, 152
Bouvet, Honoré 90 f., 121
Bouvier, Gilles de 129
Bréban, Clignet de 66
Burgund, Anton von 117
Burgund, Johann ohne Furcht, Herzog von 72, 115–145, 161 ff., 168
Burgund, Johanna von 21
Burgund, Margarethe von 117 f.
Burgund, Philipp der Gute, Herzog von 47, 145, 149, 168
Burgund, Philipp der Kühne, Herzog von 30, 36, 41 ff., 47, 105, 110 ff., 114 f., 117 f., 123, 126

Capeluche (Henker) 137
Cassinel, Biette 43
Castel, Etienne 20, 33, 38, 40, 45 f., 48 ff., 72
Castel, Jean (Christianes Sohn) 46, 81–88, 115, 148, 150
Castel, Jean (Christianes Enkel) 150
Cauchon, Pierre 129, 144 f., 168 f.
Chalon, Jean de 111
Chambly, Nicole de 70
Chartier, Alain 164 f.
Chastellux, Herr von 144
Châteaumorant, Jean de 66
Chauveron, Audouin 36
Chrétien, Gervais 19, 28
Chuffart, Jean 169
Clemens VII. (Robert von Genf) 40 f.
Clermont, Robert de 21
Clisson, Olivier de 43
Col, Gontier 97–100, 104, 106, 143, 168

Col, Pierre 106, 108
Conflans, Jean de 21
Consalve, Jean 78
Coucy, Graf Enguerrand de 116
Courcelles, Thomas de 168
Courtheuse, Thomas de 122
Cousinot, Guillaume 130
Crescas (Geograph) 22
Curnow, Maureen Ch. 11

Datini, Francesco 74, 77, 81
Deschamps, Eustache (Eustache Morel) 44, 57, 72
Dormans, Milon de 37

Edmund, König von England 80
Eduard der Bekenner 80
Eleonore von Aquitanien 13, 102
Essarts, Pierre des 132f., 135, 137

Faucon (Herold) 83
Fauquembergue, Clément de 153
Ferdinand I., König von Aragonien 86
Fontenay, Pierre de 144
Froissart, Jean 39

Gerson, Jean 100, 104ff., 108, 110f., 120, 137, 139, 162f., 167, 169
Glasdale, William 153f.
Gottlieb, Beatrice 10
Gregor XI. 31, 40
Grokenberger, Dorothee 11
Gröber, Gustav 9f.
Gui, Bernhard 113

Heinrich IV., Herzog von Lancaster 82–85, 128, 135, 139
Heinrich V., König von England 83, 140f., 144f., 148f.
Heinrich VI., König von England 149, 153
Héloise 13, 62
Hesdin, Simon de 22
Hicks, Eric 12

Innozenz VII. 111
Isabeau von Bayern 42ff., 63, 68, 72, 75f., 103, 110, 117ff., 122, 125, 130f., 141, 147, 160, 169
Isabella von Frankreich (Tochter Karls VI.) 80–84, 98, 121, 131f.
Isabella (Tochter Karls V.) 31

Isabelle (Schwester Ludwigs IX.) 22
Isambour, Königin von Frankreich 22
Jakobäa von Bayern 121
Jean de Meung 1, 15, 89f., 92, 95–100, 105ff., 126
Jean de Montreuil 97, 99, 104, 108, 143, 168
Jean le Mercier 43
Jean Petit, s. Petit
Jeanne d'Arc 13, 152–160, 162–170
Johann der Blinde 29
Johann IV., Herzog der Bretagne 44
Johann V., Herzog der Bretagne 129f.
Johann ohne Furcht, s. Burgund
Johann von Angoulême 131
Johann von Bayern 130f.
Johann von Berry, s. Berry
Johann von Gaunt 83
Johann von Luxemburg 168
Johann von Nevers 117
Johann von Touraine 121, 140
Johanna von Belleville 22
Johanna von Bourbon, s. Bourbon
Johanna von Burgund, s. Burgund
Johanna von Evreux 22, 70
Jouvenel des Ursins, Jean 119, 129, 138, 149
Jaufré Rudel 88

Karl IV. (Kaiser) 19, 29, 31, 111
Karl IV., der Schöne 30, 70
Karl V., der Weise 1, 14, 19ff., 23, 25, 28ff., 32, 34, 36, 38, 40, 43f., 52, 54, 70, 87, 111–114, 132, 138, 156f., 159
Karl VI., der Wahnsinnige 7, 36, 41ff., 52f., 74–77, 80, 83f., 86, 92, 104, 114f., 130f., 138, 143, 149, 156
Karl VII., der Siegreiche 47, 129, 140, 144f., 149f., 152f., 155, 162f., 166
Karl der Böse, König von Navarra 21, 32
Karl von Orléans 120, 132f., 153, 158
Kastenberg, Mathilde 11
Katharina (Tochter Karls V.) 31, 53
Katharina (Tochter Karls VI.) 144f.
Katharina von Siena 40
Kéralio, Mlle de 13f.
Koch, Friedrich 9

Lebeuf (Abbe) 8
Leclerc, Perrinet 142

179

Legoix (Schlachterfamilie) 133 ff.
Legrand, Jacques 136
Lepage, Jeanne 148
Liebertz-Grün, Ursula 11
Lorris, Guillaume de 62, 89
Lucas, Robert 126
Ludwig IX., der Heilige 21 f., 36, 169
Ludwig I. von Ungarn 23
Ludwig VII. von Bayern 118
Ludwig XI. (Sohn Karls VII.) 150
Ludwig von Brügge, Herr de la Gruthuyse 47
Ludwig von Guyenne 118, 129, 136, 139 f.

Machaut, Guillaume de 57
Machet, Gérard 163
Malet, Gilles 32, 70
Manuel II. Palaiologos 116
Marcel, Etienne 21, 40 f., 121
Margarethe von Bourbon, s. Bourbon
Margarethe von Burgund, s. Burgund
Margarethe von Flandern 118, 125
Maria von Bourbon, s. Bourbon
Marie (Tochter Karls VI.) 75
Marie de France 17
Mariette, Denis 66
Martin V. 79, 141
Maurice (Beichtvater Karls V.) 37
Meckenstock, Ingeborg 11
Meung, Jean de, s. Jean d. M.
Mézières, Philipp de 38, 53, 80
Michelle von Frankreich 145
Monbertault (Schatzmeister) 111
Mondini, Thomas 20
Monstrelet, Enguerrand de 122
Montaigu, Jean de 43, 132
Montaigu, Pierre Ayclin de 43
Monthaut, Sibylle de, Dame de la Tour 63
Montreuil, Jean de, s. Jean d. M.
Moreau, Thérèse 11
Morel, s. Deschamps
Morosini (Chronist) 168

Nevers, Johann von, s. Johann

Occleve, Thomas 81
Oresme, Nikolas 22
Orgemont, Pierre de 37
Orléans, Johann von (Bastard) 153, 159
Orléans, Karl von, s. Karl v. O.

Orléans, Ludwig, Herzog von 31, 43, 66, 72, 85, 100 f., 115–129, 136
Outre-Meuse, Jean d' 39
Ouy, Gilbert 16

Pavilly, Eustache de 136
Peire Vidal 88
Pèlerin de Prusse 23
Petit, Dominique 35
Petit, Jean 126–132, 139, 168 f.
Philipp II. August 22, 25
Philipp der Gute, s. Burgund
Philipp der Kühne, s. Burgund
Philipp der Schöne 22, 90
Philipp von Vertus 131
Philipp VI. von Valois 21
Pierre, Bernard 42
Pierre d'Ailly 100
Pierre l'Orfèvre 130
Pitouce, Nicolas 40
Pizan, Aghinolfo de 20, 26, 48
Pizan, Christine de
 Werke
  Autres Ballades 85
  Débat de deux amants 72
  Dit de la Pastoure 63 f.
  Dit de la Rose 100
  Dit de Poissy 146, 148
  Ditié 165 f., 170
  Epître au dieu d'Amour 81, 91
  Epître de la prison de vie humaine 140
  Heures de contemplation sur la passion de Notre-Seigneur 145, 151, 167
  Jeux à vendre 57, 65
  L'Avision Christine 123
  Lamentation sur les morts de la guerre civile 133
  Le Livre de la cité des Dames 27, 66, 125
  Le Livre de la Paix 136, 138 f.
  Le Livre de la Prod'hommie de l'homme 125
  Le Livre de la prudence 125
  Le Livre de mutation de fortune 67, 111
  Le Livre des faits d'armes et de chevalerie 134
  Le Livre des faits et bonnes mœurs de Charles V. 111 ff., 117, 124 f., 157
  Le Livre des trois vertus 67 f., 125

Le Livre du corps de policie 125f.
Le Livre du duc de vrais amants 62
Le trésor de la cité des dames 125
Oraison Notre-Dame 122
Pizan, Paolo de 20, 26, 48
Pizan, Thomas de 19f., 23f., 27, 36ff., 40, 42, 46, 71
Ponfoort, Tine 11
Prunelé, Jean 66

Rapondi, Dino 121
Reno, Christine 16
Rethel, Antoine Graf de 111
Richard II., König von England 79f., 83, 128
Richards, Earl J. 11
Rieger, Dietmar 11
Rilke, Rainer Maria 7, 9
Rivière, Bureau de la 30, 43, 113f.
Rohrbach, Martha 11

Salisbury, John Montague Graf von 81f., 85, 140
Salisbury, Thomas Montague Graf von 81, 83, 86, 150, 154
Sallier (Abbé) 8
Sigismund, deutscher Kaiser 116
Simon le Coutelier 137
Stefan von Bayern 42
Stuart, John 153

Tabari, Léon 114
Tancarville, Graf von 129
Taupin de Chantemerle 111
Thomas de Bourg 130f.
Thomas von Aquin 105, 127
Tignonville, Guillaume de 48, 103f., 108, 122, 130
Tirel, Guillaume 114
Triadet, Simon 75

Urban VI. 41

Valerius Maximus 22
Vendôme, Graf von 131
Vergy, Jean de 130
Vermeille, Hutin de 92
Vienne, Jean de 116
Villars, Archambaut de 66
Villon, François 9, 12
Vincent von Beauvais 22, 71
Visconti, Giangaleazzo 86
Visconti, Valentina, Herzogin von Orléans 43f., 66, 86, 101, 123, 130f.

Werchin, Jean de 72
Wieland, Christoph Martin 7ff.
Wilhelm II. von Bayern 121
Wilhelm von Aquitanien 88

Yolanta Königin von Sizilien 98, 150, 156
Yourcenar, Marguerite 17